빛의 마법

 카이로스총서36

빚의 마법 The Bonds of Debt

지은이 리차드 디인스트
옮긴이 권범철

펴낸이 조정환
책임운영 신은주
편집부 김정연
홍보 김하은
프리뷰 김영철 · 송명관

펴낸곳 도서출판 갈무리 등록일 1994. 3. 3. 등록번호 제17-0161호
초판인쇄 2015년 7월 27일 초판발행 2015년 7월 31일
종이 화인페이퍼 출력 경운출력 · 상지출력 인쇄 중앙피엔엘
라미네이팅 금성산업 제본 은정제책

주소 서울 마포구 서교동 375-13호 성지빌딩 101호 [동교로 22길 29]
전화 02-325-1485 팩스 02-325-1407
website http://galmuri.co.kr e-mail galmuri94@gmail.com

ISBN 978-89-6195-093-0 04300 / 978-89-86114-63-8(세트)
도서분류 1. 사회과학 2. 사회학 3. 경제학 4. 정치학 5. 문화이론 6. 사회문제
　　　　 7. 사회운동 8. 인문비평 9. 경제이론 10. 사회사상

값 20,000원

이 책은 실로 꿰매는 사철 방식으로 제책되어 오랫동안 견고하게 보관할 수 있습니다.

이 도서의 국립중앙도서관 출판예정도서목록(CIP)은 서지정보유통지원시스템 홈페이지(http://seoji.nl.go.
kr)와 국가자료공동목록시스템(http://www.nl.go.kr/kolisnet)에서 이용하실 수 있습니다.(CIP제어번호:
CIP2015019727)

The Bonds of Debt

빛의 마법

화폐지배의 종말과 유대로서의 빚

리차드 디인스트
Richard Dienst
지음

권범철 옮김

일러두기

1. 이 책은 Richard Dienst, *The Bonds of Debt* (London : Verso, 2011)를 완역한 것이다.
2. 부호 사용
1) 역자가 의미를 보충하기 위해 쓴 말은 [ ] 안에 넣었다. 저자가 원문에서 사용한 [ ]는 〔 〕로 표기했다.
2) 영어 원문에서 사용된 콜론과 세미콜론은 맥락에 맞게 최대한 제거하는 것을 원칙으로 삼았다.
3) 영어 원문에서 사용된 맞줄표는 가능한 그대로 남겨 두었다.
4) 우리말로 옮기면서 지나치게 길어진 수식구문은 맞줄표 안에 넣어 전체 문장을 이해하기 쉽게 하려고 했다.
5) 책 제목에 쓰인 이탤릭체는 『 』로 표기하였고, 논문 제목에 쓰인 따옴표는 「 」로 표기하였으며, 영화명, 그림명, 캠페인명, 단체명 등은 〈 〉로 표기하였다.
3. 본문 가운데 강조를 위해 쓴 이탤릭체는 고딕체로 표기해서 강조의 의미를 전달하려 하였다.
4. 지은이 주석과 옮긴이 주석은 같은 일련번호를 가지며 옮긴이의 주석에는 [옮긴이]라고 표시하였다.
5. 저자가 본문에서 인용한 문헌의 한국어판은 참고하되 필요한 경우 수정하여 인용하였다.

빚의
마법

빛[1]은 까다로운 문제다. 그것은 피하기 어렵고, 벗어나기 어려우며, 이해하기 어렵다. 현실적인 수준에서, 빛은 자신을 사회적 삶의 기본적인 조건으로 제시한다. 현대 자본주의는 자신의 주체들을 요람에서 무덤까지 다소간 신용할 수 있는 채무자들로 취급한다. 이론적인 수준에서, 빛은 경제적, 정치적, 심리적, 또는 도덕적 차원들로 환원 불가능한 골치 아픈 개념으

---

1. [옮긴이] 빛은 'debt'를 옮긴 말이다. 저자는 이 책에서 보통 부채, 채무, 빛 등으로 옮길 수 있는 'debt'와 'indebtedness'를 구별하여 사용한다. 저자 자신의 설명에 따르면, 저자는 전자를 채무와 같은 좁은 경제적 개념으로, 후자를 현실의 채무로 환원될 수 없는 책임과 사회적 귀속 그리고 상호 의존의 차원을 나타내는 포괄적인 개념으로 사용하여 양자를 구별하고자 한다(이 구별에 대한 보다 자세한 저자의 설명은 옮긴이 후기를 참고할 것). 그러나 본문에서 'debt'가 엄밀하게 경제적 개념으로만 국한되어 사용되지는 않는다. 그것은 'debt'라는 단어 자체가 빛, 은혜, 죄 등 사람들 간의 다양한 관계 양상을 포괄하기 때문이다. 이어지는 저자의 설명에서 'bond'가 유대·속박 등과 같이 사람들이 연결되어 있는 상태에 대한 긍정적 혹은 부정적 의미를 포괄하는 것처럼, 'debt' 또한 일종의 'bond'로서 — 'The Bonds of Debt'라는 책의 제목을 '빛이라는 유대'로 해석할 수도 있는 것처럼 — 여러 의미를 함축하고 있다. 이러한 점을 감안하여 본문에서는 'debt'가 보다 넓은 의미로 사용되는 경우에는 빛으로, 경제적 개념으로 사용되는 경우 채무로 옮기되 개념의 일관성을 유지하기 위해 빛[채무]으로 병기하였다. 그러나 가계 부채, 공공 부채 등과 같이 널리 통용되는 용어는 해당 용례를 따랐다. 'Indebtedness'는 경제적 의미로 국한된 독해를 피하기 위해 '빛짐'으로 옮겼다.

로 남아 있다. 빚의 복잡한 역사는 사실상 모든 문화에 존재하고, "빚"이란 바로 그 단어는 다양한 언어에서 아주 상이한 의미론적 울림을 내포하고 있다. 사실, 빚에 대해 사고하는 것은 흔히 빚진 상태의 느낌을 불러일으킨다. 그것은 불확실성과 좌절감으로 가득 차 있는, 해결할 수 없는 궁지에 몰린 상태의 감각이다. 우리는 빚이 그냥 사라지기를 바랄 때조차, 빚에 대해 사고하도록 강요받고, 빚과 상대할 의무를 진다.

우리는 빚과 마주하면서 이러한 무력감과 싸우기 위해 담론을 변화시킬 필요가 있다. [그러므로] 이러한 책의 첫 번째 과제는 말에 대한 작업이다. 그것은 빚이 의미하는 바를 바꾸기 위해 그리고 빚이 작동하는 방식을 바꾸기 위해 필수적이다. 이것은 어렵고 미묘한 과제다. "빚", "죄", "의무", "책임", "의존" 같은 용어들을 구별해야 하는 것이다. [이 책의 영어본 제목으로 사용된] "The Bonds of Debt"[빚의 속박/유대][2]라는 표현은 여러 의미를 담고 있다. 'Bonds'는 수갑을 채운 것 같은 고통스러운 속박으로 이해될 수도 있지만, 신뢰의 유대나 우정의 유대처럼 긍정적인 접속으로 이해될 수도 있다. 그리고 물론 'Bonds'는 하나의 금융 도구이기도 하다. 'Bonds'는 문자 그대로 대출[채권]을 뜻한다.[3] 그래서 이 책은 언어의 수준에서 시

---

2. [옮긴이] '빚의 유대' 혹은 '빚의 속박'이라는 번역어로는 영어에서 'bonds'가 갖는 다의성을 담을 수 없기 때문에 한글본의 제목은 『빚의 마법』으로 바꾸었다.

3. [옮긴이] 저자가 설명하듯이 'bond'는 여러 가지 뜻을 지니지만, 기본적으로 어

작하여 두 가지 일을 동시에 하려고 시도한다. 첫째는 사람들의 무수한 삶의 양상들을 포획하고 통제하는 오늘날의 빚[채무] 체제의 완전한 힘을 설명하는 것이고, 둘째는 이 파괴적이고 [무언가를] 약화시키는 'bonds'(속박)가 어떻게 생산적이고 [무언가를] 가능하게 하는 'bonds'(유대)로 전환될 수 있는지 묻는 것이다.

이 점을 또 다른 방식으로 표현해 보자. 빚에 관한 담론을 바꾸기 위해서는 경제적 "사실들", 그리고 특히 통계를 읽는 방식을 바꾸는 것이 필수적이다. 2장에서 상세하게 논의하고 있듯이, 빚[채무]의 증가라는 문제는 불평등의 증가 및 보다 큰 부의 집중이라는 문제와 연결되어 있다. 불평등과 빈곤에 관한 통계를 읽을 때, 우리는 어마어마한 격차를 조장하고 많은 자유를 억압하는 사회적 질서의 근본적인 부정의를 즉각 인식할수 있다. 불평등의 증가가 평등의 원리를 저버리고 영속적인 빈곤이 인간 자유의 범위를 제약하듯이, 빚[채무]의 팽창은 연대의 원리를 위협한다. 높은 수준의 가계 부채 — 또는 지금 한국에서처럼 가계 부채의 계속되는 팽창 — 는 사회적 공급의 구조에 근본적인 결함이 있음을 시사한다. 신자유주의 정책들이 지배

_____

떤 대상들을 서로 연결시킨다는 의미를 내포하고 있다. 그 대상이 사람이 될 경우, 관계의 속성에 따라 유대도, 속박도, 족쇄도 될 수 있고, 금융 관계의 경우 채권의 의미를 띠는 것이다. 이 책에서는 기본적으로 유대로 옮기되, 억압적인 관계의 의미로 사용될 경우에는 속박으로 옮기고 원어를 병기했다. 물론 금융 언어로 사용된 경우에는 해당 금융 용어로 옮겼다.

하는 곳 어디에서나, 빚이라는 제약이 주거·보건·교육·일상적 소비에 대한 접근의 방식을 바꾸어 놓고 있다. 동시에 공공 부채는 점점 기업과 금융 기관 들을 지원하기 위해 동원된다. 국가가 최종 대출 기관이 되는 곳 어디에서나, 그 국가의 국민은 최종채무자들이 된다. 새로운 빚[채무] 형식들이 보다 오랜 연대 관계들을 미개척된 이윤의 저수지들로 전환시킨다. 그러므로 우리는 [이렇게] 말할 수 있을 것이다. "빚이 있는 곳에, 연대가 있을 것이다."

그것은 최대한의 연대로 작동하는 사회적 질서가 최소한의 빚을 갖게 될 것이라는 의미가 아니다. 어쩌면, 양적인 측면에서 빚의 수준은 상당히 높아질지도 모른다. 하지만 요점은, 존재하게 될 빚이 공통재the common good의 최대한의 발전을 목표로 함으로써 각 개인의 최대한의 발전이 가능하도록 조직되고 구조화될 것이라는 점이다. (물론 이 생각은 『공산당 선언』[4]뿐 아니라 스피노자의 『에티카』[5]에서도 확인할 수 있다.) 그러한 상황 속에서, "우리" 모두는 "우리" 각자에게 필요한 자원들을 지급하게 될 것이다. 그것은 강요된 결핍보다는 공유된 풍부함의 원리에 기반한 정치적 프로그램이다. "우리" 채권자들과 "우리" 채무자들이 우리의 공통의 목적들에 대해 협상하고 전략

4. [한국어판] 칼 마르크스·프리드리히 엥겔스, 『공산당 선언』, 강유원 옮김, 이론과실천, 2008.
5. [한국어판] 베네딕트 데 스피노자, 『에티카』, 황태연 옮김, 비홍, 2014.

을 세우는 한, 빚짐indebtedness은 연대를 무너뜨리는 것이 아니라 그것에 이바지할 것이다.

어쩌면 몇몇 독자들은 그러한 개념들이 구태의연하다고 혹은 공상적이라고 일축할지도 모른다. 그렇지만 최근 들어 빚에 대한 재개념화가 점점 광범위하게 이루어졌다. 2011년 봄 『빚의 유대』의 첫 출간 이후, 우리는 미국과 다른 지역에서는 오큐파이[점거] 운동과 그 운동의 지류인 빚 파업Strike Debt의 출현을, 유럽과 캐나다와 남미에서는 긴축에 대항하는 운동들의 출현을, 스페인에서는 포데모스Podemos 그리고 그리스에서는 새로 선출된 시리자Syriza와 같은 새로운 정치 정당들의 출현을, 그리고 열거하기에는 너무 많고 광범위하게 퍼져 있는 수많은 풀뿌리 결집들의 출현을 목격했다. 이 모든 사례들에서, "빚의 정치"는 "협상 불가능"하다고 여겨지는 자본주의 체계 자체의 작동을 겨냥했다.

어떤 "빚의 정치"도 한 가지 기본적인 물음으로 늘 되돌아올 것이다. 현존하는 사물의 배열을 고려해 볼 때, 빚에서 벗어나는 최선의 방식은 무엇인가? 틀림없이, 당신이 빚을 정의하는 방식이 그 물음에 대한 답을 안내해 줄 것이다.

— 첫째, 당신이 빚을 본질적으로 사적인 시장 관계로 생각한다면, 빚에서 벗어나는 최선의 길은 빚을 갚는 것이다. 자본주의 사회에서, 이것은 "이상적인" 해결책이다. 그것이 어느 특정한 거래의 위험을 해결하고 전체 기계의 기능을 승인하기 때

문이다.

　― 둘째, 당신이 빚을 본질적으로 공적인 법적 구성물로 생각한다면, 빚에서 벗어나는 최선의 길은 파산을 선언하는 것, 다시 말해 법의 보호를 구하는 것이다. 자본주의에서 이것은 각 사례를 결정하는 국가 권력에 의해 지탱되는 "예외적인" 해결책이다.

　― 셋째, 당신이 빚을 무한한 또는 불가능한 의무로 생각한다면, 당신이 할 수 있는 모든 것은 당신의 채권자가 당신의 빚을 탕감해 주기를 바라는 것이다. 당신은 파산 신청을 하기보다는, 희년Jubilee을 위해 기도할 것이다.

　― 넷째, 당신이 빚을 사회적 통제의 형식으로 생각한다면, 당신은 빚으로부터의 완전한 자유를 기대하지 않을 것이다. 대신 당신은 재협상 전술들에 거듭 의지할 것이다. 당신은 빚을 가치절하시키고 징수 가능성을 희박하게 함으로써 채권자보다 우위에 서기를 바라고, 시간을 벌 것이다. 본질적으로, 당신은 죽음의 운명으로 채권자의 인내에 대항한다.

　실제로 오늘날의 "빚의 정치"는 이 네 가지 정의와 네 가지 해결책 사이를 오간다. [예를 들어] 케인스주의 정책 제안들은 전투적인 거부 및 종말론적 꿈과 함께 나타난다. (시리자가 입증했듯이, 그러한 수사적 혼합은 정치적으로 아주 효과적일 수 있다.) 물론 개인적이고 지역적인 수준에서 빚[채무] 메커니즘들에 저항하고, 국가적인 수준에서 더 좋은 법과 정책을 요구하는 것은 중요하다. 그런 행동들은, 그것들이 빚[채무] 체계 전체를 손상시킬 위험이 없을 때에도 어려운 일들이다. 나는 그런 노력들을 뛰어넘어, 빚[채무] 자체의 정치적 재정의를 수행하고, 현재의 빚[채무] 체계를 탈합법화하는 것이 중요하다고 주장한다. 그러한 과제는 이론적인 논쟁으로 시작할지도 모르지만 대중적 결의를 통해서만 성공할 수 있을 것이다. 그것은 결코 이러한 빚을 거부하는 문제가 아니다. 대신 그것은 빚과 함께하는 다양한 삶의 양식들 ─ 자급자족, 상호 의존, 탕감, 그리고 재협상 ─ 이 열린, 투명한, 인간적인 척도의 과정 내에 수용될 수 있도록, 빚의 지반을 다시 그리는 문제이다. "빚의 정치"는 최근 커다란 발전을 이루었다. 우리는 앞으로도 더 많은 혁신과 실험 들을 계속 강구해야 한다.

나는 중요한 정치적 작업에 기여할 수 있기를 바라면서 이 책을 썼다. 이 책을 한국 독자들에게 전해 준 갈무리 출판사의 모든 분들과 역자에게 깊이 감사 드린다.

2015년 1월
리차드 디인스트

우리가 빚진 모든 것

누가 이 어지러운 시절의 역사를 쓸 것인가? 우리는 이미 여러 해 동안 하나의 지배적인 이야기, 날마다 전 세계 청중들 앞에 되풀이되는 공식적인 이야기를 들었다. 그 이야기가 판단하는 바에 따르면, 자본주의의 무자비한 폭력은 세계를 완전히 개조하고 있고, 그 승리는 세 차례에 걸쳐 ― 상품의 매혹, 무기의 위협, 대의의 신성함에 의해 ― 거듭 확보되었다. 모든 저항의 징후나 퇴보는 [세계의 개조라는] 그 과제를 완수할 또 하나의 이유로 묘사되어 왔다. 격동의 20세기에 이어 커져 가는 불확실성에 직면하여, 자칭 역사의 승리자들은 우리를 떠미는 진정한 시대정신ᶻᵉⁱᵗᵍᵉⁱˢᵗ은 단 하나뿐이라고 계속해서 선언한다. 가능한 최대한으로 아우르는 수준에서 모든 것을 시장으로 데려가고 시장을 모든 사람에게 데려갈 수 있는 총체적 상업정신이 그것이다. 경제적 처방들이 시도되는 한, 어떠한 정치 체계도 그 대의에 가담할 수 있다. 소위 독재 정권이라는 체계도, 민주주의라 불리는 체계도, 강한 국가, 약한 국가, 그리고 파탄 국가도 그렇게 할 수 있다. 패배자를 위한 시간은 없다. 반항하는 자와 버림받은 자는 협력하거나, 낙오하거나, 아니면 뒤에 남겨질 뿐이다. 이제부터 새롭게 돌아온 역사의 천사는 그 부름에 응하는 자들에게 좋은 소식만을 약속한다. 아니 나쁜 소식뿐일 때에도 우리는 계속해서 그렇게 듣는다.

공식적인 이야기는 한 번도 사실이었던 적이 없지만, 강력한 것으로 남아 있다. 자본주의 폭력의 승리는 고대 장군들과 황금시대 제국주의자들의 승리처럼 결정적이었던 적이 한 번도 없지만, 우리 시대의 통치자들은 특별한 유형의 지배를 행사한다. 주요 국가들이 주장하는 폭력의 독점을 넘어서는 새로운 유형의 명령이 출현했다. 한편으로 세계를 자기 고유의 이미지로 조형하는 텔레테크놀로지teletechnology 권력을 통해, 다른 한편으로 무엇이 존재할 자격이 있는지를 결정하는 화폐 권력에 의해 행사되는 현재성actuality의 독점이 그것이다.[1] 이러한 통제의 실질적 지평은 뉴스 순환[주기]과 경기 순환 사이 어딘가를 왕복한다. 시시각각 그것은 자신이 알고 있는 모든 것을 현재 시제로 바꾼다. 그것은 자신의 영광을 오늘날 일어나는 일에 대한 자신의 지배를 승인하는 데서만 구하지 않는다. 그것은 지난 것은 꼼꼼하게 상각하고 아직 오지 않은 것은 부지런히 할인한다. 과거는 오직 지금 당장 보존할 가치가 있을 때에만 보존할 가치가 있고, 미래는 이미 만료가 예정되어 있거나 [그 길이] 닦여져 있지 않은 한, [새롭게 출현한 명령에 따라] 자연히 처리될 것이다. 불안정하게 만드는 자본의 흐름에 의해 자유롭게 되어 전례 없이 빡빡한 경쟁의 그물망에 포획된 사람

---

1. 자크 데리다는 자신의 인터뷰/에세이, 「인공적 현재성」(Artefactualités)에서 "현재성의 독점화"에 대해 이야기했다(Jacques Derrida and Bernard Stiegler, *Échographies : de la télévision,* Paris : Galilée, 1996) [자크 데리다·베르나르 스티글러, 『에코그라피 ― 텔레비전에 관하여』, 김재희 외 옮김, 민음사, 2014]. 정확한 표현이 나오지는 않지만, 그 현상은 이미 기 드보르의 작업 전체를 통해 분석되었다.

들은 어디에서나 더 조마조마하고, 더 당혹스러우며, 더 방어적이고, 더 압박받는 삶을 살아간다. 자신의 방식을 사회적 삶의 결textures 속으로 깊숙이 밀어 넣는 시장 이데올로기는 보다 절대적인 것으로 되고 있다. [그것은] 알려지지 않은 미래의 기회를 위해 현재의 모든 모욕을 정당화한다. 자연법의 지위로 격상된 시장 논리는 모든 사람이 자유 선택과 계산 가능한 결과의 순환 속에서 살 것을 요구하면서도, 거의 모든 사람들에게서 실질적 자유를 박탈하기 위한 전방위 기술을 발명한다. [그리고] 보상은 즉시 위[상류 계급]로 보내는 반면, 나쁜 결과는 그것을 감당할 수 없는 이들에게로, 다른 어딘가로, 이후 언젠가로 떠넘긴다. 예상되는 것에 대한 빈틈없는 관리와 대안에 대한 단호한 거부를 통해, 우리의 공통의 삶은 생존을 위한 무수한 계획들로 분할된다.

그러므로 우리 시대의 정신이 여전히 군사력과 기술의 발명을 찬양하는 동안 — 전쟁과 첨단 기술이 여전히 최고의 정신적 정당화를 획득한다는 이유만으로 — 주요한 역사의 줄거리는 왕성하고 이해하기 어려운 자본의 대본에 따라 써지고 있다. 그것이 바로 이 역사의 공식 판이 "승리자들"이 아니라 채권자들에 의해 써지게 되는 이유이다. 채권자들을 위해 모든 인류의 성취나 염원은 이제부터 끝없는 언쟁과 축장蓄藏에 시달리게 된다. 어장과 윤작에서부터 제약·원자력·노령연금에 이르는 모든 것에 대한 기본적인 결정을 초영토적인 경제적 이성이 좌우하는 세계에서, 가장 기본적인 사회적 삶의 회로들 ― 동맹·의무·연대 ― 은 유해한 반사회적 에너지들을 전파하는 것으로 조작되어 왔다. 사정이 좋을 때에도 궁지에 몰린 채로 있는 집합적 가능성과 약속에 대한 어떠한 표현도, 막대한 부를 끝없이 찬양하는 수다로 가득 찬 환경에서 자신이 들릴 수 있도록 투쟁해야 한다.

이러한 시기에 가장 숙명적인 세계사적 형상들은 국가수반은 고사하고, 재벌 총수나 세계 곳곳을 누비는 기업가도 아니며, 중앙은행장, 펀드 매니저, 보험 중개인, 그리고 이들 뒤에 득실거리는 거래인과 조정자의 부대들이다. 그들은 이 세계를 스스로 통치하고 있다고 여기지 않으며, 그들 자신의 정당성을 믿는다. 각자는 그저 가장 수익성 있는 영역을 개척하여, 한두 가지 변수들을 관리하고, 동향을 추측하여, 평균초과수익을 달성하고, 배당을 받고, 수수료를 징수하고, 나머지 세계는 자기 갈 길을 알아서 가기를 원할 뿐이다. 그들은 정책이나 계획에 관심이 없다. 그것이 자신들의 이윤을 증대시키거나 감소시키는 게 아니라면 말이다. 그들은 일반적으로 자신들이 활기를 불어넣을 수 있는 전지구적 체계에 대해 무관심하며, 심지어는 무지하다. 그들의 역사의식은 찰나의 차익거래, 급변하는 포트폴리오 회전율, 이자의 여파, 변덕스러운 환율 조작, 보험 통계표의 준엄한 셈법에 의해 조정된다. 그들은 거래하고 위험에 대비하면서, "너무 이른"과 "너무 늦은" 사이에서 가능한 오랫동안

정지하는, 즉 좋은 기회를 붙잡을 수 있을 만큼 오래 지속되지만 좋지 못한 결과나 역류에 직면할 만큼 지속되지는 않는 일종의 자동적인bootstrap 초월성을 획득하기를 열망한다. 자본 권력을 휘두를 수 있는 사람은 누구도 일상생활과 물질적인 것의 완고한 시간성에 고착되고 싶어 하지 않는다. 그것이 존재하는 유일한 세계로 남아 있다고 할지라도 말이다.

이른바 전지구적 경제의 "금융화"는 금융자본의 작동 그 이상을 내포한다. 더욱 중요한 것은 그것이 모든 경제 활동의 네트워크 재조직화를, 즉 모든 지역 시장들 및 분야별 시장들의 전방위적 중층결정을 함의한다는 점이다. 각각은 다른 모든 것과 [서로 관련을 맺는다.] "시장 신호들"의 통합된, 즉각적인 전송은 모든 거래를 인식할 수 없거나 통제할 수 없는 초국적 변수들에 더욱 종속시키는 경향이 있으며, 이는 환율과 신용 비용credit costs에서부터 보조금 패턴과 상품 선물commodity futures에 이르는 모든 것에 영향을 받는다. 가장 힘 있는 참가자들만이 이러한 이질적이고 미분화微分化된 시간대를 가로지르며 자신들의 이해관계를 전개할 수 있다. 결정적인 경쟁우위는 사나운 경쟁자들보다 한 발짝 앞서고 오히려 덜 사나운 감독 기구들보다는 두 발짝 앞선 상태를 유지하면서, 특히 최신 금융 기법이 발명한 추상 도구들을 통해 자본을 한 경제 지층에서 또 다른 경제 지층으로 조종할 수 있는 수단을 가진 자들이 확보한다. 자신들의 포지션2을 거는 금융 무리swarm는 오로지 마진을 걸고 차입금으로 지분에 투자하는 일에만 관심이 있는 것처럼 보인다. 자신들의 경로에 있는 모든 것은 분해되고, 재구성되어, 그 내부에서 경쟁하는 무한히 대체 가능한 가치 덩어리로 취급된다. 거래인들은 최소한의 우위라도 찾기 위해서 화면에 달라붙어 모든 기사를 기회와 위험으로 평가하고, 파멸을 어렴풋이 직감하거나 예감하기 위해 쏟아지는 정보를 걸러 낸다. 역사의 초안 — 그들에게 문제가 되는 유일한 것 — 은 원자료의 신성한 평온함을 지닌 채 화면을 이동하며, 금리와 가격의 암호로 축약된다. 나머지 모든 것은 주석에 불과하다.

시장 제도들은 자연적이고 필연적이며 불가피한 것으로 나타나기 위해 언제나 과학적 담론과 쇼비즈니스show-biz 행상 모두를 요구해 왔다. 하지만 이제 경제적 교환과 전자 미디어의 회로망들은 더욱 밀접하게 융합되고 있다. 각각이 서로를 반향하면서, 확실성의 근엄한 목소리와 야성적 충동animal spirits의 시끄러운 아우성은 뒤섞인다. 시장은 다음에 일어날 일에 대한 실마리를 얻기 위해 미디어를 주시하고, 미디어는 방금 일어난 일의 의미에 대한 실마리를 얻기 위해 시장을 주시한다. 이 엉성한 피드백 루프loop는 신속한 의사 결정 반응과 영구적인 불확실성을 그 동일한 행정行程에 불어넣는다. 정치적 구상만큼

---

2. [옮긴이] 포지션(position)은 선물거래나 주식거래에서 개별 투자자 재산의 현재 형태를 말한다. 즉, 매도 포지션은 매도한 뒤의 재산 상태를, 매수 포지션은 매수한 뒤의 재산 상태를 가리킨다.

이나 정치적 불이행^{default}에 의해 수년간 창조된 시장–미디어 기계는 전지구적 반협치^{countergovernance}의 기관이 되었으며, 그 기능적 자율성이 규제나 감독의 위협을 받을 때마다 계속해서 변형될 것이다. 시장–미디어 기계의 확장은 투자의 시간성을, 그리고 부문 및 지역 들 간의 불균등 발전을 재구성할 뿐 아니라, 자기 고유의 집행 장치를 창조한다. 그것에 의해 시장 훈육의 감정 기복과 완고한 앙심^{grudges}은 가장 결정적인 유형의 실재가 된다. 입안자와 관료, 관리자들은 시장–미디어 기계의 복잡한 신호에 주의를 기울이며, 보초를 세우고 책임자인 양 행세한다. 나머지 모든 사람들은 계속해서 일하고, 지역 당국에 순종하며, 쇼를 즐기고, 참을성 있게 행운을 기다려야 한다. 그것이 전지구적 자본이 대다수 세계 인구에게 부과하고 싶어 하는 역사적 소임이다. 현재로선 그렇다.

지금은. 그러나 이 진단이 사실이라면, — 붕괴와 미비한 개혁 들이 이따금씩 끼어들겠지만 — 지구가 고갈될 때까지 지속되는 동일한 것의 계속되는 반복 외에 다른 어떤 것을 미래가 어떻게 제공할 수 있는지 이해하기란 어려울 것이다. 그것이 위기에 처한 우리 시대에 대한 수많은 태도와 견해들이 선반 위에 일렬로 서 있을 때는 아무리 다양해 보일지 몰라도, 으레 일반적인 불안을 숭배하고 과거 결론들의 타성을 확인하는 데 지나지 않는 이유이다. 오늘날의 사물의 질서는 기억과 선취의 자원들을 모두 장악함으로써 세계의 모든 시간에 대한, 이미 존재하는 것의 힘에 영구히 빚지고 있는 세계의 모든 시간에 대한 권리를 주장한다.

이 책의 장[*]들은 빚짐에 대한 질문을 통해 오늘날의 상황에 접근한다. 그것은 부분적이고 우회적인 접근이며, 이는 적어도 어느 정도는 빚짐이라는 개념 자체가 경제학에서 철학으로, 심리학에서 사회학으로 인류학으로 그리고 다른 어딘가로 계속해서 옮겨 다니는 데에서 기인한다. 이러한 학제적 표식들조차 빚에 대해 알고 있다고 믿는 우리의 기존 생각에 대해서는 실제로 다루지 않는다. 모든 사람이 빚짐 상태에서 산다는 것은 명백해 보이지만, 사람들은 이따금씩 그것이 피할 수 있고 피해야 하는 상태인 것처럼, 우리가 빚 없이도 그냥 살 수 있는 것처럼 이야기한다. 동시에 사람들은 환경이 지닌 힘과 사물이 따라야 하는 길 사이에서 시시각각 협상하면서, 빚짐에 대한 필요를 당연시하는 경향이 있다. 우리는 어떻게든 우리 자신의 빚들을 개인의 발자국으로, 바람[wanting]과 기다림의, 소유와 단념의 혼합물로 만들려고 시도한다.

그것이 빚짐의 개념이나 경험을 단일한 정의로 밝히려고 하는 시도가 오류로 보이는 이유이다. 신용카드 회사가 수금을 위해 막연한 죄책감에 의존하는 것은, 그리고 현대 국가가 개인의 자유라는 이름으로 구성원 모두에게 금융 의무[재정 부채]를 부과하는 것은 명백한 사실이다. 그러나 어디에서 실용적 계산이 끝나고 도덕적 명령이 시작되는지를 결정하는 것은, 어디에서 자율성과 자족의 감각이 멈추고 타인의 필요에 대한 인식이 시작되는지를 말하는 것만큼이나 불가능해 보인다. 하나의 학제적 언어를 또 다른 언어에 우선하여 선택하는 대신, 여러 상이한 방식들로, 다양한 이론적 언어들로 그리고 오히려 상이한 분석 대상들을 사용하여 그 질문의 윤곽을 따라가는 것이 더 나아 보인다. 이 모든 것은 하나로 합쳐진 이 [책의] 글들이 빚짐에 대한 다양한 담론들이나 상이한 마디들 또는 무리들 — 여기서 세계의 상태에 대해 생각하는 일은 우리가 빚짐에 매여 있다고 느끼는 혹은 느끼지 않는 방식들을 고찰하지 않을 수 없다 — 과 관계 맺으려고 노력한다는 것을 의미한다. 사실 빚짐에 대한 모든 담론은 "우리"라는 특정한 개념을 제시하며, 그 "우리"가 누구든 간에 — 그리고 정확히 그것은 빈번하게 변할 수 있기 때문에 — 우리는 어떤 빚이 유지될 가치가 있는지 그리고 어떤 빚이 유지될 가치가 없는지에 대해 배울 의무가 있다.

1

일생에 단 한 번

처음에는 아무도 그것을 뭐라고 불러야 할지 몰랐다. 모든 사람이 "위기"가 발생했다는 것에 동의했지만, 또 한편으로 위기는 늘 어딘가에서 진행 중이었고, 이번에는 [무언가] 다른 것처럼 보였다. 주식 시장은 하락하고 있었고, 중앙은행은 허둥대고 있었으며, 정치인들은 그들 모두를 집어삼킬 듯 다가오는 재앙에 맞서 패를 가르는 법을 알아내려 애쓰고 있었다. 무슨 일이 일어나고 있는지 몰랐던 미디어 대변자들은 중개인의 금욕과 은행가의 자기 연민, 그리고 대중의 분노에 대해 알아들을 수 없는 말을 한꺼번에 내뱉기 시작했다. 분위기가 어두워지고 전문가들이 어떤 불길한 시나리오가 전개되고 있는지를 두고 다투기 시작했기 때문에, 경기 후퇴가 이미 진행 중이라는 것은 명백해 보였다. 다음 단계가 적어도 "침체"인 것은 틀림없었고, 어쩌면 "폭락" 그리고 "공황"일지도 몰랐지만, 그런 이름표조차 충분한 것인지에 대한 의구심이 잠복해 있었다. "신용 경색"과 "재정 동결"은 갑자기 "쓰나미"와 "멜트다운"meltdown이 되었다. 마치 치명적인 자연재해 또는 핵 재앙만이 지금 세계 시장을 사로잡고 있는 것에 대한 적절한 은유가 될 수 있는 것처럼 말이다. (앨런 그린스펀Alan Greenspan이 "쓰나미"를, IMF가 "멜트다운"을 선택했다는 것을 떠올려 보라.) 숭배받는 사제의 입에서 비롯된 묵시록적 수사는 소기의 목적을 달성했다. 모든 사람들이 겁에 질렸다. 긴급 구제가 통과되었고, 비상 권력이 발동되었으며, 많은 보수를 받던 소수의 사람들이 해고되었다. 그러고 나서 공황 상태panic의 첫 번째 파열이 잦아들자마자 [위기에 대한 시나리오를] 고쳐 쓰는 일이 시작되었다.

　　오래지 않아 많은 설명과 해석, 예상들이 그 줄거리에 대해 논쟁하기 시작했다. 그 격변의 중심은 분명히 미국의 금융 부문이었지만, 뒤늦게 점점 더 지나간 일들에 대해 깨닫게 됨에 따라 사태의 원인은 더 확산되었고 문제의 규모는 더 커졌다. 처음의 수정주의 서사에서는 모든 혼란이 "서브프라임 모기지" 위기로 이야기되었고, 주택 상환금을 계속 내지 못해 은행의 주의 깊은 계산을 망쳐 버린 엄청난 수의 게으른 주택 소유자들이 거친 비난의 표적이 되었다. 값비싼 부동산을 구매하기에는 소득이 너무 적은 사람들의 뻔뻔하고 무모한 노력들을 자세히 전하는, 악의에 찬 이야기들이 유포되었다. 곧 이어 가난한 사람들이 집을 살 수 있도록 돕는 연방 정부의 노력에는 틀림없이 어떤 문제가 있었다고 결론이 났다. 가난한 사람들은 분명 자산 소유의 근엄한 의무들에 대해 준비되어 있지 않았다는 것이 그 이유였다. 그 이야기는, 그 서브프라임 모기지들이 겉으로 보기에는 무해하고 고평가된 유가증권들로 — 공장식 축산 농장의 소처럼 — 집단적으로 가공되었다는 것이 드러났을 때 정정되어야만 했다. 그 유가증권들은 패스트푸드 햄버거처럼 더 이상 어느 특정한 근원으로 소급될 수 없었다. 모기지들의 취약성은 추정 가능했음에도, 그 유가증권들의 가치는 갑자기 완전히 알 수 없는 것처럼 보였다. 많은 종류의 금융 거래들이 그런 방식으로, 이제 "그림자 금융"shadow banking system ─ 이것을 통해 모든 종류의 불가사의하며 이제는 오히려 불안전한 유가증권들이 사고 팔리며 크고 작은 포트폴리오와 대차대조표에 흩어져 있었다 ─ 으로 알려진 것에 의해 대량 생산되는 방식으로 작동한다는 것이 밝혀졌다. 잠시 동안 그림자 금융의 복잡성은 뒤얽힌 상황, 비밀스러운 논리, 또는 숨겨진 의제에 대한 일종의 열쇠를 제공하는 것처럼 보였지만 아무도 그것이 실제로 어떻게 작동했는지 알지 못하는 것처럼 보였다. 대부분의 논평가들은 사태가 손을 쓸 수 없을 정도로 진행된 것에 충격을 받고 당황했다고 말했지만, 그 푸념들 뒤에는 혼란을 정리할 수 있는 유일한 사람들은 그것을 초래한 바로 그 사람들이라는 마지못한 시인이 늘 따라왔다. 마찬가지로, 의심스러운 평가를 승인해 왔던 신용평가기구들과 회계사들이 이제 피해를 산정하고 구제를 설계하는 일에 참여했다. 문제가 계속되고 [그에 대한] 설명이 되풀이되고 개선됨에 따라, 책임이 돌아갈 곳이 많다는 것은 분명해졌다. 머지않아 그것은 모든 사람의 잘못이 될 것이었다. 왜냐하면 모든 사람이 신용 완화와 등귀 시황市況에 안도했었기 때문이다. 그러므로 그것은 누구의 잘못도 아니었다. 아무도 이런 일이 일어나리라는 것을 알 수 없었고, 설령 알았다고 하더라도, 그것을 멈추기 위한 어떠한 노력도 전체 체계가 기반하고 있는 핵심 원리를 교란하는 것이었기 때문이다.

유동성 문제가 지급 능력 문제로 된 것처럼, 신뢰의 지역화된 위기는 지식의 체계적 위기가 되었다. 그것은 2007년과 2008년 사이에 여러 단계들로 전개되어, 2008년 9월 중순에 가장 강렬한 국면에 이르렀다. 효율적 시장 이론에 따르면, 불확실성과 위험risk은 항상 밀접한 관련이 있으며, 그래서 주저하는 구매자들은 할인, 즉 보다 의심스러운 거래의 가격을 내리는 것을 요구할 수 있을 것이다. 중개인들이 자신이 거래하고 있는 유가증권에 대해 충분히 알지 못한다는 판단을 내리기 시작하면, 가격은 떨어질 것이고, 새로운 유가증권의 발행은 둔화될 것이며, 보험과 헤징[1]이 곳곳에 더 많아질 것이다. 체계는 갑작스럽게 냉각된다 해도, 신뢰가 회복될 때까지 계속해서 그럭저럭 굴러갈 수 있다. 하지만 회의론이 시장에 만연하면, 불확실성은 그 대가를 알 수 없다. 어떤 자산도 시장이 얼어붙으면 독이 될 수 있다. 단순히 가치를 잃는 정도가 아니라 사실상 아무런 쓸모가 없게 될 수 있다. 마찬가지로 대출은 대출 기관이나 채무자 혹은 그들 사이에 있는 많은 중개 기관들 중 어느 누군가의 파산에 의해, 대출이 진행되는 어느 지점에서도 회복될 수 없는 불량 대출이 될 수 있다. 2008년 가을에 찾아온 것은 그 이상이었다. 금융 체계가 완전히 멈추어

---

1. [옮긴이] Hedging. 가격 변동으로 인한 손실을 막기 위해 실시하는 금융 거래 행위.

섰다는 바로 그 사실은 크나큰 충격이었다. 이른바 위기관리 모형들 ─ 이 모형들은 불완전한 정보에 대처하고, 가능성이 낮다고 추정되는 시나리오들로부터 보호해 주는 기법이라고 광고되었다 ─ 은 빚의 파도 아래로 간단히 부서져 내렸다. 전지구적 자본주의 체계가 실제로 존재한다는 것에 대한 가장 좋은 증거는 그것의 성공이 아니라 실패에 의해 제공되었다. 전지구적 자본주의 체계의 시장들은 그 시장들이 두려움을 옮길 때 가장 효율적이다.

모든 규모의 금융 기관들이 이 심연의 위험들에 자신이 노출되었는지를 알아내기 위해 서두름에 따라, 누가 보아도 그 산업에 대한 내부 감독과 외부 감독 모두 처참할 정도로 부주의하거나 무지하거나 혹은 그 둘 다였다는 것이 분명해졌다. 많은 기관들이 그냥 입을 다물어 버린 채, 자신들의 손실에 대한 가치 평가나, 보험금 청구에 대한 지불 혹은 대규모 감가상각을 거부함에 따라 회계 규정에 대한 난해한 논쟁들이 공중의 눈에 드러났다. 은행들은 서로에게 대출하기를 중단했고, 사기가 밝혀졌으며, 헤지펀드는 사라졌고, 한때 거대했던 베헤모스[2]들은 예전 자신들의 그림자로 오그라들었다. 그 결과 이들은 잡아먹히거나 국가의 피후견인이 되었다. 연방준비제도

─────────────

2. [옮긴이] 구약성경에 등장하는 거대한 괴물. 아무도 잡을 수 없고 쓰러뜨릴 수 없다고 한다. 여기서는 대마불사라는 논리에 기생했던 대규모 금융기관들을 가리킨다.

Federal Reserve가 제공한 비상 신용 한도와 다른 혜택들에 반대하는 이는 거의 없었지만, 유동성 공급이 지분들로 전환됨에 따라 논쟁이 격화되었고, 연방 당국은 몰락에서 구조되고 있었던 이들에게 전적으로 환영받지는 못한 조건을 부과했다. (이와 같이 월스트리트 기업들은 제국 전쟁사의 한 시나리오를 재연했다. 그 기업들은 미국 정부에게 개입해 줄 것을 "요청"한 뒤, 미국 정부의 부대들이 영구 기지를 건설하는 것을 보고 깜짝 놀랐다.) 모든 큰 손들 big players이 통화 타락 없이 매수될 수 있다면 — 이 점은 여전히 불확실하다 — 금융 체계는 이제부터 행정부에 있는 큰 손들의 과거와 미래의 동료들이 고안한 새로운 지침하에서 운용될지도 모르지만, 건강한 몸을 만든 뒤 사적 부문으로 되돌아갈 것이다. 그러나 재규제를 둘러싼 논쟁들이 미온적이었다는 느낌을 지우기 어렵다. 모든 참여자들은 단결하여 "자본주의 구제"를 위해 노력했고, 막대한 공공 자금은 어떻게든 다국적 은행과 보험회사 그리고 개인 투자자들의 손에 들어갔다. 자백과 비난이 넘쳐 났지만 — '내 탓이다'와 '내가 뭐랬어' 사이의 이중주 — 대중들의 시선에 노출되어 있는 어느 누구도 자본주의라 불리는 이것이 세계를 지배할 수 있고 지배해야 한다는 믿음을 잠시라도 버린 적이 없는 것처럼 보인다.

다양한 이야기와 해석 들의 공통점은 심판의 날, 진실의 순간, 낡은 환영이 사그라들고 사태의 실상이 마침내 드러났던 시간이 존재했다는 것이다. 각각의 버전은 전환점을 서로 다른 곳에 두고 크게 상이한 결론들을 이끌어 냈다. 사태가 그저 몇 달, 혹은 1년 정도만 진행되었다면, 근본적인 재고를 할 필요는 없었을 것이다. 그것이 감당할 수 없게 된 주기적 변화에 불과했다면, 월스트리트와 워싱턴에 있는 지도자들을 이리저리 바꾸는 것만으로도 다음에는 이런 일이 일어나지 않을 거라는 확신을 하기에 충분했을지도 모른다. 조금 더 장기적인 관점에서 보면, 현재의 난국은 불운과 탐욕 그리고 조지 W. 부시의 임기 동안 함께했던 무능의 융합 때문일 수 있다. 이는 어쩌면 클린턴 시절 은행 탈규제에 의해 가능하게 된 것인지도 모른다. 버냉키Bernanke와 서머스Summers, 가이트너Geithner 그리고 다른 그린스펀의 아이들이 자신들의 실수를 알게 되었기 때문에, 규제 체제가 다시 수습될 수도 있다. 그러나 역사적으로 더 과거로 거슬러 올라가 문제를 추적하자마자, 최근의 주요 경향들은 부적절하게 보이기 시작할 것이고 모든 시대가 의문에 부쳐질 것이다.

약 30년 또는 35년 전, 즉 신보수주의 정치와 신자유주의 경제의 영미식 조합이 패권을 차지하고 고삐 풀린 자본주의적 지구화가 비상했던 1970년대 중반부터 후반 사이 어딘가에서 전환점을 찾을 수도 있다. 이러한 시대 구분을 위해 있을 수 있는 어떤 역사적 기초든 ― 그리고 우리는 몇 가지 증거를 간단히 살펴볼 것이다 ― 그 기초는 세계사의 전체 경과 ― 현재까지의 상황을 보면 시장 모델의 승리, 유일 초강대국으로서 미국의 출현, 그리고 부의 창출과 축적의 가장 큰 새로운 엔진으로서 중국의 부상이 두드러진 특징으로 나타나는 – 에 대한 하나의 진실의 순간으로서 현재의 위기를 다룬다는 논쟁적인 이점이 있다. 그렇게 보면, 현 국면은 1989년보다 더 중대할 것이다. 이제 1989년의 국면은 이미 진행 중이던 전지구적 경향의 확인에 불과한 것처럼 보인다.(천안문 광장의 탱크와 베를린 장벽의 붕괴는 이제 동일한 과정을 의미할 것이다. 총구를 들이대고 강제했든 자연스럽게 도입되었든 간에 확고하게 진전된 시장 문화 말이다.) 마찬가지로 현 시기는, 이제는 결국 유실된 한 시대의 절정기로만 남은 듯한 또 다른 기념비적 시기인 1968년보다 더 결정적이라고 간주되어야 할 것이다. 사실 지난 30년은 바로 전후 궤적 전체의 연장으로 (그래서 그 시기의 대항문화적 반체제적 운동들의 부인으로) 이해할 수 있기 때문에, 현재의 혼란은 지난 60년 혹은 그 이상의 기간에 대한 심판일 수 있다. 그러한 종결의 순간들은 뒤따르는 부활의 감각과 더불어, 일생에 단 한 번 찾아온다고 한다.

이 매력적인 이야기에는 한 가지 문제가 있다. 진실의 순간은 결코 없었다. 전환을 가져오는 폭로도, 집합적 자각도, 실재에 맞춘 재편도, 베이비붐 세대를 위한 과거 청산도 없었다. 수조 달러의 화폐가치가 사라지고 있었음에도, 평정심을 잃은 공황 상태의 비명에서부터 신뢰 회복까지의 추이는 오히려 순조

로웠다. 지식의 위기 — 예전처럼 어수선하고 혼란스러우며 당혹스러운 — 는 신념의 위기로 전환되지 않았다. 자본주의가 재앙 직전에 구조되었다고 선언될 수 있었던 것은 바로 자본주의의 신봉자와 수호자들이 어떤 치명적 위험도 절대 인정하지 않고 구제를 부르짖었기 때문이었다. 미디어는 모든 시련을 코요테보다는 로드러너의 관점[3]에서 표현했다. 로드러너는 당신이 절벽 밖으로 달려 나가더라도, 절대 아래를 내려다보지 않는 한 곤두박질치지 않는다는 것을 알고 있다. 그럼에도 이제부터는 수사법rhetoric이 일부 조정될 수 있다. 심지어는 기정 의견 내에서 새로운 유형의 타협이 있을지도 모른다. 자유 시장 근본주의자들은 원하는 것을 얻기 위해 더 이상 무오류성을 주장할 필요가 없으며, 다른 한편 이상주의자들과 회의론자들은 현재 체계에 대한 어떤 대안이 있다는 생각을 마침내 포기할 수 있다. 그런 의미에서 이 순간은 정말로 일생에 단 한 번의 사건일

---

3. [옮긴이] 코요테와 로드러너는 미국 워너브라더스의 애니메이션 루니 툰 시리즈에 등장하는 캐릭터다. 이 애니메이션은 코요테가 로드러너를 잡으려고 쫓아가지만 늘 실패하는 줄거리를 갖고 있다. 코요테가 로드러너를 정신없이 쫓아가다가 자신이 절벽 바깥에, 즉 아래를 내려다보며 허공에 있음을 깨닫는 순간 코요테는 아래로 곤두박질친다. 이 순간을 코요테 모멘트(koyote moment)라고 부르는데, 이는 두려워했거나 피하고 싶었던 상황에 지금 처해 있음을 갑자기 깨닫는 순간을 가리킨다. 그러나 로드러너에게는 그러한 순간이 존재하지 않는다. 미디어가 모든 시련을 코요테보다는 로드러너의 관점에서 표현한다는 것은 미디어가 어떤 치명적인 위험도 절대 인정하지 않음을 뜻한다.

수 있었다. 그 어느 때보다 우리가 자본주의를 믿기를 바라는 이들이 이끄는, 준비된 이데올로기의 전향일 수 있었다.

신념을 지키기란 쉽지 않을 것이다. 미디어가 주도한 (일시적인) 공황 상태와 (빠르게 진정된) 이데올로기적 혼란은 모두 보다 근본적이고 영속적인 유형의 위기, 즉 다시 시작하는 것을 예전 상태를 유지하는 것만큼이나 불가능하게 만드는 위기를 알아보기 어렵게 한다. 우리는 이 상황을 **빚짐의 위기**crisis of indebtedness라고 부를 것이다. 그것은 적어도 두 가지 차원에서 작동한다. 첫째, 현재의 위기는 고전적인 의미의 빚[채무] 위기 debt crisis, 즉 쓸모없게 된 증권의 누적, 믿을 수 없을 정도의 가치 레버리징4, 그리고 신용을, 좀 더 일반적으로는 가치의 자본 형식 자체를 유지하는 메커니즘들의 붕괴로 이해될 수 있다. [둘째,] 조금 더 넓고 규정하기 힘든 의미에서 이것은 경제적 빚[채무]들을 가능하게 하는 사회적·정신적 관계들의 위기이다. 모든 빚짐을 견고하고 구속력을 지닌 것으로 만드는 다양한 형태의 경제적 귀속, 자아, 책임, 그리고 동원[의 위기이다]. 서로

---

4. [옮긴이] 지렛대라는 뜻을 가진 레버리지(leverage)는 금융계에선 차입을 의미하며, 금융 자원의 전체를 소유할 필요 없이 일부만 소유하여 전체를 통제하는 기법이다. 다시 말해, 적은 자본을 활용하여 많은 금융 자원을 통제하는 능력을 말한다. 빚을 지렛대로 투자 수익률을 극대화하는 레버리지는 경기가 호황일 때 효과적인 투자 기법으로 알려져 있다. 이는 상대적으로 낮은 비용으로 자금을 끌어와 수익성 높은 곳에 투자하면 조달 비용을 갚고도 수익을 남길 수 있기 때문이다 [크리스티안 마라찌의 『금융자본주의의 폭력』 (갈무리, 2013)의 '위기 관련 용어 해설' 항목 참조].

다른 종류의 빚[채무]들이 쌓여 감에 따라, 사람들은 자신이 그 어느 때보다 존재하는 모든 것에 지나치게 얽매여 있음을 발견한다. 이것은 존재하는 모든 것이 지닌 문제 ― 그저 유지되기 위해서 아주 많은 에너지와 시간 및 공간을 필요로 하는 비대한 체계가 지배하게 된 전 세계 ― 일 뿐 아니라 우리가 그것에, 그리고 서로에게 얽매이는 방식이 지닌 문제이기도 하다. 보다 근본적인 이 위기가 곧 끝날 것이라고 상상하기는 어려운 일이다.

오늘날의 역사를 다르게 말하는 것이 불가피할 것이다. 쉽게 이용할 수 있는 서사는 고갈되었고 새로운 서사는 아직 자신의 지평을 멀리까지 투사하지 못했다. 어떤 이야기를 할 수 있을지 엿보기 위해서, 우리는 공통의 미덕을 공유하는 현대 자본주의 비판가 몇몇을 비교하는 것에서 시작해야 한다. 그들은 체계가 어떻게 작동하는지 이해하고 있으며 그것이 살아남는 것이 당연하다고 여기지 않는다. 또 그들은 자신의 작업에서 늘 재앙을 예언하는 비판가들 및 회의론자들과는 달리, 체계의 불균형으로부터 이윤을 얻는 체계의 능력에, 그리고 붕괴를 좀 더 늦추는 체계의 능력에 정확히 집중한다. 모든 사람들이 금융 위기가 무언가의 종말에 대한 신호라는 점에, 심지어는 많은 것들의 동시다발적인 종말에 대한 신호일지도 모른다는 점에 동의하는 것처럼 보이기는 하지만, 다른 모든 것들이 어떻게 그리고 왜 계속되고 있는지를 설명하는 일이 훨씬 더 중요하다.

로버트 브레너 Robert Brenner

　로버트 브레너는 자신의 두 저작, 『전지구적 혼돈의 경제학』*Economics of Global Turbulence*(1998/2006)[5]과 『호황과 거품 : 세계 경제에서 미국』*The Boom and the Bubble : The US in the World Economy*(2002)[6]에서 전지구적 경제에 대한 이론적으로 정교하고 경험적으로 상세한 분석을 보여 준다. 브레너의 기본적인 서사는 두 부분으로 나뉜다. 1940년대 말부터 1973년까지 지속되었던 "장기 상승"에 대한 설명과 이후 줄곧 지속되어 온 "장기 침체" ― 브레너는 여기에 더 날카롭게 집중한다 ― 에 대한 설명이 그것이다. 그의 이야기에는 세 명의 주인공이 등장한다. 미국·독일·일본, 좀 더 정확히 말하자면, 이 국가들의 비즈니스 엘리트와 정치 엘리트의 연합이다. 그들이 공동의 이익을 위해 협력하는 한에 있어서는 그렇다. 브레너는 주인공이 좋아하는, 즉 각각에 초점을 맞춘 주인공들의 이야기가 아니라, [그들의 활동이] 중첩되는 지대들의 지각 변동에 대해 서술한다. 여기서 그들 간의 외적 관계들은 그들 고유의 내적 역학보다 더 결정적인 것으로 드러난다. 1998년 판의 (서명이 없는) 서문에서 적

---

5. [옮긴이] 1998년판을 옮긴 한국어판의 제목은 『혼돈의 기원 : 세계 경제 위기의 역사 1950~1998』(이후, 2001)이다.
6. [옮긴이] 한국어판의 제목은 『붐 앤 버블 : 호황 그 이후, 세계 경제의 그늘과 미래』(아침이슬, 2002)이다.

고 있듯이,

> 여기서 현대 경제의 운명을 결정하는 최종적인 요소는 노동과 자본 간의 수직적 관계가 아니라, 자본과 자본 간의 수평적 관계이다. 성장 혹은 경기 후퇴의 보다 깊은 리듬을 지배하는 것은 계급투쟁이 아니라 경쟁의 논리이다.[7]

모든 단계에서, 브레너는 "자본주의적 생산의 **무계획적이고 무조절적인 경쟁적 속성**"이 서사를 주도하며, 여기서 개인 행위자들과 국가 전략들은 나무랄 데 없는 비즈니스 감각으로 보일 수도 있는 것을 지닌 채 행동하지만, 그럼에도 체계를 계속해서 막다른 골목으로 데려간다는 것에 주목한다.[8] 가장 사나운 지역 지도자들이 여기서 재현하는 세계 경제는 성공과 복수를 여러 차례 거치며, 그 과정에서 선량하게 보이는 비교 우위를 향한 추구는 부의 상호확증파괴[9]라는 무자비한 위협으로 바뀐다. 장기 상승 동안, 미국은 국내 경제의 전시 호황을

---

7. Robert Brenner, "The Economics of Global Turbulence," *New Left Review* I:229, May/June 1998, p. iii.
8. Robert Brenner, *The Economics of Global Turbulence : The Advanced Capitalist Economies from Long Boom to Long Downturn, 1945~2005*, (London : Verso, 2006), p. 7 [로버트 브레너, 『혼돈의 기원』, 전용복·백승은 옮김, 이후, 2001, 38쪽](강조는 원문의 것). 이후부터는 EGT로 줄여서 표기.
9. [옮긴이] 상호확증파괴란 적이 핵 공격을 가할 경우 공격 미사일이 도달하기 전에 상대방도 전멸시키는 보복 전략이다. 상호필멸전략이라고도 한다.

연장할 뿐 아니라 전후 전지구적 거래 체계를 미국에게 유리하게 조직함으로써, 빠르게 성장하는 세계 경제에서 가장 큰 몫의 보상을 차지하려고 애썼다. 독일과 일본은 미국과 영국으로부터 세계 무역의 몫을 가로채는 것에 맞춰진, 보다 국가주의적인 변종 자본주의를 추구함으로써 [그들을] 따라잡으려고 노력했다.[10] 그 성장 패턴은 1973년에 한계에 도달했는데, 브레너는 이를 주로 "국제 제조업의 과잉 설비와 과잉 생산" 때문이라고 여긴다.[11] 장기 침체 내내 이 문제는 해결되지 않으며, 그 나머지 이야기는 침체로 끌고 가는 소용돌이에서 벗어나기 위해 다양한 경제 행위자들이 행하는 변덕스럽고 잘못된 시도들과 관련이 있다. 브레너는 침체가 왜 일어났는지, 그것이 왜 지속되어 왔는지 설명하고 싶어 한다.

그의 해석은 세 부분으로 제시되며, 그 각각은 과정상의 단계뿐 아니라 구조상의 수준을 구별한다. 그가 "자본주의적 생산의 무정부성과 경쟁성"으로 기술하는 첫 번째 시기 또는 수준에서 개별 자본가는 체계의 필요를 고려하지 않고 그 또는 그녀 자신의 이익을 추구한다. 맑스Marx는 이렇게 썼다. "만사가 순조롭게 진행되는 동안에는", "경쟁은 자본가 계급의 형제애의 실천으로서 작용한다."[12] 몇 가지 방식으로 국가의 지원

---

10. EGT, p. xxi.

11. *Ibid*, p. 141.

12. Karl Marx, Capital, Volume Three, trans. David Fernbach, (London, New

을 받는 이러한 유형의 경쟁이 1950년대와 1960년대 동안 상승 기류를 공급했던 것은 분명하다. 그러나 "만성적인 과잉 생산과 과잉 설비"가 시작되자마자, 맑스의 말처럼 경쟁은 "반목하는 형제들의 투쟁"[13]으로 된다. 이윤 압박에 따라, 개개의 경쟁자는 손해를 보고 떠나든지, 아니면 계속 게임에 참여하는 더 저렴한 방법을 찾아야 하며, 이 때문에 다른 이들도 똑같이 행동하도록 강제된다. 이 수준에서 전통적인 경제 이론은 모든 것이 아무런 문제없이 잘 진행되고 있다고 선언할 것임을 누구나 예상할 수 있다. 실패한 기업들에 투자되었던 자본이 모두 파멸하는 상황으로부터 벗어날 수 있는 출구가 충분하다면, 생존자들은 더 높은 수익성을 회복할 수 있는 가능성이 있다는 것이다. 그러나 수많은 헛된 기대false dawn 그리고 과장된 호황과 더불어 바로 그 장기 침체의 지속이, 돌이키기 어려운 사태가 도래할 것이라고 암시한다.

두 번째 수준에서 브레너는 이윤의 회복에 대한 상이한 유형의 장애물을 보여 준다. 투자와 회수는 끊임없이 그리고 매끄럽게 일어나는 것이 아니라, "고정자본의 상관적인 배치들의 파도들 혹은 블록들"[14]로 일어난다. 이러한 들쭉날쭉한 패턴

York : Penguin, 1981), p. 361 [칼 맑스, 『자본론 3(상)』, 김수행 옮김, 비봉출판사, 2004, 304쪽].

13. *Ibid*, p. 362 [같은 책, 304쪽].

14. EGT, p. xxi.

은 브레너가 사용하는 용어인 "불균등 발전"의 특징을 이룬다. 자본의 "초기-발달" 블록들과 "후기-발달" 블록들 간의 간극은 새로운 경쟁의 축을 구성한다. 상이한 유형들의 투자에 어느 정도 자리잡은 자본의 신구新舊 총체들은 줄어든 기회를 두고 많은 이윤을 내기 위해 다툰다. 한 가지 예를 들면, 1990년 대의 기술 거품이 아주 비대해진 것은 바로 기술이 많은 낡은 고정 자본을 불필요한 것으로 만들어 버리면서, (전 분야에 걸쳐 향상된 생산성에 바탕을 둔) 더 높은 수익성의 새로운 물결을 예고하는 것처럼 보였기 때문이었다. 그러나 브레너의 해석에 따르면 기술 호황은 1990년대 후반 주식 거품의 한 구성 요소에 불과한 것으로 인식해야 한다. 그 놀라운 급등은 새로운 기술적 조류의 출현이 이끈 것이 아니라, 모든 사람들이 어떤 근본적인 부가 실제로 생산되고 있는지 장담하지 못해도 (주식과 부동산 가격의 상승 때문에) 더 부유해졌다고 느끼게 할 수 있다는 연방준비제도의 확신과 끝없는 단기 이익의 전망에 도취된 시장의 상호 의존적 비합리성이 이끈 것이었다. 더 광범위한 논의에서 보면, 그 에피소드 전체는 과잉 생산과 과잉 설비의 제약에서 벗어나기 위한 노력들이 어떻게 결국 상당히 많은 낡은 자본의 수명을 연장함으로써 지금까지 쇠퇴를 연장하게 되었는지 보여 준다.

그러나 브레너가 보여 주듯이, 무정부적 경쟁과 불균등 발전의 이중고는 이제 세 번째 수준에서 작동한다. 침체 극복을 위한 국가적 또는 지역적 전략을 찾으려는 미국·독일·일본 간의 장기적인 책략이 그것으로, 세 국가 모두 이를 추진해 왔다. 경쟁은 각 국가가 다른 국가들로부터 벗어날 수 있는 수단을 제공하는 대신, 그 국가들이 "전체적으로, 1973년과 1995년 사이의 경기 순환마다 상시적인 활력 감소를 보이며, 준*스태그네이션에 빠져 있는 그리고 감소된 수익성에 사로잡혀 있는 선진 자본주의 세계"[15] 내에서 모두 유사한 운명을 공유하도록 했다. 전체 성장이 교착상태에 빠짐에 따라, 각각의 주인공은 낮은 이윤과 투자, 생산량, 그리고 생산성의 순환을 깨뜨리기 위해 무역 정책과 통화 재평가를 조합한 어떤 공식을 찾으려 했다. 어디에서도 짧은 회복 시기는 1960년대에 마지막으로 나타났던 최고점에 도달하지 못했다. 2006년이라는 시점에서, 브레너는 모든 노력들이 전반적으로 실패했다고 결론 내렸다. 우리는 다시 물어야 한다. 왜?

이야기의 각 단계에서, 경제 영역은 점점 더 혼잡하게 된다. 너무 많은 자본가, 너무 많은 기계, 너무 많은 상품, 너무 많은 유동 자본[으로 인해 말이다]. "새로운 세기의 거품과 불균형을 잠재적으로 매우 치명적이게 만드는 것은 그 거품과 불균형이 실물경제의 중대하고 근본적인 취약함을 지금까지 은폐하고

---

15. EGT, p. 280 (강조는 원문의 것). 니콜라스 크라프츠는 "Profits of Doom?" (*New Left Review* 54, November-December 2008, pp. 49~60)에서 이러한 주장에 대해 상세히 반박하고 있다.

상쇄해 왔다는 점이다."[16] 소유자가 요구하는 수익성에 미치지 못하는 가운데, 최근 수십 년간 생산된 모든 자본의 영향력 자체는 미래 기대에 대한 더 많은 페이퍼 청구권paper claims을 순환시키는 것에 의해서만 높게 유지될 수 있다.

> 〔우리는〕 과잉 공급된 생산라인과 총수요의 둔화, 그리고 산더미처럼 쌓인 고평가된 페이퍼 자산을 배경으로 여전히 계속되는 장기 침체를 〔목격하고 있다〕. 이 모든 것은 전례 없는 속도와 역사적 수준에서 이루어지는 사적·공공 부채의 축적에 의해 가능해졌다.[17]

이러한 금융 팽창이 다가올 심판을 감추거나 가로막지 않는한, 브레너는 그것을 장기 침체의 원인으로 여기지 않는다는점을 강조하는 것이 중요하다. 사실 빚〔채무〕의 비축은 체계의더 많은 영역들을 점점 위기로 끌고 갈 수밖에 없다. 기업들이"대차대조표를 개선"하려고 노력했고 신용 완화가 부풀려 놓은 거품들이 다소 갑작스레 터졌던 곳에서도 말이다.[18] 그런 관

---

16. *Ibid*, p. 336.

17. EGT, p. xxiii (강조는 인용자가 추가한 것).

18. Robert Brenner, *The Boom and the Bubble : The US in the World Economy* (London : Verso, 2003), 302 [로버트 브레너, 『붐 앤 버블』, 정성진 옮김, 아침이슬, 2002, 이 부분은 2003년판 후기에 수록되어 있기 때문에, 2002년에 출간된 한국어판에는 수록되어 있지 않다. 2003년판 후기는 터지기를 기

점에서 보면, 언제나 위축된 스태그네이션과 더 커진 혼돈, 아니면 보다 파국적인 붕괴 외에는 예견할 수 있는 것이 없다.[19] 자신의 프로메테우스적 매력과 유토피아적 기반을 빼앗긴 자본주의는 부서지고, 무력하며, 방향감각을 잃은 채 이 이야기의 마지막에 도달한다.

조반니 아리기 Giovanni Arrighi

조반니 아리기의 이야기도 마찬가지로 놀랍지만 아주 상

다리고 있는 미국 경제의 세 가지 거품 형태들 ― 고평가된 주식, 부풀려진 주택 가격, 대규모 경상수지 적자 ― 로 밀레니엄 전환기에 신용 완화가 가져온 결과를 약술하고 있다. 그는 그 상황을 다음과 같이 요약한다.

"나머지 세계에 대한 미국 채권의 멈출 수 없는 증가로 인해 나머지 세계가 미국의 생산력을 대가로, 따라서 그 채권을 이행할 미국의 능력을 대가로 수출을 통해 성장할 수 있는 자기 침식 과정은……미국과 세계의 회복을 약화시킬 이자율의 상승, 자산 가격의 하락, 달러의 급락으로 이어지는 길을 연다. 2002년 중반, 앨런 그린스펀은 경기 후퇴는 끝났다고 선언했다. 하지만 경제는 여전히 난국에서 벗어나지 못하고 있다."(pp. 311~12.)

2007~2008년 위기 이후에도, 거품은 여전히 어느 정도 남아 있으며, 그 난국을 벗어나는 것에 대해 말하는 사람은 아무도 없다.

19. EGT, p. 343. 위기에 대한 브레너 고유의 설명에 대해서는 다음을 보라. "What's Good for Goldman Sachs Is Good for America : The Origins of the Present Crisis," 이 글은 다음 주소에서 볼 수 있다. http://escholarship. org/uc/item/0sg0782h

이한 내용을 담고 있다. 『장기 20세기』(1994)와 『베이징의 애덤 스미스』(2007), 그리고 보다 짧은 글과 협력 작업에서, 아리기는 15세기 이래 자본주의의 역사적·지리적 진화에 대한 대규모 재구성을 제시한다. 아리기는 자신이 그러한 대규모 구성물의 구축에 착수했던 것은 아니라고 주장한다. 그는 1870년대부터 1990년대 말까지 이어진 미국 패권의 "장기 20세기"를 검토한다는 다소 수수한 의도를 가지고 시작했다. 그러나 아리기는 또한 미국 패권의 경로가 어떻게 이전의 "장기 세기들"의 패턴을 확장하며 되풀이했는지 보여 주기를 원했다. 그는 그 이야기를 하기 위해서는, "영토주의적" 명령이 이끄는 정치적 헤게모니들과 경제적 "체계적 축적 순환들" 간의 연접에 기반하고 있는 보다 일반적인 세계체계론 자체를 정교하게 다듬는 것이 필요하다는 것을 발견했다. 체계의 역사는 권력의 이러한 구별되는 형태들과 그 밖의 갈라진 형태들이, 새로운 통치 중심을 가진 자본의 새로운 지리학으로 대체되기 전에 잠시 동안 조화를 이루는 방식들에서 구체화된다. 한편으로 아리기는 제노바, 네덜란드, 영국, 그리고 미국이라는 네 개의 체계적 축적 순환들이 존재해 왔다는 것을 발견한다. 다른 한편으로 처음에는 네덜란드의 불안정한 리더십, 그리고 그 다음은 영국과 미국의 보다 일방적인 권력에 초점을 맞추어, 세계적 헤게모니를 행사할 수 있는 세 개의 연이은 국가 형성이 등장했음을 발견한다. 이와 같이 그의 이야기는 장기 20세기에 있는 미국 권력의 경로를 네덜란드의 "장기 17세기" 그리고 영국의 "장기 19세기"와 나란히 두면서도 대립시킨다. (기이하게도, 일반적으로 근대 자본주의를 낳은 산업 혁명과 민주주의 혁명의 요람으로 언급되는 19세기는 이 연표에서 중요한 지위를 상실한다.) 전지구적 권력의 주요 재편성이 이미 진행 중이었다는 아리기의 예측은 1994년 책[『장기 20세기』]에 이미 분명하게 나타나 있다. 하지만 일본이 그것을 해낼 수 있는지 분명하지 않았다. 2007년까지 유일한 문제는 전지구적 진원지가 중국으로 옮겨가는 일이 얼마나 빠르게 그리고 얼마만큼의 혼란과 폭력을 동반하며 일어날 것인가 하는 것이었다.

현재의 맥락에서, 아리기의 프로젝트에서 가장 인상적인 요소는 각각의 장기 세기들에 유사한 형체를 제공하는 "체계적 축적 순환"의 내적 역동성에 대한 그의 설명이다. 처음에는 국가 간 경쟁을 통제하고 "물질적[실물적] 협조를 확보"할 수 있을 만큼 강력한 지배 블록의 비호하에서 "물질적 팽창"이 나타난다.[20] 그 다음에는 그러한 배열의 생산적 잠재력이 한계에 도달함에 따라, 자본이 보다 유동적이고, 보다 투기적인 이익을 추구하면서 물질적 생산이 지닌 위험 요소들을 점점 포기하는 "금융적 팽창"이 부상한다. 아리기에게 있어, — 헤게모

---

20. Giovanni Arrighi, *The Long Twentieth Century* (London : Verso, 1994), p. 12 [조반니 아리기, 『장기 20세기』, 백승욱 옮김, 그린비, 2008, 48~49쪽].

니 중심지에 기반을 둔 – 물질적 팽창과 금융적 팽창의 이러한 교체는 자본주의의 출현 그 자체를 설명하는 것이다. 그렇지만 각 순환이 더 많은 권력을 집중시킬수록, 각 순환은 자신의 소진 또한 촉진한다. 금융적 팽창의 시작은 각 순환의 "신호적 위기"로 볼 수도 있지만, 그것[신호적 위기]은 "최종적 위기"가 돌이킬 수 없는 지점을 나타내기 전까지 수년간 이어질지도 모른다.

이러한 관점에서 보면 1970년대 초반 이후 모든 시기(브레너의 "장기 침체")는 수익성에 대한 필사적인 추구로 나타날 뿐 아니라 미국 헤게모니의 황혼으로 나타난다. 그 시기 동안 미국은 자신의 군사 권력과 금융 권력을 동원하여 이익이 될 수 있는 것을 지키려고 노력했다. 자유무역이라는 신자유주의적 교의를 확산시키는 것은 부드러운 선택지를 사용하든 난폭한 선택지를 사용하든 간에 이길 수 없는 카드를 최대한 활용[21]하기 위한 유일한 방법이 되었다. 미국은 전지전능한 달러라는 특권과 함께 작동하는 우세한 화력 덕분에, 계속해서 증가하는 나머지 세계와의 경상수지 불균형을 운용할 수 있었다. 1980년대 이후 미국은 채권국에서 세계 최대의 채무국이 되었다고 종종 이야기된다. 이것은 전혀 우연이 아니었으며, 오

---

21. [옮긴이] 미국 헤게모니의 쇠퇴를 막을 수 없는 상황에서도 어쨌든 미국이 자신의 이익을 지키기 위해 최대한 노력한다는 뜻이다.

히려 가장 타당해 보이는 전략이었다. 점점 더 많은 전지구적 자본이 물질적 팽창을 그리고 사실상 "성장" 자체를 포기했기 때문이다.[22]

팽창 순환들에 대한 아리기의 강조는 페르낭 브로델Fernand Braudel이 자신의 연구에서 발전시킨 주장에 기반하고 있다. 브로델은 세 권의 책으로 된 그 연구에서 15세기부터 18세기까지의 자본주의와 문명을 다룬다. 그러나 브로델의 작업은 잘 알려진 것처럼 전통적인 역사 서술의 구조를 피한다. 대신 그의 설명은 세 가지 수준에서 구조화된 자본주의 문명을 보여 준다. 가장 아래에 있는 수준은 "물질 생활"이다. 여기서 사람들은 자족과 생존이라는 매개변수 내에서 살아가며, 자신을 둘러싼 체계들과 흐름들에 대해 대부분 알지 못한다. 중간 수준은 "시장 경제"이며, 이것은 훨씬 더 크고 조밀한 네트워크들 안에서 펼쳐지는 교환 관계들의 일상적 회로로 기능한다. 가장 위에 있는 수준은 엄밀한 의미에서의 자본주의, 즉 물질 생활의 노동들에 기반을 둘 뿐 아니라 전통적인 시장을 넘어서는

---

22. 신자유주의가 구성하는 것이 다름 아닌 근대화의 포기 그 자체라는 오늘날의 전형적인 주장은 Robert Kurz, *Der Kollaps der Modernisierung* (Leipzig : Reclam Verlag, 1994)에 제시되어 있다. 어쩌면 중국은 그 규칙을 보여 주는 예외가 될지도 모른다 [규칙을 보여 주는 예외란 예외적 상황이 일반적 상황을 보여 주는 경우를 말한다. 즉, 중국만이 성장을 이루고 있다(예외)는 것은 (중국을 제외하면) 전 세계적으로는 성장 자체가 포기되고 있다(규칙)는 것을 보여 준다. ─ 옮긴이].

금융 권력의 축적이다.

실제로 브로델은, 자본주의는 "사회의 최상층"에서 펼쳐지는 "반ᅚ시장" 영역으로 이해되어야 한다고 주장한다. 그는 근대성의 기원을 초기 금융가들의 권력이 증대되고 그들이 국가에 점점 더 밀착하게 되는 것에서 찾는다. 이들은 "은행이 산업과 상거래 양쪽을 다 장악하고, 경제 전반이 이 구성물을 영속적으로 떠받칠 수 있을 만큼 충분한 활력을 획득했던" 19세기 중반에 가서야 최적의 방책을 획득했다.[23] 아리기의 관점에서, 시장경제에 대한 자본주의의 우위는 영속적이거나 비가역적인 것이 아니며, 이 둘 사이의 긴장은 현 상황에 맹렬하게 돌아왔다. 그는 오늘날의 최종적 위기가 다시 또 다른 체계적 순환 — 또 다시 자본의 감제고지瞰制高地로부터 인도되어, 헤게모니 지배와 금융 숭배로 향할 운명을 지닌 — 으로 이어지지 않을 가능성에 대해 우리가 생각해 보기를 원한다. 그 대신, 향후 수십 년 사이에, 자본주의적 근대성에 뿌리박힌 본연의 생명 주기[순환]와 같은 것을 거슬러, 시장 경제의 역사적 원형이 도래할지도 모른다.

아리기는 『베이징의 애덤 스미스』에서 최근 특히 활발한

23. Fernand Braudel, *Afterthoughts on Material Civilization and Capitalism*, trans. Patricia M. Ranum (Baltimore and London : Johns Hopkins University Press, 1977), pp. 62~3 [페르낭 브로델, 『물질문명과 자본주의 읽기 ─ 자본주의라는 이름의 히드라 이야기』, 김홍식 옮김, 갈라파고스, 2014, 74쪽].

중국 특유의 물질적 팽창의 윤곽을 그린다. 미국 [중심] 체계적 순환의 최종적 위기는 영국 순환의 부상浮上(약 1820년경) 이후 시행되어 왔던, 서구의 "자본집약적, 에너지 소모형" 축적 경로를 고갈시켰다. 이제 동양의 "노동집약적, 에너지 절약형" 경로가 서구의 기술을 자신의 필요에 맞게 선택적으로 조정한 데 힘입어 주도적 위치를 차지하고 있다.[24] 동아시아 경제의 성장은 인상적일 수 있지만 무비판적으로 찬양되지 않는다. 아리기는 이들 경제의 불평등이 커져 가는 것에 주목하며 특히 생태적인 무모함을 고려하여 장기적인 전망에 대해 조심스러운 평가를 내린다. 아리기에게 있어 좀 더 가늠해 볼 문제는 중국의 경로가 예상치 못한 뒤늦은 전개 속에서, 자본주의적 생산양식의 특징인 권력의 상부 집중이 없는 애덤 스미스의 시장 주도 성장 비전을 실현할 수 있을 것인가의 여부이다. 그러한 전망은 시장 논리에서 초월론적transcendental 힘[25]을 벗겨 낼 뿐 아니라, 신자유주의적 질서에서 용인되는 역할 ― 국가는 세계시장에서 자본과 경쟁자로서 다투어야 하고, 잠재적 채권자로부터

---

24. Giovanni Arrighi, *Adam Smith in Beijing : Lineages of the Twenty-First Century* (London : Verso, 2007), pp. 37~9 [조반니 아리기, 『베이징의 애덤 스미스 ― 21세기의 계보』, 강진아 옮김, 길, 65~67쪽]. 이후부터는 ASB로 표기.

25. [옮긴이] '초월적'(transcendent)인 것이 초월하는 것, 어떤 외부성과 관련된다면, '초월론적[선험적]'(transcendental)인 것은 인간 경험을 가능하게 하는 조건이다. 여기서 초월론적[선험적] 힘이란 시장 논리가 지닌, 사회적 삶의 가능성들을 구조화하는 힘을 뜻한다.

자본을 끌어오기 위해 강경한 정책 처방을 고수한다 ─ 과는 상당히 다른 역할을 국가에게 제공할지도 모른다. 이러한 대안적 경로를 추구하는 정치 제도는 워싱턴의 지도하에서 재정 규율의 전달자로 기능하기보다는, "농촌과 도시 간의, 지역들 간의, 그리고 경제와 사회 간의 보다 균형 잡힌 발전을 지향하는" 정책으로의 방향전환과 같은 익숙하지 않은 과제를 맡을지도 모른다. 실제로 아리기는 중국의 성장이 "문화적 차이를 진정으로 존중하는 문명 연방commonwealth of civilizations의 출현에 결정적으로 기여"할지도 모른다는 희망을 드러낸다.[26] 아리기의 글의 방대한 지평 내에서 이 희망에 찬 전망은 아직 예언이 아니며, 반론뿐 아니라 길항하는 흐름이 많이 남아 있다. (여러 반론들 중에서, 싱가포르의 리콴유Lee Kuan Yew를 창시자로 간주하며 "권위주의적 자본주의" 시대의 도래에 대해 경고하는 슬라보예 지젝Slavoj Žižek을 주목할 수도 있을 것이다.[27]) 그러나 가장 광범위하며 타당해 보이는 역사적 규모에 기반한 아리기의 주장은 겉으로 드러나는 현 시기의 종결을 넘어, 낙관적이고 열려 있는 예기치 못한 현 시기의 일면을 제공한다.

---

26. ASB, p. 389 [『베이징의 애덤 스미스』, 535쪽].
27. Slavoj Žižek, "Berlusconi in Tehran," *London Review of Books*, July 23, 2009, p. 3.

데이비드 하비|David Harvey

　　데이비드 하비는 최근 저작, 특히 『신제국주의』(2003)와
『신자유주의 : 간략한 역사』(2005)에서 불균등 발전의 지리학
과 계급 권력의 동역학을 통해 현재 국면에 접근한다. 그의 분
석은 축적 논리와 영토 권력 실행 사이의 역학 관계들을 탐구
하는 아리기의 분석을 보완한다. 그러나 또한 우리는 의기양
양하며 거의 메시아적인 자유 시장 통설의 찬양에 대한 하비
의 서술을, 잃어버린 이윤 수준을 회복하기 위해 투쟁하는 자
본가들에 대한 브레너의 설명과 나란히 둘 수 있다. 신자유주
의자들의 지적 오만과 수그러들 줄 모르는 격찬이, 한쪽으로
치우쳐 있으며 그저 그런 경제 성장을 동반해 온 것은 우연이
아니다. (미국에서 이 성과가 지닌 아우라는 주목할 만한 성취
였다. 이는 정치적 합의를 마비시켰을 뿐 아니라 시장을 떠받
치는 데 상당한 개인 투자를 끌어들였다.) 신자유주의의 제도
적 승리를 강조함으로써 — 신보수주의적 수사에 의해 굴절되었
든 아니면 "제3의 길"이란 수사에 의해 굴절되었든 간에 — 하비는
브레너나 아리기의 저작에서는 나타나지 않는 질문들, 특히 오
늘날의 체계가 동반해 온 이데올로기적·정치적 조건들과 관련
된 질문을 제기한다. 명백하게 주변적이고 순전히 학문적인 이
론이 대체 어떻게 전지구적 경제 전체의 기본적인 작동 규칙
을 고쳐 쓸 수 있게 되었는가? 그 현상에 대한 하비의 초기 서

술은 다음과 같다.

> 신자유주의는 우선 강력한 사적 소유권과 자유 시장 그리고
> 자유무역의 특징을 지닌 제도적 틀 내에서 개인의 기업가적
> 자유 및 기량을 자유롭게 함으로써, 인간의 안녕이 최대로
> 향상될 수 있다고 제안하는 정치경제적 실천에 대한 이론이
> 다.[28]

그가 계속해서 설명하듯이, 그러한 개념[신자유주의]은 "인간
의 안녕" 및 "자유"에 대해 맹신을 요구하는 가정들을 안고 있
다. 신자유주의 정책은 "자유 기업"을 인간 자유의 이상적인 사
례로 취함으로써, 부유한 자들만 휘두를 수 있는 그러한 권력
들을 찬양하고 그 권력들에게 보상을 제공한다. 하지만 그러
한 자유를 공유할 의도는 없으며 따라서 결국 "인간의 안녕"의
향상은 결코 목적이 아니었다는 사실은 감춘다. 신자유주의는
자유의 개념을 포스트 60년대 문화의 다양한 가닥들에서 비
틀어 떼어 내어, 자신을 "차별화된 소비주의와 개인적 자유지
상주의의 시장 기반 대중주의적populist 문화"[29]로 구축했다. 미

---

28. David Harvey, *A Brief History of Neoliberalism* (Oxford : Oxford University Press, 2005), p. 2 [데이비드 하비, 『신자유주의 : 간략한 역사』, 최병두 옮김, 한울, 2009, 15쪽]. 이후 BHN[『신자유주의』]으로 표기.
29. *Ibid*, p. 42 [같은 책, 63쪽].

국과 영국에서 그것은 강력한 처방으로 입증되었고, 실패가 분명한 제도에 대한 해결책이자 좌절된 희망에 대한 해결책으로 제시되었다.

이데올로기적 열의 외에도, 신자유주의적 축적의 연속은 경제적·정치적·법적 기법들의 종합적인 병기창을 통해 특유의 힘을 획득하며, 하비는 이를 "강탈에 의한 축적"이라 부른다. 그는 이 표제로 강제와 착취의 낡은 형태들과 새로운 형태들 모두를 가리킨다. 그것은 맑스가 기술한 (토지, 노동, 자연 자원을 상품으로 전환하는) "시초 축적"의 다양한 형태들에서부터 생물약탈biopiracy, (전前 사회주의 국가들의 국영 재산을 포함하는) 공적 소유 자산의 사유화, 문화적·협력적·지적 노동의 착취를 비롯한 보다 새로운 과정들에 이르는 모든 것으로 구성된다. 신자유주의 국가는 국내외에 부를 재분배하기 위해 사회적·경제적 혼란을 조작하는 법을 배움으로써 강탈의 주요 행위자가 된다.[30] 그래서 하비는 신용 체계 자체가 강탈의 "근본적 수단들"로 기능한다고 강조한다. "1973년 이후 시작된 강력한 금융화의 물결"은 심화된 형태의 빚[채무] 노예와 극적인 형태의 사기, 그리고 합법화된 부패 및 시장 조작을 위한 확장

---

30. David Harvey, *The New Imperialism* (Oxford∶Oxford University Press, 2003), pp. 144~8 [데이비드 하비, 『신제국주의』, 최병두 옮김, 한울, 2005, 141~5쪽]. 이후부터 NI[『신자유주의』]로 표기. BHN(pp.160~5) [『신자유주의』, 195~201쪽]의 요약도 보라.

된 기회를 창출했다.[31] 이 모든 기법들은 이윤을 내지 못하는 투자와 쓸모없게 된 고정 자본 그리고 유동적인 잉여로 인해 이미 정체된 경제가 부과하는 장애물을 피하기 위해 가치의 새로운 영역을 활용한다.

그러므로 강탈에 의한 축적은 자본주의 체계의 내적 경계 및 외적 경계를 따라 진행되는 새로운 범주의 적대들과 투쟁들을 불러일으킨다. 몇몇 사례에서 이 투쟁들은 급진 정치에 대한 새로운 가능성들을 암시하지만, 하비는 "산업 및 농업에서 임금노동의 확장"을 둘러싼 오래된 논쟁의 선들이 여전히 유효함을 강조하고 싶어 한다.[32] 그 분석은 정치적 딜레마를 드러낸다. 한편으로, 모든 영역을 아우르는 신자유주의 전략은 많은 전선에서 즉시 저항에 직면한다. 다른 한편, 많은 투쟁들과 그 다양한 수사들에 둘러싸인 모든 저항의 기획은 자본주의 체계 자체가 여전히 주요 상대로 남아 있다는 사실을 망각할 위험을 안고 있다. 하비가 로널드 레이건Ronald Reagan의 수식을 빌려 서술하듯이, "그러므로 우리가 익혀야 하는 첫 번째 교훈은 그것이 계급투쟁처럼 보이고 계급 전쟁처럼 작동한다면 부끄럼 없이 그것이 무엇인지 명명해야 한다는 것이다."[33] 그래서 2008년 위기에 대한 하비의 첫 번째 독해는 부끄럼 없이

31. NI, pp. 147, 156 [『신제국주의』, 143~4, 151쪽].
32. BHN, p. 178 [『신자유주의』, 215쪽].
33. *Ibid*, p. 202 [『신자유주의』, 243쪽].

계급에 기반한 독해였다. 신자유주의적 국가 재구조화와 모든 것의 금융화 이후에 찾아온, 은행 및 보험회사에 대한 구제 금융은 "미국 정부와 민중에 대한 금융 쿠데타"나 마찬가지였다. 이것은 자본가 계급, 특히 금융 진영의 강화를 겨냥한 지난 30년간의 정책들과 일치한다.[34] 부시 및 오바마 행정부의 대응은 어떤 세계사적 논리들이 위기 가운데 쓸모없게 되더라도, 현 질서의 챔피언들은 패배를 인정할 생각이 없다는 것을 보여 주었다.

빚짐 체제

브레너와 아리기 그리고 하비의 독자들에게 2007~2008 금융 혼란은 놀라운 일이 될 수 없었을 것이며, 이미 진행 중인 더 큰 전환의 징후로 즉시 인식되었을 것이다. 우리가 특정 축적 순환의 종말과 함께, 그것의 이데올로기적 자아상과 정치적 서열의 종말을 목격하고 있는지 몰라도, 현 체계는 여전히 그 의무들[채무관계들]의 누적된 무게에 의해 지탱될 뿐 아니라 짓눌리고 있다. 이것이 그러한 빚debt이 현재의 고난의 원인이자

---

34. David Harvey, "Is This *Really* the End of Neoliberalism?" *Counterpunch*, March 13/15, 2009. 다음 주소에서 볼 수 있다. http://counterpunch.org/harvey03132009.html

치유법으로 나타나는 이유이다. "문제의 핵심, 피할 수 없는 진실은 우리의 경제 체계가 빚으로 뒤덮여 있다는 사실이다." 비주류 경제학자 나심 니콜라스 탈레브와 마크 스피츠나겔은 사막에서 새로 온 예언자처럼 말하려고 최선을 다하면서 『파이낸셜 타임스』에 이렇게 썼다.[35] 한 비주류 헤지펀드 중개인은 또 다른 칼럼에서 빚은 "자본주의의 알리고 싶지 않은 비밀"이라고 선언한다.[36] 이 정도는 오래된 이야기다. 그러나 브레너의 거품은 활기를 잃어버렸고, 아리기의 최종적 위기는 우리 뒤에 있으며, 하비의 금융 쿠데타 정부가 권력을 잡은 지금, 우리는 다음에 올 것이 무엇인지 생각해 보아야 한다. 우리의 목적에 있어 중요한 것은 가장 미래를 잘 예측할 것 같은 이야기를 선택하는 일이 아니라, 붕괴를 주도했던 힘들의 연합이 그 여파 또한 어디까지 관장할 것인지를 묻는 일이다.

미래를 향한 모든 길은 막대한 빚더미로 연결되어 있다. 이전 위기들이 (대공황 이전 기업들의 대규모 레버리징이나 제3세계 국가들의 거대한 국가 부채와 같이) 한 영역에 집중된 빚의 팽창과 관련되어 있었던 반면, 최근의 위기는 다양하며 종종 상충하는 이유들로 지게 된 모든 종류의 빚 위에서 발생했

---

35. Nassim Nicholas Taleb and Mark Spitznagel, "Time to tackle the real evil : too much debt," *Financial Times*, July 14, 2009, p. 9.
36. Ben Funnell, "Debt is capitalism's dirty little secret," *Financial Times*, July 1, 2009, p. 9.

다. 무엇이 이러한 폭발적 증가를 이끌었는가? 첫째, 우리가 살펴본 것처럼 전지구적으로 경쟁하는 많은 제조업체들은 빚을 늘려서 1980년대와 1990년대를 그럭저럭 버틸 수 있었다. 제조업체들을 부양하기 위해 본격적인 신용 팽창을 취할 때까지 이는 간헐적으로 수익성을 증대시킨다.[37] 동시에, 거의 보편적이지만 불균등한 가계 부채의 증가는 (특히 모기지 리파이낸싱refinanced mortgages [38]과 신용카드 확산의 형태로) 소비자 수요를 지탱할 수 있는 장기 성장과 고용을 야기하지 않고도 서구의 소비자 수요를 신장시켰다. G20 국가들의 (GDP 대비) 공공 부채는 1980년 이래 이미 두 배가 되었고 향후에는 급격하게 증가할 것으로 보인다.[39] 마지막으로 금융 영역은 과다 레버리지 대출highly leveraged borrowing을 통해 투기 전략을 추구했고, 이는 그린스펀이 "전 세계적인 리스크의 저평가"라고 고상하게 부른 것에 의해 뒷받침되었다. 사실 실패의 리스크는 결코 계산된 적이 없기 때문에, 그러한 투기의 상당 부분을 뒷받침한 것은 정확히 말하자면 아무것도 없다. 월스트리트의 누구

---

37. 다음을 보라. David McNally, "From Financial Crisis to World-Slump : Accumulation, Financialization, and the Global Slowdown," *Historical Materialism*, Vol. 17, No. 2 (2009), pp. 35~83.
38. [옮긴이] 현재 대출 금리가 기존 대출 금리보다 낮아질 경우 대출이자 부담을 줄이기 위해 낮은 금리로 재융자(리파이낸싱) 받는 것을 말한다.
39. International Monetary Fund, "The State of Public Finances : Outlook and Medium-Term Policies After the 2008 Crisis," (Washington, D.C. : International Monetary Fund, 2009), p. 24.

도 말라르메^{Mallarmé}를 읽은 적이 없다. "한 번의 주사위 던지기는 결코 우연을 폐지하지 못하리라……."

하지만 빚[채무]들과 의무들이 한층 더 근본적인 방식으로 경제적 전망과 삶의 가능성을 조형한다는 점을 기억하는 것이 중요하다. 가장 기초적인 의미에서, 빚[채무]은 생산성이나 수익성의 가장 즉각적인 압박으로부터 현재의 자원들을 해방시킴으로써 경제 활동을 가능하게 한다. 브레너의 설명은 장기 침체 기간 내내 더욱 필사적으로 이용되었던 빚[채무]의 [무언가를] 가능하게 하는 이 능력이 탕진되었다는 것을 분명히 밝힌다. 공급 측면의 대규모 비생산적 빚[채무]은 수요 측면의 새로운 대규모 비생산적 빚[채무]에 의해 크게 증대되어 왔다. 그 모든 빚[채무]들이, 자유롭게 이동하는 자본의 특권을 유지하고 싶어 하는 채권자 계급에 의해 유지되고 강화되는 한, 확실히 계속될 것으로 보이는 유일한 경제 동향은 이미 많은 부를 가진 자들에게 계속해서 부가 이전되는 것이다. 그 사이 공공 부채의 기본적인 정치적 기능 — 자원을 사회적으로 필요한 투자로 돌리는 일 — 은 사적 영역의 권력을 증가시키는 보조 프로그램으로 재정의되었다. (부실 산업이나 공공 서비스의 "국유화"에 대한 어떤 논의도 회피하기 위해 만들어진 그 왜곡을 달리 어떻게 설명할 수 있을까?) 아리기의 서술을 고려하여 우리는 공공 재정의 "구조조정"이 어떻게 워싱턴 컨센서스가 이행되었던 대부분의 지역에서, 특히 바로 워싱턴에서 매우 부적절하게 이루어졌는지 이해할 수 있다. 다른 한편, 아시아 국가들 그리고 특히 중국은 경제에서 국가 권력의 자리를 보전하면서도 개발을 자극하는 시장 기회를 이용함으로써 빚[채무]의 정치적 기능을 다르게 활용했다. 그럼에도 두 경로 모두 공유된 빚[채무] 부담이 커지고 사회적 공급이 악화됨에 따라 더욱더 대중의 지지를 상실하게 된다. 그러므로 마침내 우리는 빚짐 또한 실존적 그리고 삶정치적 명부에서 어떻게 기능하는지 이해할 수 있다. 빚짐은 점점 더 생활 세계에 침투하고 자기 고유의 이미지로 결핍 그 자체를 재형성함으로써, 정해진 순간에 누군가 갚게 되는 빚[채무] 목록 이상의 것을 아우른다. 동시에 빚짐은 내면생활의 우여곡절을 지구적 규모로 투사한다. 마치 경제 체계가 선한 양심과 이기적인 본능 사이의 타협을 중개할 수 있기라도 한 것처럼 말이다. 빚짐은 거시적인 것과 미시적인 것 사이에 무수히 많은 단락short circuits을 구축함으로써, 하나의 온전한 "감정의 구조" 같은 것이 된다. 그에 따라 인간은 자신의 존재가 (다른 존재들의 삶과 마찬가지로) 그러한 삶의 통제를 주장하는 경제적 장치에 더욱 완전히 빚지고 있음을 발견한다.[40]

---

40. "감정의 구조"(structure of feeling)라는 개념에 대해서는 다음을 보라. Raymond Williams, *Marxism and Literature* (Oxford : Oxford University Press, 1997), pp.128~35 [레이먼드 윌리엄스, 『마르크스주의와 문학』, 박만준 옮김, 지식을만드는지식, 2013, 259~75쪽]. "장치"(apparatus)의 개념과 이것의 오이코노미아(oikonomia) 개념과의 유사성에 대해서는 다음을

자본주의하에서 집합성이 지닌 우려스러운 상황은 맑스가 『자본론』에서 서술한 예리한 관찰에서 어렴풋이 확인할 수 있다. "이른바 국부國富 중 실제로 근대 국가의 집합적 소유로 되는 유일한 부분은 국가 부채이다."[41] 대부분의 사람들은 이 농담을 듣고 씁쓸하게 웃을 것이다. 좌우간 자본주의 국가가 집합적으로 소유하거나 공유할 수 있는 유일한 것이 공공 부채[빚짐]라니 말이다. 맑스는 분명히 우리가 이러한 종류의 집합적 유대가 어떻게 억압과 수용收用의 도구로 형성되어 왔는지 이해하기를 바라고 있다. 그렇지만 집합적 빚짐이 억압의 메커니즘으로 기능할 수 있는 것은 오로지 그것이 다양한 협력적 관계들을 생산적, 구성적 힘으로 집결시키기 때문이라는 점을 우리가 알지 못한다면 그 통찰력의 변증법적 힘을 놓치게 될 것이다. 자본은 결코 자신의 권력에만 의지하지 않는다. 자본은 사회적 연대라는 자원에 의지할 수 있을 때만 자신의 지배를 확보하며, 이 자원은 지금까지 고갈되어 본 적이 없다. 실제로 "국가 부채"로 불리는 것은 필연적으로 개방적인 정치적 커

　　보라. Giorgio Agamben, "What Is an Apparatus?" in *What Is an Apparatus? and Other Essays*, trans. David Kishik and Stefan Pedatella (Palo Alto : Stanford University Press, 2009), pp. 1~24 [조르조 아감벤, 「장치란 무엇인가?」, 조르조 아감벤·양창렬, 『장치란 무엇인가? 장치학을 위한 서론』, 난장, 2010, 15~48쪽].

41. Karl Marx, *Capital*, Vol. 1, trans. Ben Fowkes (New York : Vintage Books, 1977), p. 919 [칼 마르크스, 『자본론 1(하)』, 김수행 옮김, 비봉출판사, 2009, 1037~8쪽].

뮤니티의 집합화된 잠재적 부를 포획하는 장치다. 이 잠재적 [부]의 상징적 전유는 위로부터 발행되는 "신용"credit의 형태를 취한다. 이것은 맑스가 기술하듯이 "하늘에서 떨어진" 자본과 같다. 반대로 우리는 사람들 사이에서, 그들의 노동과 삶 모두에서 ― 자본주의적 생산관계들에 앞서, 그것을 넘어서 그리고 그것을 통해서 ― 발생되는 생산성의 상호 유대를 묘사하기 위해 빚짐이라는 단어가 지닌 특별한 의미를 보존해야 한다.

따라서 이러한 종류의 빚짐은 그 정의상 신용의 모든 형식들에 선행하며 그것을 초과한다. 신용의 입장에서 보면, 신용은 두 당사자 간의 어떤 모호한 상호 "신뢰"를 통해서가 아니라, 바로 생산적 힘들을 축적 메커니즘에 맞게 조정하기 위해 진행되고 있는 그 힘들에 대한 재코드화 때문에 가치를 획득한다. 한 집단이 어떤 생산을 하기 위해서는 반드시 언제나 스스로에게 "빚을 져야" 한다. 다시 말해, 한 집단이 스스로를 실현하기 위해서는 자신의 잠재력을 예측하고 동원할 수 있는 항구적인 방법들을 찾아야 한다. 신용 회로들이 전 세계적인 생산과 공연적coextensive으로 되면, 이제 우리는 전지구적인 빚짐 체제에 대해 말할 수 있다. 따라서 자본주의 사회를 특징짓는 것은 이러한 집합적 빚짐이 일반화된 신용 형태로 표현되는 방식이다. 이것은 개인들과 국가들 그리고 시장들 사이의 관계들을 조형하고 중개하며, 그렇게 함으로써 빚짐이 필연적으로 함축하고 있는 집합성을 재분할하고 분리시킨다. 빚짐이 [무언가를]

가능하게 만드는 것이라면, 신용은 수익을 내는 것이다. 자본은 사람들이 공통으로 할 수 있는 모든 것에 대해 언제나 신용을 취하려고 하지만, 자본의 권력은 축적의 구조들과 빚짐의 잠재력들 사이에서 작동하는 힘의 가변적 관계들에 매 순간 달려 있다. 그것이 자본은 언제나 자신이 훔쳐 갈 수 있는 만큼만 가치를 가지는 이유다. 자본이 훔쳐 갈 수 있다는 것이 [우리가 경험하는 사태의] 전부는 아니며, 그것은 영원히 일어나는 일도 아니다.

따라서 우리는 오늘날의 위기에서 빚[채무]의 문제를 강조함으로써, 현재 제시되고 있는 다른 많은 설명들, 즉 금융가의 오만이나 대출자의 어리석음, 제도 구조의 비합리성, 또는 국제 체계에 뿌리내린 불균형을 강조하는 설명들을 가로지를 수 있다. 그 모든 설명들은 어느 정도 사실이며, 아니 그 이상이라고 말하는 것이 최선일 것이다. 우리는 빚짐 체제의 일반화된 위기를 겪으면서 살아가고 있으며, 이는 체계의 재생산이 달려 있는 구조화되고, 코드화된, 살아 있는 사회적 관계들의 총체이다. 다시 말해서, 이 체제는 자본주의적 기업을 유지하고 시장 제약을 부과하는 금융적·법적 기반뿐 아니라, 전체 장치를 작동시키는 뒤섞인 기대와 책임들로 이루어져 있다. 현 빚짐 체제는 아주 상이한 규모에서, 그리고 초기보다 훨씬 많은 축들을 따라 작동한다. 오늘날 그것은 압력을 받고 있는 산업적 또는 상업적 신용의 제공과 "국가 부채"일 뿐 아니라, 국제 신용의 새로운 흐름들이며, 깊숙이 침투한 다양한 종류의 가계 부채이기도 하다. 그 극한에서 우리는 지금 스스로에게 빚을 지고 있는 그 집단이 무한하게 되었다고 말할 수 있을 것이다. 아마도 일부 이론가들이 전지구적 다중이라고 부르기 시작한 것이 바로 그 집단일 것이다. 그래서 오늘날 우리는, 다름 아닌 자기 자신에게 자신의 힘을 최종적으로 빚지고 있는 다중의 생산성을 신용 구조들이 장악하고, 분할하며, 착취하는 방식에서 하나의 위기를 목격하고 있다.

이 모든 것은 "위기"라는 바로 그 개념이 재구성될 필요가 있음을 암시한다. 우리는 흔히 위기란 어떤 것이 붕괴되거나 제대로 작동하기를 중지했다는 것을 의미한다고 생각한다. 그 단어는 파국적이지는 않지만, 필요 이상으로 혼란을 조장하는 논조를 함축하고 있다. 그러나 지금, 경제학자들이 최근 사용하는 종말론적 논조에도 불구하고, 현재의 위기는 섬뜩할 정도로 조용하며, 이것은 경제 제재 그리고 영구적인 예외상태와 유사하다. 마치 체계 그 자체가 "대마불사"로 보이기를 원하는 것처럼 보이며, 그 거대함은 정부 규제와 대중의 불만 양자에 대한 최고의 방어책으로 이해된다. 우리는 전지구적 자본을 궤도를 선회하는 신비한 권력으로 상상할 것이 아니라, 실재에 기초하며 그곳에 새롭게 확립되는 것으로, 자신이 남기고 가는 폐허에 자리 잡는 것으로 보아야 한다.

동시에, 그 위기는 만일 경제적 뼈대가 부서진다면 무슨 일이 일어날 수 있는지 어렴풋이 보여 주었다. 그러한 위험의 순간에 우리는 임박한 붕괴의 미래상에 사로잡힐 필요가 없다. 대신 그러한 순간들은 우리가 새로운 시선으로 그 상황을 바라보도록 유도한다. 사태가 실제로 어떻게 작동하는지, 확실성이라는 한 세대의 가치가 어떻게 재고되어야 하는지, 공통의 삶은 어떻게 다르게 배열될 수 있는지 보게 한다. 이것은 부는 우리가 서로에게, 즉 누구나 모두에게, 모두가 누군가에게 빚지고 있는 것에서 시작하고 끝난다는 인식에 기초하고 있다.

불평등, 빈곤, 빚짐

자, 옛날에 가난했던 것은 평민만이 아니었다. 통치자들도 그러했다.

— 헤로도토스, 『역사』 —

사람들은 오랫동안 "부자는 더 부유해지고 빈자는 더 가난해진다"고 말해 왔지만, 그 관용구가 여전히 큰 풍자를 담고 있는지는 분명하지 않다. 그와는 정반대이다. 한때는 통치 질서에 대한 신랄한 항의처럼 들렸지만, 지금은 그에 대한 기꺼운 변호로 기능하면서, 모든 것이 행해져야 하는 그대로 작동하고 있다고 말하는 또 다른 방식이다. 우리가 수상이나 중앙은행장으로부터 그것을 기본적인 정책 목표로 선언한다는 말을 아직 듣지 못했다면, 그 이유는 단지 그것의 영향과 관련한 좀체 사라지지 않는 골칫거리가, 특히 이 어려운 시기에는 몇 가지 있을 수 있기 때문이다. 아무도 [위 관용구의] 첫 구절에 이의를 제기하지 않는다. 우리가 자세히 살펴볼 바와 같이, 부자는 실제로 더 부유해진다. 그러나 빈자가 더 가난해진다는 것에 대해서는 일부 논란이 있다. 만일 그렇다면, 어떻게, 왜 그런지에 대해서 말이다. 물론 지구상에서 가장 부유한 사람들에게 그것은 문제가 되지 않는다. 그들은 부자가 축복받은 삶을 살고 빈자가 만일 더 가난해진다면, 그것은 자연스러운 일일 뿐이라고 믿는 것처럼 보인다. 다른 이들은 그러한 관념에 대해 좀 더 고상한 견해를 밝힌다. 그들은 부자가 더 부유해지는 경향이 있다는 것은 인정하지만, 빈자가 **반드시** 더 가난해지는 것은 아니라고 주장하기 때문에, 사람들은 빈자의 일부는 때때로 예전보다 다소 덜 가난하게 될 수 있다는 조심스런 희망을 표출할지도 모른다. 사실상 오늘날의 체계에 대해 유일하게 남아 있는 도덕적 정당화는 그 한 가닥에 매달려 있다. 빈자가 언제 어디서나 더 가난해지는 것은 아니라고 주장될 수 있는 한, 부자는 계속 전진하여 할 수 있는 한 계속해서 엄청난 부자가 될 것이다. 좋은 시절에나 나쁜 시절에나.

이 작은 양심의 가책 — 확산되는 빈곤의 근절, 혹은 개선이라는 미명 아래 부의 축적과 집중을 정당화하려는 이 충동 — 은 현재 통용되는 전지구적 자본주의의 정당화에 관한, 좀 더 정확히 말하면 전지구적 자본주의를 정당화할 필요가 여하간 줄어들었다는 것에 관한 결정적 단서를 제공한다. 지배적 담론은 그 세부 사항들에 대해서는 유감을 표할지 몰라도 가장 우선하는 비전에 대해서는 여전히 유감을 표하지 않는다. 자유 시장이 완벽하게 기능하지 않는다 하더라도, 모든 사람은 자본주의적 성장 모델이 부자와 빈자 모두에게 유일한 희망으로 남아 있다는 데 동의해야 하는 것이다. 부의 추구가 인류 문명의 바로 그 본질과 목적을 표상할 수 있는 건 단지 빈곤이 다른 누군가의 역사에서 남겨진 것으로 재구성되어 왔기 때문이다. 퍼져 가는 유리상자glass-box 스카이라인과 끝없이 텔레비전으로 방송되는 호화로움의 숭배 앞에서, 빈곤은 자본주의 없는 삶의 결함과 몰락한 상태로 나타난다. 빈곤이라는 현실은 오로지 그 비참한 사람들을, 멀리서 힐끗 보거나 즉각적인 위협 때문에 악마로 묘사하면서, 어떻게든 좀 더 애처롭거나 병적인 사람들로 만들기 위해서만 인정될 것이다. 빈곤이 영속적인 인류의 문제로 인식될 때조차도, 그것은 국지적인 조건에서 설명되고 개별적인 근거에서 다루어질 것이다. 마치 국가가 가난한 것은 그 국가 특유의 불리한 처지 때문이고, 개인이 가난한 것은 벗어나는 법을 배우지 않은 나쁜 습관 때문인 것처럼 말이다. 모든 사람들이 자본주의를 빈곤의 원인이 아니라 해결책으로 볼 때에만, 최첨단 자본주의 – 그 가장 거대한 권력들이 강제하는 다층으로 얽힌 시장들 – 가 문제를 해결할 수 있다(고 한다). 그것이 빈자를 돕기 위한 가장 낙천적인 계획들이 대규모로 집중된 부도 질병의 일환이라고 말하기는커녕 그러한 부의 존재는 거의 언급조차 하지 않는 이유이다.

그렇지만 축적 과정들에 대한 "해결" 없이는 빈곤을 "해결할" 방법이 없다는 것은 분명하다. 세계경제의 얼개가 지닌 상부 과다top-heavy 구조의 해체 없이, 빈곤 퇴치 프로그램들과 적자 주도 재정 정책들이 견고한 불평등 패턴을 뒤집기 위해 할 수 있는 것은 거의 없다. 더군다나 빈자를 돕는 기업가주의 계획들은 너무나도 자주 선진 국가들이 정한 우선순위를 따르며, 그렇게 함으로써 자본의 특권을 보존하고 또 다른 일방적 축적에 착수한다. 오늘날의 위기가 새로운 방식으로 잔인하게 다시 한번 보여 준 것처럼, 전지구적 체계는 좀 더 강한 호혜 형태들을 양성하지 않고 좀 더 심화된 종속 형태들을 강요했다. 상업의 선순환은 그냥 내버려 두면 언제나 악순환으로 바뀌고, 불평등한 호황은 틀림없이 한층 더 불평등한 불황으로 이어진다.

 불평등을 불가피한 것으로 빈곤을 어떤 미숙한 상태로 취급할 것이 아니라, 두 가지 모두를 사물의 현 배열이 체계적으로 생산하고 유지하며 진행 중인 과정 — 현실적 빈곤화 — 의 결과로 이해하는 것에서 출발해야 한다. 빈곤화의 기본 메커니즘 — 폭력에 뿌리를 둔 착취와 억압 — 은 수 세기 동안 작동해 왔으며, 점점 다자간에 이루어지는 중층결정된 방식들로 다양한 사회 형태들과 정치 체제들에 의해 관리되어 왔다. 이 오랜 역사 속에서 빈곤의 의미는 근본적인 변화를 겪었다. 한때 빈곤은 사회 조직과 동떨어진 순전한 결핍에 근거했을지 모르지만 (그리하여 자연적이고 국부적이며 근절할 수 없는 것으로 보였겠지만) 이제는 인구의 특정 부분이 나머지 인구의 부유화를 위해 치러야 하는 대가로서, 체계의 전지구적 기능에 영구히 자리 잡았다. 우발적 결핍에서 구조적 박탈 및 배제로의 이 변화가 일어난 시기가 중석기中石器 시대인지 아니면 탈근대인지는 그리 중요하지 않다(그 시기는 하나의 세계체계로서의 자본주의에 대한 우리의 개념에 달려 있다). 우리가 오늘날 직면하는 것은 엄청난 부를 얻기 위해 광범위한 빈곤을 생산하고 유지하는 완전히 현대적인 체계이다.

 빈곤과 불평등을 둘러싼 논쟁들은 측정 가능한 경제적 요소들뿐 아니라 측정 불가능한 실존적 결합가valences에도 달려 있다. 그 어려움은 경제학자들이 일반적으로 하듯이 행복wellbeing과 박탈 지표들을 곱하는 것으로 해결될 수 없다. 생존에 불과한 상태를 부유함과 평균할 수 없고, 대량 학살의 위협은 기대 수명 수치로 집계할 수 없다. 결핍되어 있는 것에 하나의 가격이 매겨지면, [그것을 둘러싼] 역사의 투쟁들은 보이지 않게 되고 심지어는 최악의 사태들도 공리적 계산에 종속되어 나타난다. 이 어려움은 철학자들이 시도해 왔듯이 다른 방향으로 해결될 수도 없다. 즉 빈곤을 질적으로, 언제나 소멸 또는 부활에 직면해 있는, 인류의 물질적·정신적 영도零度와 같은 벌거벗은 존재 상태로 다루는 것으로도 해결될 수 없다. 빈곤을 계량화하는 경제학자는 빈곤을 대체 가능한 것으로 만들 위험이 있고, 빈곤을 존재의 특질로 만드는 철학자는 그것을 신성화하고 불멸화할 위험이 있다. 그렇지만 두 접근은 모두 진실의 순간을 제공한다. 빈곤과 불평등의 문제들이 오늘날의 자본 체제를 둘러싼 투쟁들의 돌이킬 수 없는 삶정치적 차원을 시사하는 것이다. 그것이 부와 빈곤이 오로지 양적 배경에서만 구별될 수는 없을 뿐 아니라 정반대의 질적 배경으로 대조될 수도 없는 이유이다. 이 조건들이 우리에게 제기하는 문제는 [빈곤과 불평등의 문제를] 해결하기 위해 지나치게 서둘러서는 안 된다는 사실이다. 우리가 세계에 대해 알고 있다고 생각하는 것을 우리가 어떻게 알고 있는지 묻는 과정에서, 우리는 의문을 제기하면서도 경험적 측정과 철학적 개념 모두를 사용해야 할 것이다.

여기서의 주요 주장은 단순하다. 우리는 오늘날의 축적 체계가 구축한 토양 위에서 일어나는 일들을 검토하는 것에서 시작하여, 불평등의 일시적이고 주변적인 경향보다는 그것의 항구적인 불멸의 지형들을 강조한다. 우리는 총체적인 차원에서 부의 현 구조를 탐구할 필요가 있다. 이 구조를 만든 특정 정책과 실천들이 지금은 개정되거나 적어도 재포장되는 과정에 있다 하더라도 말이다. (우리가 앞 장章에서 본 것처럼, 신자유주의의 슬로건은 곧 사라질 수 있지만, 그것이 창출하여 비축된 전리품들은 그리 쉽게 사라지지는 않을 것이다.) 우리 자신을 의식적으로 전환점에 ― 거대한 위기의 한가운데에 ― 둠으로써, 우리는 향후 수년을 좌우할 질문들에 대해 보다 명확한 관점을 얻을 수 있다. 오늘날의 체계는 자신을 구제하고 예전처럼 작동할 수 있는가? 불평등의 지배적 패턴들은 지속될 것인가 아니면 부의 블록들이 파괴되는 바로 그 순간에 약화될 것인가? 다른 종류의 미래를 열 수 있을 만큼 충분한, ― 정치세력의 두드러진 재편성과 결부된 ― 부의 파괴가 가능한가?

지구상의 모든 사람이 매일 그 증거에 둘러싸여 있다 해도 현대 자본주의의 극단적으로 뒤틀린 윤곽을 파악하기란 어렵다. 소득과 부, 빈곤의 분포에 대한 통계는 지구화를 둘러싼 논쟁에서 언제나 중요한 증거물들이다. 그것들은 일련의 매우 도식적인 대립의 근간을 이룬다. 몇몇 논자들에게 이 수치들은 현 체계가 지닌 부정의의 가장 명백한 증거이다. [반면] 다른 이들에게 이 수치들은 세계가 번영의 증대라는 황금시대를 누려 왔음을 입증하는 것이다. 이 두 입장 간의 차이는 전지구적 위기가 시작되고 나서야 선명하게 되었다. 그렇지만 두 입장 모두 동일한 자료(좀 더 정확히 말하면 동일한 종류의 자료의 변화량들)를 요구하는 한, 우리는 수치가 지닌 외관상의 객관성이 어떻게 공유된 전제와 근본적인 불일치 모두를 덮어 버리는지 물어볼 필요가 있다. 자료의 구축은 절대 기술적인 것만은 아니며, 수를 둘러싼 논쟁들은 언제나 기본 원리와 목표를 둘러싼 근본적인 정치적 차이들로 이어진다.

우선 불균등한 부의 축적에 대한 통계들은, 분배 정의에 대한 이론들로 표현되든 아니면 공정함과 품위라는 단순한 개념들로 표현되든 필연적으로 **평등**의 원리를 불러일으킨다. 정치적 이상이나 목표처럼 평등이 의미할 수 있는 모든 것과는 완전히 별개로, 평등은 중립적인 기준처럼 보인다. 특정한 인구수와 특정한 가치량이 주어지면, 그곳이 얼마만큼 평등한가를 계산하는 것은 쉬운 문제일 것이다. 마찬가지로 지구적 규모에서 평등을 이야기하는 것도 간단해 보인다. 불평등의 측정이 다양한 인구의 상대적인 자원과 성취를 말해 주는 것이다. 하지만 그러한 측정은 세계가 단일 통합 경제로 효과적으로 통합되었다고 가정하자마자, 새롭고 핵심적인 의의를 획득한다.

신자유주의적 지구화의 출현만으로, 세계의 경제적·사회적 결은 불평등의 측정이 체계적 과정들에 대한 하나의 유용한 기술어로 실제 기능할 수 있을 만큼 충분히 균질화되었다. 그럼에도 하나의 정치적 목표로서의 평등은 거의 모든 곳에서 거부되어 왔으며, 그러므로 어떤 체계적 수평화leveling의 증거도 유달리 취약한 것은 놀라운 일이 아닐 것이다. 특히 신자유주의 정책들과 평등 사이에 어떤 강한 상관관계가 있다는 관념은 갈수록 유지하기 어려워지고 있다. 심지어 IMF에게도 그렇다.[1] 오늘날의 체계의 가장 확고한 승자들에게 불평등 수치들은 무의미한 것에 불과하다. 번영의 공정한 분배는 한 번도 의제의 요소였던 적이 없다. 다른 한편 많은 비평가들이 총체적 불평등의 지속과 증대를 오늘날의 체계가 지닌 부도덕성과 작동 불가능성에 대한 가장 좋은 증거로 이해한다. 예를 들어 피터 싱어는 지구화 프로젝트가 지구화가 지닌 기초적인 메타포에 부응하는 데 실패했다고 설득력 있게 주장했다. [즉,] 상호

---

1. International Monetary Fund, *Global Economic Outlook : Globalization and Inequality* (October 2007), 특히 4장을 보라. 이 보고서는 불평등의 증대를 설명하면서 대부분의 잘못을 "기술적 과정들"의 탓으로 돌리며 "〔지구화〕가 끼친 불평등화 영향은 대체로 훨씬 더 적었다"고 말한다(p. 159). 아리기는 "이〔워싱턴 컨센서스〕 처방들을 실제로 고수함으로써 사하라 사막 이남 아프리카와 라틴아메리카 그리고 구소련에서 일어난 장기적인 일련의 경제적 재앙들"과 중국 및 인도의 긍정적 성과들을 대조해야 한다고 지적하면서, 그 문제를 보다 명료하게 밝힌다. *Adam Smith in Beijing* (London : Verso, 2008), p. 354 [조반니 아리기, 『베이징의 애덤 스미스』, 길, 2009, 488쪽].

의존과 경제적 통합의 물질적 이득이 평등주의적 방식으로 공유되지 않았기 때문에, 지구화는 어떤 발생적 의미에서도 "하나의 세계"를 창출해 내지 못했다는 것이다.[2]

상이한 축을 따라 그리고 보다 불확실한 방식으로, 빈곤을 측정하는 통계들은 흔히 자유의 역(逆)지표로 취급된다. 가난한 사람들은 필요의 덫에 빠져 있고 부유한 사람들은 풍요로움으로 인해 자유롭다는 가정하에서 말이다. 신자유주의적 지구화의 옹호자들은 이러한 상관관계를 매우 굳건하게 그리는 경향이 있으며, 빈곤 수치의 감소를 한 국가가 경제적 자유와 개방성의 분위기를 장려하고 있다는 징후로 이해한다. 특히 중국과 인도의 국민들은 GDP가 최근 수십 년간 상승함에 따라 새롭고 거부할 수 없는 자유의 물결을 누려 왔다고 이야기된다. 지구화의 편에서 그러한 성취를 찬양하는 사람들은 그 국가들에서 불평등 또한 확산되어 왔다는 사실은 주목하고 싶어 하지 않는다. 이러한 변화를 가져온 정치 체계들에 대한 지지는 고사하고 그 정치 체계들을 구별하는 경우 또한 거의 없다. 사실 국가 권력에 대해 친절하게 말하는 주류 논평자들은 어디서나 찾기 힘들며, 국가가 전지구적 체계에 대한 방패 역할을 한다고 누구나 믿었던 것은 오래전 일인 것 같다. 오로지 빈곤

---

2. Peter Singer, *One World : The Ethics of Globalization* (New Haven : Yale University Press, 2004) [피터 싱어, 『세계화의 윤리』, 김희정 옮김, 아카넷, 2003]를 보라.

의 정치적 원인만을 강조하는 ― 악정惡政이 가장 책임이 크다는 것을 증명하기 위해 "부패 지수"와 "민주주의 등급"을 도표로 만드는 ― 사람들은 대개, 정부의 주된 존재 목적은 시장의 처방을 집행하는 것이며, 따라서 정부의 수행을 평가하는 최고의 척도는 국제 채권시장에서 자본을 조달하는 능력이라고 생각하는 사람들이다. (아마티아 센Amartya Sen 같은) 비평가들은 형식적 자유 또는 대기大氣의 자유에 대한 약속이 진정한 민주적 활력화empowerment 없이는 불충분하다고 반대한다. 센은 빈곤을, 자신의 삶을 주도하는 "실질적" 자유를 홀로 지속할 수 있는 기본적인 인간 능력의 박탈로 정의하자고 제안한다. 따라서 "발전"은 향상된 경제적 상태 이상의 것을 제공해야 한다. 그것은 사회적 성장을 가능하게 하는 과정 그 자체, 즉 "자유의 가능성들에 대한 중대한 약속"3이 되어야 한다.

평등의 측면에서의 전지구적 경제에 대한 비판이 우리가

---

3. Amartya Sen, *Development as Freedom* (New York : Anchor Books, 1999), p. 298 [아마티아 센, 『자유로서의 발전』, 김원기 옮김, 갈라파고스, 2013, 419쪽]. "자본주의에서 가치의 역할"에 대한 센의 두 쪽 분량의 논평도 참고하라. 그것은 다음과 같은 의견을 담고 있다. "하지만 자본주의는 자체의 영역 안에서 시장 메커니즘과 관련 제도들을 성공적으로 활용하기 위해 필요한 비전과 신뢰를 제공하는 윤리 체계를 통해 효과적으로 작동한다."(p. 263)[한국어판, 376~7쪽]. 사회적 관계들의 아교로서 "신뢰"라는 주제는 개별적 가치들에서 유래하는 것으로서의 시장이라는 유순한 개념에 부합한다. 내가 이 장에서 주장하듯이, 사회들을 결속하는 것에 대한 더 적절한 이름은 "빚짐"과 "연대"일 것이다. 그것은 "시장 메커니즘들"이 할 수 있는 것과 할 수 없는 것에 대한 철저한 재고를 요구한다.

얼마나 미흡했는지를 정확히 보여 준다면, 자유의 측면에서의 비판은 우리가 얼마나 더 나아가야 하는지를 정확히 보여 준다. 실제로 이 두 측면은 그 상황에 대해 근본적으로 상이한 관점들을 제공한다. 평등은 엄밀하고 실천적인 원리로, 다양한 전략들을 가능하게 하는 하나의 목적으로 기능할 수 있다. 자유는 그것이 아무리 특정한 방식들로 증대되었을지라도, 영원한 초월적transcendent 이상으로 있다. (부의 관념을 자유의 관념에 접목시키는 것이 매우 부정한 이데올로기적 술책처럼 보이는 이유는 이 때문이다. 자유는 자신의 보편적인 비판적 효력을 상실하고 타인들에게 예속을 가하는 구실이 된다.) 알랭 바디우의 제언을 따르자면 우리는 여기서 프랑스 혁명의 고전적 슬로건 중 세 번째 용어를 위한 자리를 열어야 한다. **평등**égalité 그리고 **자유**liberté에 덧붙여 **우애**fraternité, 즉 연대가 있어야 한다. 바디우가 라깡의 용어를 사용하여 설명하듯이, 평등은 "객관적 형상으로 도래할 수 없기 때문에" 상상적 지위를 점하고, 자유는 "전제된 도구이자, 풍부한 부정이기 때문에" 상징적 지위를 점한다면, 우리가 연대라고 부르고자 하는 것은 실재의 지위를 점하며, "지금 여기에서 이따금씩 마주치는 것"이다.[4] 세계사 대장臺帳에서 연대가 어떻게 평가되는지는 매우 알기 어렵

---

4. Alain Badiou, *The Century*, trans. Alberto Toscano (Cambridge : Polity Press, 2007), p. 102 [알랭 바디우, 『세기』, 박정태 옮김, 이학사, 2014, 185~6쪽, 한국어판에서 fraternité는 '박애'로 번역되었다.].

2. 불평등, 빈곤, 빚짐 **75**

다. 우리는 현재의 지구적 상황에 대해 보다 충분히 설명한 뒤에 이 문제로 되돌아와야 할 것이다.

현대 지구화의 대차대조표를 둘러싸고 진행 중인 논쟁들은 다양한 종류의 증거 위주로 이루어지고 있다. 우리는 여기서 그 개요를 더듬을 수 있을 뿐이다. 서로 다른 이데올로기적 이해관계의 작동과는 완전히 별개로, 신뢰할 수 없는 방법론적 난제들이 모든 수준에서 존재한다. 우리의 목적을 위해, 즉 지구화의 최근 단계가 하나로 엮은 세계가 어떤 세계인지를 탐구하기 위해, 현 상황에 대해 전반적으로 간략하게 묘사하려 한다. 이러한 방식으로 우리는 공식적인 연구의 현황뿐 아니라 그 연구가 관여하는 논쟁적인 맥락들에 대해 보다 분명하게 이해할 수 있다. 그 [연구] 자료는 겉으로 보기에 단순한 질문들을 둘러싸고 구성된다. 여러 국가들 내에서 그리고 또한 전지구적 체계 전역에서, 빈곤과 불평등은 얼마나 "큰가"? 빈곤과 불평등은 최근 들어 증가해 왔는가 아니면 줄어들고 있는가? 우리는 경제 성적표를 작성함으로써 신자유주의 프로젝트의 추진력이 결정적으로 멈춰서기 전, 그것의 지배적 시기에 대한 대차대조표를 작성할 수 있다.

더 진행하기에 앞서 숫자가 어떻게 측정되고 표현되는지 숙고하는 것이 중요하다. 빈민을 계산하는 상이한 기준들이 있을 뿐 아니라, 소득과 부에 관한 통계를 산출하는 데 있어서도 다양한 기법들이 존재한다. 세계은행과 미국 및 그 주변에 있는 경제학자들이 이러한 연구의 대부분을 수행한다.[5] 불평등 보고서에서 가장 자주 언급되는 통계인 1인당 소득은 국민계정 수치나 가구조사 자료, 또는 다소 정형화된 이 두 가지의 조합을 사용하여 계산할 수 있다. 각각의 자료는 "소득"이 무엇인지 그리고 측정된 소득 수준이 사람들의 안녕에 대해 무엇을 말해줄 수 있는지에 대해 고유의 전제를 상정한다. "소득"은 국민 소득에서 차지하는 몫으로 계산되어야 하는가, 가계 가처분 소득으로 계산되어야 하는가? 아니면 가계 소비와 지출을 측정하는 것이 더 적절한가? 우리는 한쪽 시각에서, 사람들이 하는 모든 일 — 임금을 받든 그렇지 않든 — 을 계산하려고 시도할 수 있을 것이다. [그리고] 다른 시각에서, 사람들이 삶을 유지하기 위해 획득하고 사용하는 모든 것을 설명하려고 시도할 수 있을 것이다. 하나의 시각을 선택하면, 그 다음에는 기간을 고려해야 한다. 소득 및 소비 분포 수치들이 반드시 연간 양으로 표현되는 반면, 부wealth 분포 수치들은 진행 중인 축적의 결과들을 포착하려고 시도한다. 이것은 일반적으로 밝혀내기가 더 어렵지만, 체계의 사회적 경직성을 고려할 때 분명히 결정적이다. (잡지 『포브스』Forbes, 메릴 린치Merrill Lynch 등에서 발표하

---

5. Eoin Callan, "World Bank 'uses doubtful evidence to push policies,'" *Financial Times*, December 22, 2006, p. 4를 보라. 케네스 로고프(Kenneth Rogoff)와 앵거스 디턴(Angus Deaton)이 주도한 "은행의 연구 활용에 대한 첫 번째 대규모 외부 감사"는 은행이 불리한 연구, 특히 무역 자유화의 비용에 관한 연구를 묵살했다는 것을 밝혀냈다.

는) 엄청난 부자의 부에 대한 많은 보고들이 있지만, 부의 분포를 전반적으로 추적하는 일은 훨씬 더 어렵다. 대규모의 일관성 있는 조사 자료가 필요하기 [때문이다]. (우리는 한 가지 사례를 간략하게 살펴볼 것이다.) 마치 이 어려움들로는 충분하지 않다는 듯이, 현재 이용 가능한 가구 조사들이 가구 내 불평등과 성별 및 연령 격차 ― 이것들은 전지구적 빈곤에 대한 이 통계적 이미지들이 처음부터 잘못되었음을 어느 정도 보여준다 ― 에 대해 아무런 정보도 제공하지 않는다는 점은 주목할 가치가 있다. 요컨대, 이용할 수 있는 모든 증거 ― 국민계정, 소득 신고서, 총조사 및 표본조사 ― 는 특히 경제적 위계의 반대편 양 끝에서, 서로 다른 한계와 왜곡을 수반한다.

숫자로 표현할 때 내려지는 기본적인 결정들 또한 그 숫자들을 현저히 편향되게 할 수 있다. 여러 국가의 수치를 비교하기 위해 흔히 (통화 간의 공정 환율 또는 시장 환율과 대조되는) "구매력 평가"〔PPP〕환율이 사용되지만, PPP 환율을 산출하는 뚜렷히 다른 여러 방식들이 존재한다. 이것은 기술적 검토 이상이 필요한 사안이다. PPP 환율은 상이한 국가들에서 재화와 서비스의 "소비 바구니" 가격[생활물가]을 비교하여 산출된다. 그 방법은 각 국가 내 부유한 사람들과 가난한 사람들의 소비 습관뿐 아니라 서로 다른 국가에 속한 사람들의 소비 습관을 일반화하는 "바구니"의 구성에 기대고 있다. 분명히 공통의 척도를 구성하는 바로 그 행위가, 비교되고 있는 중대한 차이들을 지우기 시작한다. 모든 사람이 사는 물건이란 무엇인가? 모든 사람이 이용하는 서비스란 무엇인가? 국가 간 비교는 가난한 사람들이 구매할 개연성이 높은 식료품에 무게를 둔 PPP 바구니를 사용하여 아래로부터 이루어져야 하는가, 아니면 부유한 사람들이 구매할 가능성이 높은 값비싼 서비스에 무게를 둔 바구니를 사용하여 위에서부터 이루어져야 하는가? PPP 환율로 소득과 부를 측정하는 것은 현행 환율과는 대조적으로, 더 가난한 국가들에서 훨씬 더 높은 수준의 생산량을 나타내겠지만, 그와 동시에, 우리가 서로 다른 통화들이 어떻게 서로 다른 정도의 명령을 세계적 규모에서 행사하는지 알고 싶다면 그것은 오해를 불러일으킬 것이다. 달러는 그것이 실제로 페소나 위안일 때는 달러가 아니다. 마찬가지로 위안은 그것이 달러를 구매할 수 있고, 그로 인해 자신의 가치를 증대시키거나 하락시킬 때는 단순히 위안이 아니다. "구매력"은 "투자력"처럼, 당신이 실제로 보유한 통화에 크게 의존한다. 어떤 통화들은 국부적인 범위에서만 통용되지만 다른 통화들은 진정으로 전지구적인 권한을 행사한다. 따라서 우리는 숫자들이 어떻게 서로 다른 정치적 관점들을 코드화할 수 있는지 이해한다. 일상생활의 측면에서 가치를 측정하는 것과 전지구적 자본의 측면에서 그것의 권력을 측정하는 것은 기본적으로 차이가 있다. 결론적으로 이러한 도구들 중 어떤 것도 시장 메커니즘을 거치지 않는 (공공 공급과 집합적 자원들을 포함하는) 재화와 활동들을 적절히 측정할 수 없다는 것을 잊지 않는 것이 결정적이다. 이후에 살펴볼 바와 같이, 이 요인은 특히 중요하다.

불평등을 기록하는 경제학자들이 사용하는 모든 간단한 추상적 개념들 중에서, 가장 흔한 것이 (지니 계수라고도 불리는) 지니 지수다. 이것은 유치원 학급을 조사하든 케냐라는 국가를 조사하든 특정한 사람들의 모듬 전체의 불평등의 정도를 하나의 수로 표현한다. 다시 말해서 지니 지수는 소득 또는 부의 분포곡선만을 나타낼 뿐, 사람들이 실제로 얼마나 부유한지 혹은 얼마나 가난한지에 대해서는 알려주지 않는다. 그것은 안녕의 정도가 아니라 추상적 관계를 표현한다.[6] 예를 들어, 오스트레일리아와 스리랑카는 거의 동일한 지니 분포를 보이지만, 평균 소득 수준은 매우 다르다. 지니 점수 1은 완전한 평등을 의미한다(모든 사람이 동일한 몫을 가지고 있다). 반면 지니 점수 100은 완전한 불평등을 의미한다(한 사람이 모든 것을 가지고 있고 나머지 모든 사람은 아무것도 가진 게 없다). 숫자가 높아질수록, 상부 과다가 더 확대된다. 여기서 우리가 [그 문제를 다루느라] 지체할 필요가 없는 여러 가지 기법적 결

---

6. 지니 계수는 45도 각도의 직선(지니=0)으로 표현되는, 완전히 평등한 "도수 분포"로부터의 편차를 측정한다. 인구(즉, 가구)전체에 걸쳐 가치(즉, 소득)의 분포를 그리는 자료는 균등선[45도 직선] 아래에 정도의 차이를 보이는 정규 "로렌츠 곡선"을 형성할 것이다. 따라서 지니 계수는 그 형태를 기술하는 것이 아니라 편차를 측정한다. 이 측정이 마이너스 가치란 없다고, 즉 마이너스 소득의 가구는 없다고 가정하는 것에 주목할 필요가 있다.

점들과는 별개로, 그것은 직관적으로 포착하기 위한 혹은 정치적으로 해석하기 위한 구체적인 숫자이다. 만일 지니 점수 1이 공정함에 대한 상식적인 개념에 부합하고, 점수 100이 극단적인 전제정치를 가리킨다면, 그 사이의 점수들은 언제나 다소 불공정하고, 다소 견디기 어려우며 변호할 수 없는 것으로 보일 것이다. 그러한 점에서 지니 숫자는 유용한 이데올로기적 로르샤흐 검사7로 기능할 수 있다. 우리가 용인할 수 있거나 해명할 수 있는 불평등의 크기는 얼마큼인가?

그 모든 단서들에 유념하면서, 우리는 이제 물을 수 있다. 세계는 얼마나 불평등한가? 사람들은 얼마나 가난한가? 첫 번째 대답은 아마도 [다음과 같을] 것이다. 당신이 볼 수 있는 것보다 더 불평등하고, 당신이 생각하는 것보다 더 가난하다[고 말이다].

부와 (불)평등

2006년, 세계은행에서 일하는 경제학자 브랑코 밀라노비치

---

7. [옮긴이] 로르샤흐 검사(Rorschach test)는 스위스의 정신의학자 헤르만 로르샤흐가 개발한 심리 진단 기법이다. 이 검사는 데칼코마니 기법으로 좌우대칭의 이미지를 가진 10장의 카드를 피검자에게 보여주면서 그것이 어떻게 보이는지를 묻는다. 구체적인 형상을 갖지 않은 그 이미지를 보고 반응하는 피검자의 다양한 양상을 통해 피검자의 심리를 분석한다.

Branko Milanovic는 한 논문에서 전지구적 소득 불평등이 약 65 지니 지수라고 계산했다.[8] 그 수치는 어떤 개별 국가에서 발견되는 불평등 수치보다 크다. 다시 말해서, 세계 경제 전체의 소득 분포가 어떤 국민 경제에서보다 오히려 더 불평등하다는 것이다. 그에 비해 미국의 국내 소득 불평등은 41이고 영국은 36이다. 인도는 37, 러시아는 40이며, 중국은 47이다. 가장 낮은 순위에는 25를 기록한 여러 스칸디나비아 국가들과 일본이 있고, 가장 높은 순위에는 57과 60 사이를 기록한 브라질과 남아프리카공화국, 보츠와나, 그리고 볼리비아가 있다. 대체로 고소득 국가들의 지니 점수는 전지구적 점수의 절반 정도거나 그보다 낮으며, [평등한 정도가] 높은 경우에는 20점, 30점대, 낮은 경우 40점대에 이르는 분포를 보인다. 중간 소득 국가들은 그보다는 다소 더 불평등한 경향을 보이며, 가장 불평등한 국가들은 라틴아메리카와 아프리카에서 발견된다.[9]

전지구적 지니 점수 65는 실제로 무엇을 의미하는가? 밀라노비치는 자신의 논문에서 이렇게 설명한다.

세계 상위 5퍼센트의 개인들이 세계 총소득의 약 3분의 1을

---

8. Branko Milanovic, "Global Income Inequality : What it is and why it matters," World Bank Policy Research Working Paper, March 2006, p. 14.

9. (정수로 반올림된) 지니 점수는 United Nations Development Program, *Human Development Report*, 2007/2008 (New York : Palgrave Macmillan, 2007)에서 가져온 것이다. 이후부터는 HDR07로 표기.

차지하며, 상위 10퍼센트가 절반을 차지한다. 하위 5퍼센트와 10퍼센트를 살펴보면, 이들은 각각 세계 총소득의 0.2퍼센트와 0.7퍼센트를 차지한다. 이는 가장 부유한 5퍼센트와 가장 가난한 5퍼센트가 벌어들이는 평균 소득 간의 비율이 165 대 1이라는 의미이다. 가장 부유한 사람들은 가장 가난한 사람들이 1년 동안 버는 소득을 거의 48시간 만에 번다.[10]

밀라노비치가 세 가지 상이한 방식들, 즉 백분율, 비율, 소득 능력earning power을 사용하여 불평등을 표현하면서 어떻게 지니 숫자를 해석하는지에 주목하라. 그런 공식화는 소득 분포에 대한 담론들에서 익숙하게 나타나는 특징이다. 여기서 이 추상적 지표들이 성립할 수 있는 단일한 관점은 없는 것으로 보인다. 수학은 메타포에 길을 내주어야 한다. 모든 국가에 "부유한" 사람들과 "가난한" 사람들이 있다는 것, 그리고 어느 한 곳에서의 "부유함"이 다른 곳에서는 "가난함"일 수 있다는 것은 누구나 알고 있지만, 그 불균형을 정확하게 측정하기는 어렵다.

---

10. Milanovic, "Global Income Inequality," p. 16. 여기서 밀라노비치는 PPP 값을 사용한다. 서기 14년경 로마 제국에서 (황제, 원로원 의원, 기사, 데쿠리온 그리고 기타 사람들로 이루어져 있으며 모두 약 33만 명에 달하는) 인구의 상위 1.5퍼센트가 로마 제국 총 소득의 26퍼센트를 차지했다는 것은 주목할 만하다. 그 비율은 밀라노비치가 인용한 수치보다 별로 불평등하지 않다. Angus Maddison, *Contours of the World Economy, 1-2030 AD : Essays in Macro-Economic History* (Oxford : Oxford University Press, 2007), p. 50을 보라.

부유한 지역들과 다른 모든 지역들 간의 지리적·통계적 거리가 확대되고 있기 때문이다. 일반적으로 세계경제는 지역적 또는 국가적 틀들 — 불평등은 대개 이 틀을 통해 인지되고, 경험되며, 그 틀을 둘러싸고 다툼이 일어난다 — 이 그 자체로는 더욱 불평등하며, 또한 서로 간에는 더욱 비교 불가능하게 된 그런 방식으로 발전해 왔다. 그래서 이 통계들이 개인적 측면에서 전지구적 불평등을 표현함에도 불구하고, 그 현상 자체는 개인적 보상이나 처벌의 등급scale에서 파악될 수 없다. 우리들 각자에게 운명과 행운의 부침으로 나타날 수 있는 것은 실제로는 일반적으로 불투명하게 남아 있는 보다 항구적인 관계들과 과정들에 의해 조직된다. 통계는 관례상 평균적인 개인, 가구, 국가, 또는 국가 그룹이라는 관점을 취하지만, 이러한 시각들로는 불평등의 구조적 형식들이, 가장 큰 집합부터 가장 작은 집합에 이르는 모든 사회적 집합체, 즉 불균형과 박탈의 세계 내 세계를 가로지르는 방식을 포착할 수 없다.

소득 대신 부를 측정할 때 상황은 한층 더 불균형적인 것으로 보인다. 2006년 유엔 대학의 〈세계개발경제연구소〉가 진행한 전지구적 부의 분배에 대한 상세한 연구는 구매력으로 측정된 전 세계적인 부의 지니 점수가 80이라고 계산했다.[11] 그

11. James B. Davies, Susanna Sandstrom, Anthony Shorrocks, Edward N. Wolff, "The World Distribution of Household Wealth," United Nations University, World Institute for Development Economics Research, 2008, p.

점수는 몇몇 개별 국가를 제외하면 어떤 국가의 점수보다 높다. (80이상의 가장 높은 순위는 미국, 스위스, 그리고 나미비아와 짐바브웨와 같은 몇몇 지역들이 나누어서 차지하고 있다. 그러나 카타르와 같은 몇몇 지역들에 대한 자료는 없다.) 유엔 대학 연구원들은 전지구적 수준에서뿐 아니라 개별 국가들 내에서도 "부의 분배가 소득 분배보다 더 불평등하다"[12]는 것을 발견했다. 그 결론은 명백한 것처럼 보이지만, 그 중대한 불일치의 의미를 알기는 여전히 어렵다. 예를 들어, 미국의 소득 분배 지니 점수는 41이지만, 부 분배 지니 점수는 80이다. [즉, 부의 분배가] 훨씬 더 불평등하다. 전 세계적으로 상위 10퍼센트의 성인들이 전체 소득의 절반을 차지하고 있지만 자산의 경우 거의 4분의 3을 소유하고 있다. [또] 상위 5퍼센트는 소득의 3분의 1을 차지하고 있지만, 부의 절반 이상을 보유하고 있다. (그들의 현재 시장력을 나타내기 위해서) 이 값들을 공정 환율로 표시하면, 그 격차는 훨씬 더 극명하게 나타난다. 그 경우 전지구적 지니 점수는 89로서 심지어 가장 부패한 국가들보다 더 높다. 그 점수는 "한 명이 9백 달러를 받고 나머지 99명은 1달러씩 받는 100명의 인구"[13]에 부여되는 점수이다. 그 보고서는 특히 가장 최상층에 극단적인 집중이 있음을 보여 준다. "최상위 10분위

16. 다음 주소에서 볼 수 있다. http://wider.unu.edu
12. *Ibid*, p. 9.
13. *Ibid*, p. 7.

수에 속하는 구성원들은 하위 50퍼센트보다 평균적으로 4백
배가량 더 부유하며, 최상위 100분위수의 구성원들은 2천 배
가량 더 부유하다." 완만하게 경사진 중간 지대도 없다. (최상위
5분위수와 최하위 5분위수를 뺀) 중간 60퍼센트는 전체 자산
의 겨우 6퍼센트만을 소유하고 있다. (이 방대한 인구가 열렬한
자유 시장 지지자들이 줄곧 들먹이는 전설 속의 "전지구적 신
흥 부르주아지"다.) 즉 또 다른 시각에서 보면, 전체 세계 성인
의 하위 절반(18억 명 이상)은 "전지구적 부의 겨우 1퍼센트"[14]
를 보유하고 있다.

그것이 금융 위기 직전 부자들이 놓여 있던 상황이다. 금융
위기 이후 페이퍼 부가 상당히 파괴되었다는 것은 의심의 여지
가 없다. 하지만 불평등의 역전은 있었는가? 아니면 가장 부유
한 이들이 자신들의 우위를 어떻게든 유지해 나갈 것인가? 가
장 초기의 징후들은 부의 침식이 상당했지만 일시적일 수 있음
을 암시했다. 메릴린치/캡제미니Capgemini가 낸 『2009 세계 부 보
고서』World Wealth Report는 세계 최고 부자들(백만 달러 이상의 금
융 자산을 가진 이들로, 약 8백 6십만 명에 이르는 "고액 순자
산 보유자들")이 2008년보다 약 20퍼센트 하락한 약 32조 8천
억 달러 가치의 자산을 소유하고 있다고 밝혔다.[15] 하지만 그러

---

14. *Ibid.* "중간" 십분위의 경우에 대해서는 14쪽의 도표를 참고하라.

15. Megan Murphy, "Credit crunch cuts swathe through ranks of the super-
    rich," *Financial Times*, June 25, 2009, 그리고 Peter Thal Larsen, "World's

한 감소는 그 자산들의 집합적 가치를 2005년 수준으로 되돌려 놓았을 뿐이며, 이는 이 집단이 평균 이득보다 높은 이득을 줄곧 거두어들이고 있었다는 표식이다. 그 사이 최상층 부자들— 3천만 달러 이상의 금융 자산을 보유한 "초고액 순자산 보유자들"— 은 정점에서 24퍼센트 가량을 잃었고, 이는 지난 몇 년간의 지나치게 큰 이득을 원래대로 되돌리는 것이었다. 그렇지만 2009년 보고서는 가장 부유한 사람들의 집합적 금융 부가 다시 성장하여 4년 이내에 48조 5천억 달러에 이를 것이라고 전망하면서, 이들에게 위안을 준다. 그러나 그러한 개인들의 전체 숫자는 이전보다 뚜렷하게 줄어들 것이다. 가장 부유한 개인들의 신분 가운데서도, 가려내고 비축하는 무자비한 과정들이 격렬해질 것이다.[16] 아시아−태평양 지역이 2012년쯤에는 주도권을 잡을 것으로 추정되지만 북아메리카는 집중된 부의 가장 큰 블록을 계속해서 쌓을 것이다. 빈곤이 가늠하기 힘들 만큼 퍼져 가는 것과는 반대로, "누가 세계를 소유하고 있는가?"라는 질문에 대한 답은 여전히 아주 명백하다. 사실 이름을 대는 것은 점점 쉬워지고 있다.

삼십 년 혹은 그 이상의 기간 동안, 모토mantra는 "밀물은

---

rich reduce property exposure to dodge credit crisis," *Financial Times*, June 25, 2008.

16. 엄청난 부자들 사이에서 일어나는 최근의 경향에 대해서는 다음을 보라. Robert Frank, "Millionaire Population Drops 15%," *Wall Street Journal*, June 24, 2009. 다음 주소에서 볼 수 있다. http://blogs.wsj.com/wealth

모든 배를 뜨게 만든다"는 것이었다. 지구화를 통해 일어난 일에 대한 묘사로서 이것은 분명 사실이 아니다. 해를 거듭할수록, 축적 메커니즘은 부의 더 많은 몫을 소수의 사람들에게 넘겨주었다. 런던 경제 대학의 로버트 H. 웨이드가 쓴 것처럼, "세계의 불평등은 1980년대 초 이후 성장해 왔다……[그리고] 국가들 간 소득 격차의 절대적 크기는 빠르게 확대되고 있다."[17] 경제학자 제라르 뒤메닐과 도미니크 레비는 부의 양극화와 성장률에 대한 연구에서 단호한 용어로 다음과 같이 주장하며 결론을 내린다. "지배 계급 상위 분파의 권력 강화는 그들의 국가나 주변 국가 어디에서나 성장에 해로운 것이었다."[18] 그것은 특히 미국에서 두드러지게 나타난다. 미국에서는 지난 삼십 년 동안 부가 상류층으로 대규모 이전되었고, 그사이 전체 성장률은 어느 정도 좀 더 평등하게 분배되었던 이전 경제적 시기보다 떨어졌다. 이제 진짜 문제는 다음과 같다. 썰물은 모든 배를 가라앉히는가? 전지구적 위축이 좀 더 평등한 부의 분배를 가져올 것인가? 여기서 그린 그림을 고려해

17. Robert Hunter Wade, "Poverty and Income Distribution : What Is the Evidence?" in Ann Pettifor, editor, *Real World Economic Outlook* (New York and London : Palgrave Macmillan, 2003), p. 147.

18. Gérard Duménil and Dominique Lévy, "The Neoliberal (Counter)Revolution" in A. Saad Filho and D. Johnson, *Neoliberalism : A Critical Reader* (London : Pluto Press, 2005) [이 글은 http://www.jourdan.ens.fr/levy/dle2005a.doc에서 볼 수 있다. ― 옮긴이]].

보면, 가장 공격적인 재분배론적 조치들 ― 이 중 어떤 것도 세계 경제의 관리자들 사이에서 진지하게 고려되고 있지 않다 ― 이라 할지라도 확고하게 구축된 축적 체계의 결과들을 벗겨 내는 데 어려움을 겪을 것이다. 불평등의 렌즈는 체계의 현재 기능에 대해 통찰력을 제공함에도 불구하고, 우리가 진정한 변화를 이루기 위해 무엇을 취해야 하는가를 알지 못하게 만들지도 모른다.

머지않아 부와 빈곤의 격차를 측정하려는 모든 시도는 일종의 분리된 시선을 생산할 것이다. 그것은 소비할 수 있는 것이 거의 없다는 측면에서 빈자를 바라보고, 축적할 수 있는 것이 매우 풍부하다는 측면에서 부자를 바라본다. 자료가 명백하게 보여 주듯이, 경제 영역은 전혀 하나의 영역이 아니며, 두 개의 상이한 기준치로 분리된 불안정한 적대이다. 한편에서는 생존할 수 없을지 모르는 사람들에 대해 살아남는 일의 가격을 정하고, 다른 한편에서는 삶을 지배하기 위해 삶을 초월하는 자본의 권력에 가치를 부여한다. 이러한 극단들 사이에서 평등한 교환과 공통의 기반은 있을 수 없으며, 한편에 있는 신용의 명령 구조들과 다른 한편에 있는 빚짐의 망網들 간의 대치가 있을 뿐이다. 우리는 이후 이 지점으로 되돌아올 것이다.

경제적 시차視差는 정치적 영역 또한 갈라놓는다. 실제로 언제나 타협되고 제한되어 불평등의 어떤 형태를 유지하는 평등의 원리는 하루에도 수없이 언급될 수 있다. 그에 반해 경제의 자율성을 폐지할 수 있는 보편적 평등이라는 목표는 현재 어디에서도 맡고 있는 정치적 역할이 없다. 그럼에도 미디어 수사와 도덕적 이상의 궤도로 옮겨 간 보편적 평등은 영예로운 코스모폴리탄 이상으로서 몇몇 집단에서 찬양되고 있다. 그것은 바로 그러한 비전을 실현할 수 있는 책임 당국이나 기관이 없기 때문이다. 자유 시장 전도사 자그디시 바그와티Jagdish Bhagwati는 이러한 이유로 전지구적 불평등의 측정이라는 바로 그 사고를 묵살한다. 그는 그러한 숫자들이 유용한 정보를 제공할 "수취인"이 없다고 주장한다. 통계 자체에는 비현실적인 견해가 내재되어 있다. 불균형을 바로잡을 수 있는 과세 권한이나 지구적 입법 기구 같은 것이 마치 있기라도 한 것처럼 말이다. 그것이 바로 바그와티가 원하지 않는 것이다. 그리고 그러한 의미에서 그는 옳다. 실제로 세계 경제를 통치하는 책임 권력은 존재하지 않는다. 지금 우리는 정치경제를 평등하게 할 집합적 행위자는 고사하고, 평등주의적 정치의 집합적 수취인을 지명하기 위한 정치적 어휘조차 없다. 그것이 오늘날 평등의 원리가 고무하는 해결책들이 박애주의적 십일조에 대한 간절한 애원이나 물고기 잡는 법을 가르치라는 유의 설교를 낳을 뿐, 더 이상 나아가지 못하는 이유이다.

빈곤과 (비)자유

빈자를 세는 것은 다른 종류의 일이다. 여기서 문제는 상대적 양의 비교가 아니라 몇몇 최저 생활 기준에 따라 세계 내 존재의 질적 상태를 재정의하는 것 ─ 가난하다는 것은 무엇을 의미하는가? ─ 이다. 일단 하나의 기준이 설정되면, 그 기준을 상회하여 살고 있는 사람들이 얼마나 되는지, 그리고 그 아래에서 살고 있는 사람들이 얼마나 되는지를 세는 것이 가능해진다. 회의론자들은 이 절차가 자의적이고 냉소적인 조작이기 쉬우며, 근본적으로 궁핍화의 주체적이고 정신적인 차원들을 설명하는 일은 영원히 불가능하다고 계속해서 지적할 것이다. 엄밀한 상대론적 접근은 정당성이 없지는 않지만, 어디에서나 빈곤을 발견할 수 있게 될 것이다. [즉] 가난하다고 느끼는 사람들의 숫자를 세는 것은 불가능하다. 따라서 "생활 임금" 설정이나 "공공복지" 확보와 마찬가지로, "빈곤선" 설정은 인구 통계학 못지않게 정치적 담론을 둘러싼 투쟁들과 많은 관련이 있다. (비교를 위한 PPP 환율의 사용은 [문제를] 더 복잡하게 만든다. 음식은 소비 바구니의 주요 구성 요소 중 하나이기 때문에, PPP의 계산은 영양과 건강에 대한 일련의 가정들을 끼워 넣는다.) 전지구적 빈곤에 대한 세계은행의 정의는 주요 언론에서 가장 흔히 사용하는 기준이 되었다. [이 기준에 따르면] (PPP 환율로) 하루에 약 1.25달러 미만으로 살아가는 사람들이 가난하다고 간주된다. (이 기준은 최근 상향되었음에도, 여전히 "하루에 1달러"로 흔히 인용된다.) 2008년 세계은행은 전체 [세계 인구] 67억 명 중에서 14억 명이 국제 빈곤선 아래에서 살고 있다고 추정했다. 세계은행은 하루에 약 2달러 미만으로 살아가는 사람들의 숫자도 측정한다. 또 다른 11억 명의 사람들이 하루에 1.25달러와 2달러 사이의 액수로 살아가는 범주에 속했다.[19]

　　하루에 1.25달러와 하루에 2달러라는 기준은 보다 심각한 결핍과 덜 심각한 결핍을 구별하기 위한 것으로, 각각 "극단적" 빈곤과 "중위의" 빈곤을 구별한다.[20] 사실 사람들은 "중위의" 빈곤에 대해서는 잘 듣지 못한다. 대부분의 언론 보도 목적에 있어, 극단적이지 않은 빈곤은 빈곤이 아닌 것이다. 어느 수준에서도, 세계은행의 빈곤선은 가난한 사람들이 실제로 필요한 것에 영향을 끼치기 위한 시도라기보다 하나의 편리한 추상으로 보이게 될 것이다.[21] 발전도상국 정부들이 설정한 국가 빈곤선들은 국제 빈곤 기준치와 상당히 다를 수 있다. 예를 들어,

---

19. World Bank, *World Economic Indicators : Poverty Data* (Washington, D.C. : World Bank, 2008), p. 10.

20. Jeffrey Sachs, *The End of Poverty : Economic Possibilities for Our Time* (New York : Penguin Press, 2005), p. 20 [제프리 삭스, 『빈곤의 종말』, 김현구 옮김, 21세기북스, 2007, 45쪽].

21. World Bank, *World Development Report 2000/2001 : Attacking Poverty*, (Washington, D.C. : World Bank, 2000), pp. 17 and 320. 이 숫자들의 사용에 있어, 이 장 각주 17번에 인용한 글에서 로버트 웨이드가 제기한 경고를 기억하는 것은 중요하다.

온두라스는 자국 인구의 51퍼센트가 빈곤선 아래에서 살고 있다고 보고하지만, 세계은행은 온두라스 인구의 22퍼센트가 하루에 1달러 미만을 소비한다고 계산한다. 그것은 반대로 작동할 수도 있다. 세계은행은 모잠비크 인구의 75퍼센트가 "극단적 빈곤"에 있다고 했지만, 모잠비크 고유의 "빈곤" 정의는 그 수치를 54퍼센트로 기록한다. 거의 같은 시기에 일단의 동일한 사람들에 대한 꽤 엇갈리는 두 관점들이다. 대개 국가 빈곤선은 하루 1달러와 하루 2달러 사이 어딘가에 있으며, 세계은행의 대표 빈곤 계산보다 지역적으로 결정된 빈곤선 아래에 더 많은 사람들이 자리하고 있다.[22] 이 수치들을 생산하는 데 있어 상충하는 이해관계가 걸려 있을 때, 빈곤의 계산이 왜곡되는 이유 — 가장 흔한 이유는 실제보다 적게 세기 때문이다 — 를 알기는 쉽지만, 보다 정확한 총계를 알기는 어렵다. 최근 전문가와 논설위원 들은 세계은행의 예전 최소치[14억 명]에서 4억 명을 간단히 잘라 내고, 10억 명의 가난한 사람들이 있다는 손쉬운 클리셰를 채택해 왔다. 어쩌면 "10억" 또는 "인류의 6분의 1"은 이데올로기적 안락 지대에 부합하는지도 모른다. [즉,] 현 세계상의 관점에서 보면, 그것은 하나의 문제로 보이기에는 충분하고도 남지만 지나치게 위험하거나 관리할 수 없는 것으로 들리기에는 불충분하다. 그것은 "우리의" 삶의 방식 — 나머

---

22. HDR07, Table 3, pp. 238~40.

지 우리가 감수할 수 있는 저주의 몫 — 이 그것과 근접해 있다는 것은 인정하지 않은 채, "그들의" 궁핍의 한계를 정한다. 하지만 빈곤선을 그려야 한다고 주장하는 한, 그 비율들을 뒤집는 것이 좀 더 정직한 일일 것이다. "아래" 60억 명의 사람들은, 우리가 살펴본 바와 같이 세계 전체 소득의 절반 이상과 세계 전체 부의 약 4분의 3을 장악하고 있는 "위" 7억 명의 사람들과의 공통점보다는 서로 간의 공통점이 훨씬 더 많다. 지구상의 전체 부와 그 모든 사람들을 감안해 볼 때, 빈곤은 예외가 아니라 표준으로 이해되어야 한다.

세계은행은 주로 경제적 측면에서 빈곤을 정의하지만, 유엔 『인간개발연례보고서』는 그 보고서가 "인간 빈곤"이라 부르는 것을 측정하려고 시도한다. 보고서의 자료는 수십 개의 지표를 추적하는데, 여러 가지 성 불평등 지표뿐 아니라 예방 접종률, 영양 수준, 교육비, 콘돔 사용, 인터넷 접근성, 실업, 수감 인구와 같은 다양한 지표를 포함하고 있다. 보고서는 그중에서 각 국가별 "인간개발지수"(HDI)를 산출하기 위해 세 가지 주요 지표들 — 기대 수명, 문자 해독 및 교육 수준 그리고 1인당 GDP — 을 선별하여 종합한다. 인간개발지수는 "인간 행복을 개략적으로 측정함으로써 1인당 GDP에 대한 강력한 대안"을 제공할 의도로 만들어졌으며, 건강과 부 그리고 지식에 동등한 비중을 둔다.[23]

---

23. HDR07, p. 225.

그 결과는 표로 정리되어 순위가 매겨지고, — 2007년 아이슬란드가 1위를, 시에라리온이 최하위를 차지했다 — 인간개발지수의 상, 중, 하에 따라 세 그룹으로 정리된다. 이 집계에 따르면약 16억 명의 사람들이 인간개발지수가 높은 국가에, 42억 명의 사람들이 중간 수준의 국가에, 6억 5천만 명의 사람들이 인간개발지수가 낮은 국가에 살고 있다.[24] 그 보고서는 또한 줄어든 기대 수명과 체중 미달 아동, 개량되지 않은 물의 사용 그리고 성인 문맹률을 측정하여 "인간빈곤지수"를 계산한다. 선진국의 경우 장기 실업률이 "사회적 배제"의 지표로 지수에 추가된다.[25] 자료가 국가 평균으로 가공되기 때문에 이 지수들은불평등에 대해 아주 막연한 의미를 심어 주며, 이는 개인들 또는 그룹들 간의 차이를 흐려 버린다. 빈곤은 이렇게 개발의 상대적인 부족으로 정의되며, 이것은 다수의 척도를 통해 표현되고, 종합 점수로 제시되며, 각 국가의 상대적 성취의 렌즈를 통해 이해된다. 이러한 추상 수준에서 건강과 부 그리고 교육의평균 수준은 전반적으로 향상되고 있는 것으로 나타난다. 지난 15년 동안 인간개발지수 수치는 대부분의 국가에서 꾸준히

---

24. 순위 매김과 그룹 분류가 최악의 사례들(22개 국가)을 다수의 중간 사례 및 높은 사례(각각 85개 국가와 70개 국가)와 구별하는 것에 주목하라. 이 분리의 기준이 되는 점수(0.8 이상, 0.79와 0.51 사이, 0.5 이하)는 특히 자의적인 것으로 보인다. 맨 아래 기준치를 0.6으로 높이면, 맨 아래 그룹은 두 배 이상 증가하여 46개 국가가 되고, 6억 3천 1백만 명의 사람들이 추가된다.

25. HDR07, p. 357.

상승해 왔다. 그러나 일부 국가들은 이전 수준으로 하락하는 명백한 퇴보를 겪고 있다. (그 국가들은 중앙아프리카와 남아프리카 그리고 구소련 지역에 집중되어 있으며, 총인구는 최소 4억 4천만 명에 이른다.) 최근의 진전 동향들은 그 국가들만큼 광대하게 불안정하며 불균등하게 분포되어 왔다.

"대표" 빈곤 또는 "극단적" 빈곤에 초점을 맞추면, 상황은 오히려 더 나쁜 것으로 보인다. 『인간개발보고서』는 유엔의 새천년개발목표^{MDGs} 모니터링에 특히 전념하고 있다. 이것은 "빈곤 퇴치와 개발에 도움이 되는 환경을 ― 국가 수준과 전지구적 수준 모두에서 동등하게 ― 창출하기 위해"[26] 2000년에 채택된 여덟 가지 항목의 전지구적 개선 프로그램이다. 그 목록의 첫 번째 목표는 "극단적 빈곤과 기아의 근절"로서, 극단적 빈곤에 처한 사람들의 비율을 2015년까지 절반으로 줄인다는 단기 목표를 갖고 있다. 나머지 일곱 가지 새천년개발목표는 교육, 성평등, 어린이 사망률, 모성보건, 에이즈를 포함한 질병, 환경적 지속 가능성, 그리고 ― 가장 포괄적인 ― 경제 개발을 다룬다. 대부분의 사례에서 그 목표들은 『인간개발보고서』에서 측정된 특정한 대상을 포함하고 있다. (예를 들면, "목표 2 : 보편적 초등교육의 달성. 2015년까지 모든 곳의 남녀 아동이 동등하게 초등교육 전 과정을 이수하도록 한다.") 더 상세한 처방은

---

26. HDR07, pp. 383~4.

첨부되어 있지 않다. 유엔의 189개 회원국들은 가능한 모든 수단을 사용하여 이 목표들을 달성하는 것에 동의했다. 그러나 일곱 가지 특정 대상들을 지닌 여덟 번째 목표, "개발을 위한 전지구적 파트너십 구축"은 아무런 기한도 없이 점점 포괄적으로, 정책 주도 형태로 됨에 따라 협상만 한없이 계속될 수 있다. 그 목표의 금융 인프라 개혁 일괄안, 즉 빚[채무] 탕감, 고용 할당제, 의약품 접근성, 기술 신장, 그리고 기타 항목들은 명백히 다른 목표들이 달성될 수 있는 여건을 조성하기 위해 고안된 것이었다. 전지구적 위기의 도래와 함께, 모든 처방들은 내버려졌고, [여덟 가지] 주요 목표 중 어느 하나라도 완전히 달성될 수 있을지 의심스럽다.[27] 특히 경제 의제의 주요 요소들은 결정적으로 무산되었다. 2000년 이후 몇 년이 지나면서, 유엔 회원국들 ― 유엔으로 모두 함께 기능하든 아니면 경제협력개발기구OECD, WTO, IMF, 세계은행, 아시아개발은행, 유럽연합, 아프리카연합 같은 보다 작은 그룹으로 기능하든 ― 은 빈곤에 대처하거나, 개발 원조를 제공하거나, 또는 무역 체계 규칙을 바꾸는 공통적인 전략을 추구하는 일에 참여하는 데 있어 전혀 협력하지 않았다. 침체가 심화됨에 따라, 더욱 더 긴급한 요청에도 불

27. United Nations, *The Millennium Development Goals Report* (New York : United Nations, 2009) [『유엔새천년개발목표보고서 2009』, 엠디지 리포트 한국위원회, 지구촌빈곤퇴치시민네트워크, 2009]. 이 보고서는 어떻게 전지구적 경제 위기가 이미 이루어진 진전을 무효로 만들고 더 많은 개선에 새로운 장애물을 만들 수 있는지 보여 주려 애쓴다.

구하고 그러한 이슈에 대한 어떤 일치된 행동도 점점 불가능해 보인다.

여기서 우리는 빈곤과의 싸움은 필연적으로 자유의 원리에 호소한다는 관념으로 돌아간다. 이 연계는 잘해야 자급자족이 자유의 기본 조건이라는 고대의 원리를 단언하는 데 그친다. 최악의 경우 자유의 호소는 새로운 종류의 종속을 정당화하는 만능의 추상으로 기능한다. 실제로 자유의 요구는 우뚝 솟은 부와 방대한 빈곤화를 오가다 그 사이 어딘가에서 길을 잃는다. 어떤 자유가 가장 중요한가, 누구를 위해서? 유엔 새천년선언의 경제 조항은 "시장 접근성"과 "기회"라는 언어로 쓰여 있는 반면, 빈곤에 대한 세계은행의 2000년 보고서는 "행위와 선택의 근본적인 자유"에 대한 지지로 시작한다.[28] 이것들이 전지구적 체계에서 중요한 유일한 자유인가? 대체 이것들이 정말로 자유인가?

자본주의의 관점 ─ 이것은 무한 축적의 소실점이다 ─ 에서 보면 완전한 자유를 누리고 살아가는 사람은 아무도 없다. 그것은 오직 자본 자신만이 향유할 수 있다 ─ 자본의 권력은 비인간적 탁월함으로 격상된 "행위"와 "선택"이 아니라면, 무엇이란 말인가? 그러나 노동하는 다중들의 관점에서 보면 가장 기

---

28. World Bank, *World Development Report 2000/2001 : Attacking Poverty*, p. 1.

본적인 자유는 우리 모두가 살아갈 수 있도록 사람들이 함께 만들고 서로 주고받는 것이다. 자신을 초월적인 "자유 중의 자유"로 표현하는 시장 법칙은 실제로 "법칙"과 "자유"의 개념을 둘 다 우스꽝스럽게 만든다. 지구화된 시장들의 위기가 심화됨에 따라, 자유는 자유의 이름으로 확립된 비자유의 체제를 탈피할 수 있을 때에만 주어진다는 사실을 모든 사람들이 다시금 깨닫게 될지도 모른다. 그것이 "개발"과 "자유"의 연접이 지닌 진실의 일면이다. 진행 중인 위기에서 살아남기 위해 필요한 자원과 능력을 결집시키면서, 사람들은 자본의 명령들에 의해 이전에 프로그램되었던 목적의식을 자신들의 삶을 위해 되찾는다. 그들은 자신들이 하고 싶은 일을 정하고, 자신들이 가고 싶은 곳으로 이동하며, 환전 시장과 주식시장에 아무런 관심을 두지 않고 살아간다. 지금은 그러한 종류의 자유가 아주 드물게 남아 있으며, 자기조직화하는 네트워크와 대항 경제 구역enclaves을 건설하는 산발적인 노력들로 나타난다. 그래서 우리는 한때는 상호 보완하는 것으로 이해되었던 평등과 자유의 원리들이 이제는 반대 방향으로 작동하는 경향이 있음을 발견한다. 우리 자신들을 하나의 세계로 결속하자는 윤리적 호소는 가장 급진적인 해방과 철수 그리고 탈출보다 더 좋은 선택을 알지 못하는 사람들을 붙들지 못할 것이다.

부재중인 우애

프랑스 혁명의 유명한 슬로건을 완성함으로써 전지구적 경제 상황에 대한 이 개관을 마무리할 수 있다면 좋을 것이다. 평등과 자유 다음에 우애가 와야 한다. 그러나 우애 — 집합적 귀속감과 연대라는 의미에서 — 는 공식적인 통계로 측정될 수 없다. 그것은 우애가 실재적인 힘이기를 그쳤다는 의미가 아니다. 반대로 우애의 부재를 측정함으로써, 즉 좀 더 정확하게 말하면 연대가 전유되고 스스로에게 등을 돌리게 되는 다양한 방식들을 조사함으로써 우리는 연대의 현재 상황에 대해 짐작할 수 있다. 우애의 다른 면은 빚짐이다. 이것이 우리가, 사람들의 삶을 자본의 궤도에 묶어 두기 위해 끊임없이 시도하는 신용과 빚[채무]의 매듭을 검토함으로써 현대적 연대의 일종의 전도된 상㊀을 찾을 수 있는 이유이다.

다시 말해서 우리는 총 빚[채무] 수준을, 체계 전체가 동원하는 물질적, 상상적, 상징적 자원들로 현재의 힘들을 증대시키는 집합적 능력의 표현으로, 아니면 표기로 간주해도 좋을 것이다. 이 가설의 목적에 있어, 이 자원들이 불평등하고 부자유한 수단들을 통해 동원되는 것은 중요한 문제가 아니다. 실제로 빚짐의 지도는 체계 유지의 필수 요건뿐 아니라 그것의 가장 과도한 과잉에 대한 일종의 엑스레이를 제공한다. 그것은 인류가 협력하여 실제로 할 수 있는 것을 평가하는 — 그 구절의 가장 좋은 의미에서 그리고 동시에 가장 나쁜 의미에서 — 일이다. 따라서 빚짐은 여러 가지 다른 의미들로, 즉 물질 생산을 지속시키는 방식으로, 달리 접근하기 어려운 의존과 공유의 영역을 나타내는 방식으로, 그리고 타인들과 함께 있음을 통해 우리가 세계에 속해 있음을 증명하는 방식으로 연대의 실재계^{the} ^{Real}를 나타낸다(우리는 사르트르^{Sartre}가 늘 말했듯이, 우리 모두가 "곤경에 처해 있다"는 것을 알 필요가 있다).

부기^{簿記}상으로 빚[채무]은 일반적으로 누가 누군가로부터 무엇을 빌리는지에 따라 여러 폭넓은 범주들로 구별된다. 정부는 **공채[공공 부채]**를 발행하여 빌린다. 나머지 전부는 **사채[사적 부채]**라고 부를 수 있으며, 결과적으로 이것은 **기업**과 **가계**라는 두 부문으로 나뉜다. 이들 각 부문은 많은 종류의 빚[채무]과 관련이 있다. 공공 부채는 지방 정부나 지역 정부 또는 주 정부의 대출과 함께 국가(연방국가 또는 주권국가) 부채를 포함한다. 기업 부채는 법인이든 비법인이든, 상업과 투자 그리고 투기 목적의 모든 대출을 포함한다. 공식 통계는 각 차용자의 주요 활동 유형(이것은 대개 모호한 문제이다)에 따라 **비금융** 기관과 **금융** 기관을 구별한다. 마지막으로 가계 부채는 주택 모기지, 자동차 대출, 학자금 대출, 신용카드 빚[채무] 그리고 사람들이 생각할 수 있는 다른 모든 대출을 포함한다. 그렇지만 이러한 분류법은 그 배열의 채무자 측면만을 다룬다. 좀 더 완전한 그림을 위해서는 채권자의 상이한 유형들을 설명하고, 신용의 국내외 출처와 목적지를 구별하며, 빚[채무] 증서의 다양한 유형과 기간을 검토할 필요가 있다. 전체 신용 시장은 이 모든 부문들을 순환하면서, 다른 부문들의 레버리지로 각 부문들을 고양한다. 그것이 작동하는 한 그것은 윤활하고, 통합하며, 가속화하고 예측하는 힘들을 전파하여 경제를 작동시킨다. 그것이 작동을 멈추면 신용 시장은 완벽한 장애물이 되어, 체계 전체를 마비 상태로 물들이고, 교환의 흐름들을 어긋나게 하며, 그것에 의지해 성장해 온 모든 것을 중단시킨다.

하나의 숫자로 표현되는 빚[채무]은 대출액이 담보액이나 차용자의 미래소득 전망과 같은 어떤 다른 금액과 대조되어 설정되어야만 경제적으로 이치에 맞다. 예를 들어 누군가가 100만 달러의 주택 모기지를 원한다는 이야기는 우리에게 알려주는 것이 거의 없다. 그 집이 100만 달러의 가치가 있는지 아니면 300만 달러의 가치가 있는지, 그리고 그 차용자의 연소득이 3만 달러인지 아니면 30만 달러인지가 훨씬 중요하다. 다시 말해서 대출 기관에게는 그 집이 대출금보다 더 가치가 있는지가 중요하고 차용자에게는 원금까지는 아니라 해도 이자를 지불할 수 있는 소득이 있는지가 중요하다. 어느 쪽이든 100만 달러의 모기지는 주택 가치가 하락하거나 소득이 사라지거나 혹은 둘 다인 경우 완전히 다르게 보일 것이다. 최근 수백만 명이 경악하고 나서야 알게 되었던 것처럼 말이다. 이 시나리오에서 우리는 좀 더 일반적인 교훈을 얻을 수 있다. 어떤 금융 빚[채무]도 그 기능은 어떤 다른 가치 원천에 대한 권리에 기반한다는 점이다. 사전에 아는 것이 불가능한 어느 시점에, 어떤 빚[채무]도 그것을 보장했던 가치와 재산 그리고 능력 — 그것이 어떤 물리적 대상이든, 또 다른 페이퍼 자산이든, 아니면 채무자의 생산 능력이든 간에 — 으로부터 단절될 수 있다. 그 [단절되는] 시점에 빚[채무]은 단순한 금융 협의로 기능하기를 중단하고 새로운 일련의 가능한 의미들을 지니게 된다. 한 극단에서 빚[채무]은 사실상 **무한** — 어떤 구제의 전망도 없이 사람들을 계속해서 통제하는 불가능한 요구 — 할 수 있고 다른 극단에서 빚[채무]은 사실상 **공허** — 단호한 거부 행위에 직면하여 한 줄기 연기처럼 사라질 텅 빈 명령 — 할 수 있다. 최근의 사건들은 수백만 명의 사람들에게 이 변덕스러운 극단들에 대한 잊을 수 없는 경험을 제공했다. 어느 순간에 순전한 양으로 나타나는 것은 곧 참담할 정도로 어마어마하게 되거나 아니면 완전히 실체를 잃을 수 있다. 가장 일반적인 용어로 말하자면 빚[채무] 체계는 사람들이 무한한 것에 의해 궤멸되지 않으면서 공허한 것에 의지하는 것을 **허용**할 뿐 아니라 **요구**한다.

신자유주의 빚짐 체제의 핵심적인 특징과 경향은 무엇인가? 여기 몇몇 일반적인 지표와 중요한 사례가 있다.

— 원리상 공공 부채는 집합적 합리성의 도구로 작동할 수

있다. 그것은 정치권력이 결정 사항들을 수행하기 위해 필요한 경제적 자원들을 요청하는 메커니즘이다. 그러나 실제 그것은 오늘날 반대로 작동한다. 그것은 집합적 비합리성의 비용 ─ 만연한 탐욕과 무모함, 과도한 외부성, 역효과 유인책[29] 그리고 체계적 위험 ─ 이 모든 사람에게 부과되는 메커니즘이다. 우리는 이윤의 사유화와 리스크의 사회화 사이의 고전적 모순 이상을 뒤덮는 무언가에 직면한다. 공공 부채는 경제 체계 유지라는 부담을 짊어지고 왔는데 그 지도자와 이데올로그는 공적 책임이라는 바로 그 관념을 끊임없이 부인해 온 것이다.

─ 기업 부채는 금융 부채와 비금융 부채 모두, 자신이 무역과 투자에서 수행하던 오랜 기능을 훌쩍 벗어났다. 신자유주의 정책의 최우선 목표는 전면적인 탈규제를 통해서든 아니면 국가 지원 기업 및 파트너십을 통해서든 금융화의 힘들을 촉발하는 것이었다. 이 노력은 국가가 도덕적 해이와 사회적 책임이라는 제약을 쫓아내는 동안 어떤 기업이라도 금융 공학에 참여할 수 있도록, 빚[채무]을 조직하고 마케팅하는 기법들의 확장에 근본적으로 초점을 맞추고 있다. 그 방안들은 악명을 얻었다. 레버리지 매수의 모든 무기뿐 아니라 파생 계약, 무담

---

29. [옮긴이] 역효과 유인책(perverse incentives)은 본래의 의도와는 달리 원치 않은 결과가 나타난 유인책을 말한다.

보 가치의 허위 검증 또는 증권화, 신용부도스와프, 부채담보부증권이라는 일반 범주가 병사로 나선다. 거듭 나타난, 금융 "혁신"이 창조한 실체들 ─ 저축과 대출에서부터 헤지펀드와 사모투자회사에 이르는 ─ 의 붕괴는 막대한 비용의 공적 구제 금융으로 이어졌다.

─ 가계 부채는 가장 급격하게 변했으며, 미국이 주도했다. 전후 시기, 특히 1970년대 이후 모기지 금융과 주택지분대출home equity loans이라는 전례 없이 복잡한 형태들이 주도한 완전히 새로운 범주가 출현했다. 그러나 (교육과 같은) 이전의 공적 공급들이 이제 개인 빚[채무]을 통해 조달되어야 했기 때문에 불가피하게 된 빚[채무]의 비율 또한 성장하고 있다. 사회적 안전망의 보호가 저해되거나 폐지되어 온 곳에서, 가계 부채는 노동시장의 훈육과 파산법의 훈육 사이를 중재하도록 요구받을 것이다.

─ 전지구적 경제가 계속 살아남기 위해 점점 더 많은 재정 연료를 요구함에 따라 전체 빚[채무] 수준은 상승하고 있다. 금융 부문과 가계 부문이 주도하는 미국에서 총 빚[채무]과 GDP 사이의 비율은 2008년 358퍼센트에 이르렀다. 물론 빚[채무] 증대와 번영 확대 사이에 자동적인 피드백 회로란 존재하지 않는다. 반대로 수십 년 동안 가장 부유한 국가들은 더 높은 빚[채

무] 비율을 떠안게 된 대신 더 낮은 성장률을 경험하고 있다.[30] 우리가 앞 장에서 살펴본 것처럼, 더 높은 수준의 빚[채무]은 스태그네이션에 직면하여 전체 수요를 증대시켰고, 점점 지속 불가능한 경제 구조를 지탱한다. 그리고 이제 또 다른 빚[채무] 팽창이 붕괴의 영향을 완화하기 위해 요구될 것으로 보인다. [즉,] 빚짐의 이중 구속 [상태다.]

— G7 국가들의 정부 부채는 안전망 해체 뒤에도 특히 미국과 영국에서 계속해서 증가하고 있다. 유럽연합은 전체적으로 정부 부채의 증가를 금융 위기 직전까지 누그러뜨렸지만, 압박으로부터 자유롭지는 않을 것이다. 재정 파산이라는 위협이 미해결 상태에 있기 때문에, 구제 금융과 [재정]지출 자극은 [재정] 긴축이 이전에 성취했던 모든 것을 무효로 만들 것이다. 우리는 다시 역사적 이중고의 고통스러운 영향을 감지할 수 있다. 납세자와 노동자들은 신자유주의적 재구조화와 탈규제에 대한 간접비를 지불했지만, 이제 그 잔해를 보수하기 위해 다시 지불해야 할 것이다.

— 비금융 기업 부채는 고유의 호황과 불황을 관통하면서

---

30. Robert Pollin, *Contours of Descent : US Economic Fractures and the Landscape of Global Austerity* (London : Verso, 2003), p. 132 ff.

계속해서 위태롭게 질주한다. 파국으로 향하는 동안, 많은 기업들은 인수합병에 출자하고, 재정 운영을 확대하며, 신용 한도에 더 크게 의존하면서 여전히 1980~1990년대의 각본을 따라가고 있었다. 모든 거품 중에서 가장 큰 거품 중 하나는 상업 부동산을 에워쌌다. 이것은 막대한 투자를 빨아들여 그것을 고층 빌딩과 상업 지구로 바꾸어 놓았다. 그 결과는 모든 형태에서의 대규모 과잉축적, 그리고 그 결과로 이후에 일어난 폭락이었다. (우리는 앞서 이 패턴에 대한 로버트 브레너의 주장을 검토했다.) 물론 그 사이 금융 부문 빚[채무]은, 사실상 모든 부문이 자신의 제조를 믿는 능력을 훨씬 뛰어넘어 자신의 빚[채무] 비율을 매우 높게 끌어올릴 때까지 수십 년 동안 부풀어 있었다. 2008~2009년의 대폭락은 일련의 장기적인 빚[채무] 파기일 수 있는 것 중 처음이었고, 이것은 공공 부채가 지원한 구제 금융에 의해 완화되었다.

— 미국과 영국 그리고 유럽연합에서 GDP 대비 가계 부채의 비율은 1980년대 이후 놀랄 만큼 증가해 왔다. 그렇긴 하지만 이 광범위한 척도는 부 및 불평등 수치가 드러낸 바로 그 차이를 감춘다. 빚[채무]은 계층 구조의 상이한 극단들에 있는 가계들에게 상당히 다른 의미를 띤다. 보다 부유한 가계에게 있어 더 많은 빚[채무]은 주택, 내구재, 교육 등을 위해 더 많이 대출할 수 있는 능력과 관련이 있다. [그러나] 다른 모든 사람들에

게 빚[채무]의 증가는 계속된 임금 정체의 맥락에서 이해되어야 한다. 여기서 주택에 의지한 대출은 소비를 유지하기 위한 가장 쉬운 그리고 어쩌면 유일한 방법이 되었다. 어느 경우에도, 모기지와 주택지분대출의 형태로 빚[채무]을 지는 사람들은 지금 자신의 지분이 금융 기관으로 역류하는 것을 목격하고 있다. 그리고 사람들은 침체기에는 자신이 한층 더 취약하다는 것을 알게 될 것이다. (2007년, 미국에서 가처분소득 대비 가계 부채의 비율은 130퍼센트를 넘었다. 유럽은 약 90퍼센트였다.)

— 최근 중국의 정부 부채는 모두 GDP의 약 20퍼센트였다. 이는 다른 국가에서 나타나는 비율의 일부에 지나지 않으며, 중국이 수십 년 동안 수출 성장으로 쌓아 온 준비금과 저축의 일부에 불과하다.

— 발전도상국가의 공공 기관들은 GDP 대비 대외 빚[채무] 상환 비용의 비율에 집중한다. 발전도상국가들 전역에서 빚[채무] 부담이 끊임없이 늘어나고 있다는 이미지와는 반대로, 이 비율은 양 방향으로 동요한다. 예를 들어 1990년과 2005년 사이, 몇몇 경제(칠레, 말레이시아)는 감소를 겪은 반면, 다른 경제는 증가를 겪었지만(멕시코, 헝가리, 태국), 극소수의 사례에서만 그 비율[GDP 대비 대외 빚[채무] 상환 비율]이 10퍼센트를 상회했다. (양극단의 사례는 유익하다. 2005년 현재 중국의 비

율은 1.2퍼센트, 베트남은 1.8퍼센트였고, 터키는 11.6퍼센트, 벨리즈는 20.7퍼센트였다.) 결국 빚[채무] 상환 부담은 중간소득 국가들에서 증가하고 있지만 저소득 국가들에서는 감소하고 있다. 세계은행에 따르면 중간소득 국가들과 저소득 국가들에서 총 빚[채무] 상환은 2005년 총 GDP의 5.1퍼센트를 차지했다. 그런 국가들은 지금 부유한 국가들에게 자본의 순수출국이다. 결국 좀 더 가난한 국가들에서 공공 부문 빚[채무]은 고갈되어 왔으며, 사적 부문 금융의 팽창은 전지구적 시장의 가장 무던한 위기에도 취약할 만큼 눈에 띄게 불안정해졌다.

모든 곳에서, 빚짐 체제는 신자유주의적 계산들이 지금까지 시험하지 않은 체계적 한계들을 가로지르며 계속해서 확장되고 강화되고 있다. 빚짐 체제가 확장되고 심화됨에 따라, 그것은 모든 사회적 신체의 내적 분할선과 외적 경계들을 다시 그리고 있다. 빚짐 체제의 작동을 통해, 부와 빈곤의 분리는 자기 강화하는 협공으로 전환된다. 한편으로는 거대한 부가 있는 모든 곳에서 하비가 "강탈에 의한 축적"이라고 부르는 것, 즉 좀 더 간단히 말하면 "인클로저"가 있을 것이다. 이것은 공적 자원에 의해 발생되는 이윤의 사유화 이상을 의미한다. 그러한 일이 자본주의 역사 전체에 걸쳐 근본적인 메커니즘이었음에도 말이다. 인클로저는 모든 것의 사유화 ― "[토지], 물, 숲의 과일들, 관습과 꼬뮌적 협의의 공간들, 광물 기질基質, 강과 바다의 생명, 방송 전파까지 ······ "[31] 예전에는 공통으로 보유되었을 모든 재화와 자원의 전유專有 — 를 함의한다. 부자와 빈자라는 극적인 양극단에만 집중하는 대신, 우리는 소유한 자들과 빚진 자들 사이의 관계를 검토해야 한다. 다른 한편으로는, "익스포저"[노출][32] 역시 유사하게 사적 기업들이 공적 기금에 의해 인수되는 리스크의 사회화 이상을 의미한다. 오늘날 익스포저[노출]는 체계가 기능하든 그렇지 않든, 모든 사람들을 돌이킬 수 없는 상실의 위험에 밀어 넣는다. 익스포저[노출]가 노동 시장 또는 상품 시장을 국제 경쟁에 개방하는 문제이든 아니면 시장 규율의 이름으로 공적 공급을 삭감하는 문제이든, 빚짐 체제는 강제 책임과 징벌적 의무의 확장을 요구한다. 이 빚짐의 협공이 더 심한 단계의 인클로저와 노출을 낳고, 따라서 국내 및 전지구적 수용收用과 빈곤화의 심화로 이어질지, 아니면 새로운 정치적 요구들 — 우리의 집합적 빚짐이 완전히 다른 용어들로 조직될 수 있다는 인식에 기초하여 — 을 촉발시킬지는 아직 두고 봐야 한다.

어느 경우에도 빚짐으로부터 연대를 구축하려고 하는 위기의 정치학은 평등과 자유의 원리만을 들먹이는 개혁과는 매

---

31. Retort, *Afflicted Powers : Capital and Spectacle in a New Age of War* (London : Verso, 2005) pp. 193~4.
32. [옮긴이] 익스포저(exposure)는 특정 주체(기업 또는 국가)와 관련하여 리스크에 노출된 금액을 말한다. 예를 들어 '그리스 익스포저'라는 말은 그리스와 관련된 모든 거래에서 발생할 수 있는 손실을 가리킨다.

우 다르게 보일 것이 분명하다. 몇몇 정부들이 더 큰 민주적 참여의 이름으로 국내의 불평등을 다룰지라도, 그리고 빈곤 감소 프로그램이 지역 생활 기준의 향상을 가져올지라도 ― 그리고 [빈곤 감소를 다루는] 어떤 전략도 모든 공식적인 [정책] 우선순위 목록에서 선순위에 있지 않기 때문에 어떤 결과도 상정될 수 없다 ― 확고한 축적 장치들은 여전히 유효할 것이다. 빚진 자들의 정치학만이 위기가 지닌 변형의 잠재력들을 이행할 수 있다. 지배적인 빚짐 체제의 급격한 붕괴와 필사적 복구가 가하는 끔찍한 집합적 처벌의 한가운데에 연대의 원천을 두면서 말이다.

한편 개혁 계획들이 논의되고 근엄한 결의안들이 통과됨에 따라, 소수를 더욱 부유하게 만들고 다른 대다수를 더욱 가난하게 만드는 기구 전체는 각 국가 내에서뿐 아니라 세계 체계 도처에서 이유나 변명을 기다리지 않고 계속해서 자신의 작업을 진행하고 있다.

영구 평화의 경제적 귀결

전쟁은 공통적인 것이고 투쟁이 정의이며, 모든 것은 투쟁과 필연에
따라서 생겨난다는 것을 알아야만 한다.

— 헤라클레이토스, 단편 80

"전쟁은 공통적이라는 것을 알아야만 한다 ─" 헤라클레이토스의 말은 이렇게 시작한다. "당신은 알아야만 한다 ─" "사람들은 깨달아야만 한다 ─" "Il faut connaître ─" "Man soll aber wissen ─" 그 단편은 차단과 주장으로 시작한다. 의견 충돌은 이미 진행 중이며, 갈등은 이미 시작되었다. 우리는 헤라클레이토스가 누군가(아마도 호메로스)와 논쟁하는 것을 들을 수 있지만, 그것은 마치 자기 자신과 논쟁하는 것처럼 들리기도 한다. 그 단어들 자체가 단편에서 서로를 정의하려고 투쟁한다. 자신의 차례에 쓰러뜨려지기 전에 다른 용어를 꼼짝 못하게 누르는 용어, 조화를 이룰 수 없는 일련의 등식들[이 있다.] 이 선언[단편의 주장]조차 단편이 이야기하는 투쟁strife으로부터 전혀 자유롭지 않다. 그것이 그 단편이 늘 매우 공격적이고 불확실한 것처럼 들리는 이유이다. 그것은 세계가 언젠가 평화롭게 되기를 바랐을 사람들뿐 아니라, 우리의 지혜가 그렇게 만들 수 있기를 바랐던 사람들까지 도발한다. 헤라클레이토스는 다른 식으로 주장한다. 그가 주장하기를, 투쟁 없이 일어나는 일은 없고, 지식은 모든 다툼에 가담한다 ─ 그리고 편을 든다 ─ 는 것을 알아야만 한다. 고상한 이상도 멋진 비유도 우리의 불화를 해결할 수 없다. 즉, 다르게 말하면, 당신이 지구

---

1. [옮긴이] 여기서 공통적인 것은 전쟁이 누구에게나 피할 수 없는 문제라는 의미로 쓰였다.

상에서 평화를 발견했다고 생각할 때마다, 코앞에서 격렬한 다툼을 만나게 될 것이다. 왜냐하면 당신도 그것의 일부이기 때문이다.

이 교훈은 특히 서구의 선량한 시민들에게 적합한 것으로 보인다. 그들 중 다수는 자신들의 사적인 평온의 시기들을 지구 평화의 궁극적인 실현으로 오인하는 경향이 있다. 지구가 — 인도주의적 사업이 말끔히 정리하려고 하는 몇몇 최종 요소들, 해결되지 않은 종족 불안의 몇몇 사례들, 일부 충격적인 잔혹 행위들, 그리고 가끔씩 일어나는 다국적 정치 행동은 제외하고 — 고요한 번영이라는 최종적 상태를 향해 작동해 왔다고 가정하는 사람들과는 반대로, 갈등의 단층선들이 도처에 퍼져 가는 것에 주목해야 한다. 전쟁의 최전선들은 한눈에 다 보이지 않을 수 있지만, 그 전선들은 가정과 작업장을 가로지르고, 거리를 따라 시골 너머로, 도시 지역과 농촌 지역의 구역들을 에워싸며, 중첩된 관할권과 세력권을 통해 모든 곳에 영향을 미친다. 전쟁의 최전선들은 강제 이주와 탈출 행위를 통해 앞뒤로 엮여 있으며, 영토 약탈과 무력 위협, 외과적 공격surgical strikes 2, 그리고 대규모 전략 지대에 의해 지워지고 겹쳐진다. 평화의 시대 — 전쟁이 최종적으로 배후지로 국한되거나 세밀하게

---

2. [옮긴이] 특정 목표만을 겨냥하여 신속하게 진행하는 공격. 국부 공격이라고도 한다.

조정된 범위 내로 관리되는 ─ 라고 홍보되었던 것은 평화의 시대가 아니라 오랫동안 형성 중인 일반화된 폭력의 체계로, 평화가 여전히 불안정하고 찾기 힘든 예외로 ─ 세밀한 연출에 의해서만 ─ 남아 있는 걱정스러운 세계로 인식되어야 한다. 지구 평화를 지킨다는 명목하에 가장 강한 전투원들은 독점적 특권과 함께 영구적인 비상 권력을 주장해 왔다.

어떤 사람들은 그래서 새로운 게 뭐냐고 물을지도 모른다. 어쩌면 모든 사회 질서는 해결할 수 없는 갈등으로 끓어오르고 있는지도 모른다. 어쩌면 평화와 전쟁 간의 경계선은 설정될 수 없을지도 모른다. 바로 그것이 사회 질서 자체의 경계를 정하고 정당화하기 때문이다 ─ 모든 정치는, "친구들"이 분쟁을 판결하는 장소를 한정하고 "적들"을 몰아내는 선을 긋는 것으로 시작한다. 그것이 사실이라면, 중재자들은 어떤 갈등에 대한 최종적인 합의를 절대 기대할 수 없다. 그들은 세계를 세계로 만드는 끊임없는 투쟁을 다루기 위한 특정 전략들을 규제하고 승인하려고 노력할 수 있을 뿐이다. 평화 유지가 영토와 인구에 대한 광범위한 통제를 요구하는 한, 사실 평화 선언은 전쟁 선언보다 훨씬 더, 가장 강력한 전투원들에 의해서만 공언되고 집행될 수 있다. 그러한 이유로 어떤 철학자들은 사람들이 항구적 평화에 대한 갈망에서 깨어날 수 있도록 수 세기 동안 노력해 왔다. 그것은 엄청난 압제를 통해서만 성취될 수 있기 때문이다. 최근 들어 그 주장은 더욱 압축되었다. 이제 우리는 평화에 대한 욕망 그 자체가 어떤 유토피아적 열망처럼 완전히 압제적이라는 말을 듣는다. 이 사실에 익숙해지라는 말도 듣는다. 역사는 절대 쉬지 않고 언제나 문제를 일으킨다.

그런가? 정말로 역사는 철학과는 대조적으로 평화의 불가능성을 보여 주는가? 최근의 대차대조표들은 좋아 보이지 않는다. 역사가들은 20세기 내내 세계는 전면적 평화를 불과 2년 내지 3년밖에 누리지 못했다는 의견을 내놓았다. (그 극소수의 몇 달은 1920년대 후반 어딘가에서 흘러간 것으로 보인다.3) 전쟁의 수행에 관한 한 근대 사회는 지칠 줄 모르고 왕성했다. 학살 기법들은 오래전에 모든 전략적 목표들을 능가했다. 동시에 전략적 목표들의 추구는 이제 대규모 집단에서부터 가장 친밀한 관계들에 이르기까지 사회적 삶의 모든 차원에 침투한다. 모든 전쟁은 집에서 시작한다. 사람들은 메타포 없이도 주체성의 "무장"과 "장갑"裝甲에 대해, 일상생활의 전술적 간계에 대해, 싸워서 얻을 수 있는 모든 것을 두고 경쟁하는 끊임없는 훈련과 전투태세에 대해 말할 수 있다. 이 영구적인 분투와 획책은 깊이 주입된 방어와 결합하여 현대 주체성의 근원적인 조건이 되었다. 정확히 그 장갑은, 사회적 이상理想의 지위로 격상된 성공에의 의지는 한이 없다는 것을 인정하지 않는 것으로 이루어

---

3. Eric Hobsbawm, *The Age of Extremes* (New York : Vintage, 1996), p. 13 [에릭 홉스봄, 『극단의 시대 : 20세기 역사 (상)』, 이용우 옮김, 까치글방, 2008, 29쪽].

져 있다. 사람들이 **호모 에코노미쿠스**[경제인]가 주체성의 기본 양식이라고 말할 때, 그들은 전쟁의 확산된 유형이 인류의 사회적 삶에 영구히 자리 잡게 되었다고 단언하는 것이다. 그러나 경쟁적 충동은 이른바 자연 상태와는 아무런 관련이 없다. 일상적인 공격성은 승화 sublimations에 의해 고갈되어 알아보기 힘든 태도, 기구 전체가 허물어지기 전에 전리품을 차지하려고 열망하는 문명화된 사람들의 고도화된 태도가 되었다.[4] 전쟁의 시대에는 사람들이 함께 일하고 희생해야 한다는 생각은 뒤집혔다. 정반대로 끝없는 전쟁은 그것이 새로운 부유富裕화 계획들과 새로운 소비 활동들을 가능하게 할 때에만 싸울 가치가 있는 것으로 보일 것이다.

전쟁 수행은 1914년(총력전)부터 1939년(전격전), 1945년(히로시마) 등과 "외과적으로" 효율적인 걸프전에 이르기까지 줄곧 잇따라 질적인 도약을 겪었다고 흔히 이야기된다. 걸프전은 장 보드리야르 Jean Baudrillard의 유명한 선언처럼 인식 가능한 역사적 사건으로서는 전혀 "일어나지 않았다"고 할 만큼 서구의 청중들에게 아주 훌륭하게 상연되었다.[5] 보드리야르의 테제를 가장 잘 확인해 주는 것은 서구 언론이 1991년 이후 이라

---

4. 냉소적 주체의 "무장해제" 가능성에 대해서는 다음을 보라. Peter Sloterdijk, *Critique of Cynical Reason*, trans. Michael Eldred (Minneapolis : University of Minnesota Press, 1987), p. 379.

5. Jean Baudrillard, *The Gulf War Did Not Take Place*, trans. Paul Patton (Bloomington : Indiana University Press, 1995).

크에 대한 미국/영국의 군사적·경제적 "봉쇄"를 상습적인 폭격과 대규모 민간인 사상자에도 불구하고 절대 전쟁으로 기록하지 않았다는 사실이다. 그런 의미에서 걸프전은 일어나지 않았으며, 일어나지 않기를 멈춘 적도 결코 없다. "경제 제재"가 전쟁의 한 종류로 간주되어야 하는지에 대한 질문은 공적인 논의에서 충분히 다루어지지 않았다. 경제 제재가 전쟁의 아주 주변적인 양상으로 보이기 때문이 아니라, 그것이 오늘날의 경제 체계의 일상적인 잔혹한 양상들에 대해 너무 노골적으로 이야기하기 때문이다. 다른 한편 최근 수십 년 사이의 주요 살육 경쟁들 ― 르완다, 시에라리온, 체첸을 떠올려 보라 ― 은 또 다른 의미에서 "일어나지 않았다." 무엇보다 그것들이 우선 전지구적 공적 관심사가 되었던 적이 없는 전지구적 파국들처럼 뒤늦게 알려졌기 때문이다. 그러한 사건들의 체계적 원인에 대한 지각이 없다면, 멀리 떨어진 지역에서 벌어지는 폭력의 스펙타클은 주로 우리에게 수동성을 심어 주는 데 기여한다. 그래서 우리가 이 경험들로부터 얻을 수 있는 중요한 교훈은 부정적인 것이다. 아주 많은 살육이 아주 많은 장소에서, 화면에서 그리고 화면 밖에서, 일반화된 폭력의 체계로 인식되지 않고 계속될 수 있는 것이야말로 근본적인 역사적 사건이다.

통상적으로 "내전"이지만 실질적으로는 "세계 전쟁"이었던 충돌들(걸프전, 발칸 전쟁, 콩고 전쟁)도 포함해서, 1990년대와 2000년대 초반의 어느 시기에도 50개와 66개 사이의 전쟁이 어디선가 벌어지고 있었다.[6] 그 통계는 둘 또는 그 이상의 조직된 부대 사이의 교전 행위만을 계산하지만, 우리 시대에는 어쩌면 그 정의를 충족하지 않는 반영구적인 전쟁 상황의 확산이 가장 두드러지는 것인지도 모른다. 지뢰가 매설된 풍경들, 자유롭게 활동하는 무장한 갱들, 대리 군대와 사설 군대들, 경찰-감옥 산업 복합체들, 아파르트헤이트 체제들, 청소 작전들[7], 군사 봉쇄들, 그리고 말할 것도 없이 (핵무기든 생화학 또는 재래식 무기든) 대량 살상 무기들이 제기하는 무차별적인 위험들에 대해 생각해 보라. 위험의 범위는 불균등하게 분포되어 있으며 동시에 완전히 세계적이다. 공식 보고서들이 알려주는 더 중요한 점은 전쟁은 "불균형적으로 가난한 국가들에서 일어나며" 전사자의 90퍼센트는 비전투원이라는 것이다. 전쟁이 어떻게 정의되든, 사망자와 부상자 그리고 실종자가 — 전투병으로 징집되든 아니면 장애물로 표적이 되든 — 가난한 사람들일 가능성이 아주 큰 것은 변치 않는 사실이다. 전투에 참여하는 사람들과 난민으로 피난하는 사람들은 지도에서 간단히 지워지는 사람들이나 다름없이 비가시적으로 된다. 그것이 전쟁의 "지구화"를 이해하는 하나의 방법이다. 사회적 폭력의 행사는 시민 질서나 국가 권력의 경계를 사실상 개의치 않게 되었고, 결국

---

6. World Bank, *World Development Report 2000/2001 : Attacking Poverty* (Washington, D.C. : World Bank, 2000), p. 50.

7. [옮긴이] 인종, 종교 등을 내세운 대량 학살.

모든 사람을 겨냥하거나 누구도 겨냥하지 않는다. (에티엔 발리바르Étienne Balibar는 "극단적 폭력"이라는 용어로 이러한 상황에 대해 이야기했다. 여기서 세계는 "삶의 지대"와 "죽음의 지대"로 분할된다.8) 그렇지만 가장 직접적인 폭력 행위들조차 보다 널리 전송하기 위한 이미지로 전환되어 중계된다. 사람들은 "메시지를 보내기 위해" 살해된다. 어떤 사람들은 쓰고 버리는 "무명인들"로 죽어서 밤중에 사라진다. 또 어떤 사람들은 잘 홍보된 격변 속에서 제물로 바쳐진 "모든 사람들"로 죽는다. 살육에 대한 이러한 양식화된 대화는 일간 뉴스의 표준 사양이 되었지만, 누가 메시지를 보내는지, 또는 누구에게 보내는지, 또는 그것이 무슨 의미인지가 항상 분명한 것은 아니다. 국가들, 신념들, 또는 "문명들" 간의 전지구적 대화라는 수준으로 격상된 폭력의 행사는 더 이해할 수 없게 될수록 더 자주 사용되는 유일한 언어이다. 그것이 전쟁의 전 세계적인 조직화에 텔레비전이 필수적인 보충물의 역할을 하는 이유이다. TV 화면은 이따금씩 소수의 희생자들의 얼굴을 보여 주면서, 크고 작은 모든 살인자들이 자신들의 위협을 최대한 퍼뜨리는 게시

---

8. Étienne Balibar, "Outline of a Topography of Cruelty : Citizenship and Civility in the Era of Global Violence," in *We, the People of Europe? : Reflections on Transnational Citizenship*, trans. James Swenson, (Princeton : Princeton University Press, 2004), pp. 115~32 [에티엔 발리바르, 「잔혹성의 지형학에 관한 개요 : 세계적 폭력 시대의 시민성과 시빌리티」, 『사회운동』, 2004년 6월호].

판으로 기능한다. 그곳은 위협이 위협이 되는 곳이다. 즉 위험에 빠져 있다는 감각이 끝도 없이 공격 약속으로 바뀌는 곳이다. 텔레비전은 발송자로 알려진 이들과 그 수취인들이 들을 수 없거나, 들으려 하지 않거나, 또는 이미 목숨을 잃은 경우에도, 중대한 메시지가 발송되었음을 보도한다.

　아마도 전쟁 수행에서 결정적인 기술적 약진은 군사 장비가 아니라, 전쟁을 그 계획자와 전투원, 희생자, 그리고 청중에게 거의 "현실적인" 것으로 만드는 ― 군사장비 못지않게 인상적인 ― 텔레커뮤니케이션 체계들에 있을 것이다. 전략을 짜는 사람과 전투를 하는 사람, 죽는 사람, 그리고 앉아서 시청하는 사람 사이의 거리는 점점 더 조작 가능하고 비교할 수 없는 것으로 되어 가고 있다. 물리적 폭력을 투사하는 기법들이 확장됨에 따라, 정신적·상징적 힘을 전달하는 수단들도 확장된다. 간단히 말해서 모든 군사 전략은 미디어 전략을 필요로 한다(그리고 그 역 또한 같다). 명백한 방식으로, 전쟁은 국민과 동맹국을 하나의 전투부대로 결속하기 위해, 그리고 다른 한편으로는 적을 식별하고 무너뜨리기 위해 항상 "미디어 전략"을 필요로 해 왔다. 그러나 미디어 전략들은 문화 그 자체와 마찬가지로, 단일 전선을 따라 작동하지 않는다. 미디어 전략들은 생산력과 법적 제도를 집단 정체성과 리비도적 충동에 봉합하는 모든 종류의 전후 운동들을 수반한다. 미디어 전략들은 동기부여나 설득이라는 배경 과정들에 국한되지 않는다. [미디어] 전략들은 이미 거기에 있는 것을 단순히 조직하는 것이 아니다. [미디어 전략들 속에서] 온갖 종류의 사회적 신체들은 다소 효과적인 공격 및 방어 수단들과 물질적 힘의 실제적인 배치들로서, 전략적으로 구성되고 경쟁한다. 그것이 결정적인 정치적 지점이다. 미디어 전략들은 법적 절차들에 의거하지 않는 "합법화"를, 민주적 절차들에 의거하지 않는 "대중의 위임"을, 당면한 특정 과제를 넘어서 지속될 필요가 없는 "보편적 원리들"을 생산하면서, 이제 **부재중에** 입헌적constitutional 기능들을 수행한다.

그러한 상황에서 어떤 군사력이 정치 유권자들이나 경제적 이해관계 또는 인간적 가치와 어떻게 관련이 있는지는 점점 더 흐릿해지고 있다. 그 관련성은 표현되고 강화되어야만 한다. 즉 뒤집어 말하면 친구와 적 사이의 구별이 구조적으로 불안정하게 되거나 대체 가능하게 될 때, 그리고 발전된 군사 기술이 과잉 사상자와 부수적 피해를 낳지 않을 수 없을 때, 미디어 전략들이 어떻게 필수적으로 되는지를 이해하는 것은 너무나 쉽다. 잠재적 적들에 대한 끝없는 수다 속에서, 우리는 항상 국민과 그 지도자 간의 차이에 대한, 또는 중요한 무역 상대국과 그 비우호적인 정부 간의 차이에 대한 강조를 듣는다. 무고한 희생자들의 삶을 위협하는 와중에도, 마치 그러한 구별을 통해 그들로부터 미리 용서를 구할 수 있기라도 한 것처럼 말이다. 그리고 우리가 미국에서 거듭 본 것처럼, 군사 행동에 대한 "공중의 지지" 확립을 놓고 벌어지는 TV 토론들은 실제로는 전쟁에 돌입하기 위한 정치적 선결 조건이 아니라, 전쟁의 미디어 전략들이 이미 시작되었다는 가장 분명한 징후이다. 전쟁을 시작하기 위해 "국내 합의"를 도출하는 일은 불필요할 뿐 아니라, 벌어진 전쟁에 대한 "국제 합의"에 도달하는 일은 불가능하다는 것이 밝혀졌다. (또 전쟁을 끝내자는 국내 합의가 어디선가 전쟁의 끝이 보인다는 것을 의미하는 것은 아니며, 침공에 반대하는 국제 합의는 어깨를 으쓱거리며 무시할 수 있다.) 오늘날 전쟁은 스펙타클한 미니시리즈로 또는 완곡어법과 검열의 외투를 걸치는 것과 같은 모든 방식들로 포장될 수 있다. 어떤 것들은 장기적인 마케팅 캠페인을 통해 미리 과대 광고되는 반면, 또 어떤 것들은 최악의 사태가 벌어지고 한참이 지나서야 겨우 뉴스가 된다. 밤낮없이 계속되는 공포의 자극 혹은 의도적인 무시. 이것이 미디어 전략가들이 제공하는 세계상의 양극이다. 이런 방식으로, 적대의 선들을 과장하거나 아무것도 없는 것처럼 가장함으로써 다양하게 진행 중인 갈등들의 실재적인 이해관계들 stakes 은 해독할 수 없게 된다.

거시적인 증거는 미심쩍은 결론을 가리킨다. 평화와 전쟁 ─ 여기서 전통적인 그 구별은 더 이상 현장의 사실들 facts on the ground 9 에 부합하지 않는 것으로 보인다 ─ 사이에서 커져 가는

---

9. [옮긴이] 추상적인 것에 대립되는 실제 상황을 의미하는 외교 용어.

혼란스러운 상황처럼 보이는 것은 실은 강대국들의 표준적인 프로그램과 정책으로 이해되어야 한다. 일반적 평화에 대한 끊임없는 호소는 사회적 삶의 모든 층 속으로 취약성과 폭력이 확산되는 과정으로 교묘하게 도치된다. 이러저러한 치안 활동의 상대적 타당성에 대한 논쟁들은 일반적으로 더 큰 역사적 과정, 즉 미국 주도의 신자유주의적 자본주의 또는 제국 ― 이것이 추구하는 잔인하고 새로운 통제 논리는 인구의 평정平定과 영구적으로 불안정하고 불균등한 개발의 관리를 필요로 한다 ― 의 출현에 대한 검증되지 않은 승인에서 생겨난다. 1990년대는 자본이 자신의 선교사적 열정을 상실하지 않고 호황과 불황을 위태롭게 질주함에 따라 자본의 승리주의에 경탄하며 흘러갔고, 2000년대의 첫 10년은 치명적인 교착상태와 번갈아 나타나는 대대적 침공을 목격하며 흘러갔다. 이제는 시장 체계가 자원을 둘러싼 호전적 경쟁, 국경과 공급로의 요새화, 그리고 실로 새로운 공격적인 긴축 프로그램, 적대적인 "구조조정" 계획, 그리고 "창조적 파괴"의 뚜렷한 유혈 행동에 박차를 가하면서 어떻게 전지구적 전장을 가로지르는 군사력으로 스스로를 증진하고 방어하는지 물을 시간이다.

여기서 지난 200년가량에 걸친 시장 확대 추구와 전쟁 확대에 관한 오랜 역사를 말할 수 있을 것이다. 이 두 가지는 서로 정반대라는 온갖 주장에도 불구하고 말이다. 현재 우리는 이 역사의 두드러진 단계에 서 있다. 우리는 폭력으로 시장을 독식하고 그 정당성을 유일 초강대국의 수중에 독점하려는 또 하나의 시도를 막 목격했다. 그러한 시도 — 이것은 이라크와 아프가니스탄에서의 군사 행동뿐 아니라 유럽을 넘어서는 나토NATO의 [권리] 행사와 전 세계에 700개가 넘는 미군 기지의 확산까지 포함한다 — 가 천하무적과는 거리가 멀다는 것이 입증되었지만, 그럼에도 그 시도는 근본적인 방식에서 성공을 거두었다. 초강대국 전략은 적어도 지금은, 전지구적 시장에 대한 안전을 보장하기 위해 이용할 수 있는 유일한 틀로 남아 있다. 미국 정치의 측면에서, 이것은 클린턴에서 부시 주니어와 오바마에 이르는 그 근본적인 연속성을 인정하는 것을 의미한다. 도하에서 실랑이를 벌이든, 바그다드에 충격과 공포를 확산시키든, 아니면 토론토에서 G20 정상회담에 참가하든 말이다. 실제로 훨씬 더 과거로 거슬러 올라가 그 역사를 추적하는 게 가능할 것이다. 심지어 냉전 시기에도, 서구는 자신의 억지押止 전략을 장기적인 시장 전략으로 보완하기 시작했고, 이것은 사회주의 국가들과 제3세계 국가들을 복잡한 빚짐 규율로 훈육하는 것을 목표로 삼았다. 그 시점부터 핵전략과 시장 전략은 서로를 잘 보완했다. 둘 다 지구 전체의 미래에 대한 권리를 주장하면서, 절대적 위험을 지속 불가능한 것과 생존 불가능한 것 사이의 정교하게 가공된 협의들로 대체했다.

그러나 더 넓은 역사적 관점에서, 2차 세계대전 이래 전지구적 협치의 정치적 차원을 구조화해 온 국가 간 조정이 이제 해체되고 있는지 묻는 것이 가능해졌다. 주류 정책 논쟁의 배경 내에서 필립 보빗Philip Bobbitt은 완전히 새로운 체제dispensation가 도래하고 있다고 강력하게 주장했다. 단순히 시장 제도들과 민족국가들 사이에서 일어나는 어떤 균형의 변화가 아니라, 양자가 "시장국가들"이라는 역사상 최초의 체계로 전면적으로 전환된다는 것이다. 『아킬레스의 방패』The Shield of Achilles(2002)와 『공포와 동의』Terror and Consent(2008)에 기술된 보빗의 설명에 따르면, 도래하는 시장국가들의 사회는 독일식 변종과 일본식 변종을 수용하며, 다양한 모델을 망라할 것이다. 하지만 미국은 자신의 개방형 헌정 질서와 도덕적으로 지도되는 군사력 때문에 전체 체계를 이끌 자격을 특별히 얻을 것이다.[10] 시장국가들의 세계의 개시는 근대 국가들의 시대의 종말을 가져올 것이다. 근대 국가 시대의 장기 세기 진화는 1990년 동/서 분리의 종말과 함께 종착점에 도달했다.[11] 주로 9·11 이전에 쓰인 초기 저서에서, 시장국가 시대의 수립은 논쟁적이지만 낙관적인 과정처럼 보였다. 미국은 변함없이 자신의 도덕적 비전과

---

10. Philip Bobbitt, *The Shield of Achilles : War, Peace, and the Course of History* (New York : Knopf, 2002); *Terror and Consent : The Wars for the Twenty-first Century* (New York : Anchor, 2009 [first edition 2008]). 이후부터는 각각 SA와 TC로 표기.

11. 『아킬레스의 방패』의 역사적 계통과 투영에 대한 철저한 비판으로는 다음을 보라. Gopal Balakrishnan, "Algorithms of War," *New Left Review* 23 (September / October 2003), pp. 5~33. *Antagonistics : Capitalism and Power in an Age of War* (London : Verso, 2009)에 재수록.

헌정 질서로 20세기의 도전들을 이겨냈고, 이제 자신의 민주주의 모델에 기반한 새로운 체계의 구축을 지원할 준비가 되어 있었다. 최근 저작이 나올 무렵, 그 신생 질서는 훨씬 더 위험으로 가득 차 보인다. 전지구적 전략을 결정할 수 있는 유일한 권력으로서 미국은 이제 반대와 퇴보 그리고 테러와 매 순간 싸워야 한다. 시장국가들의 질서를 수립하기 위해 사용되는 폭력이 그것을 방어하기 위해 사용되는 폭력과 맞먹는 것 이상이 될 것이라는 점은 의심의 여지가 없다. 국가가 사회복지나 국내 자급 같은 전통적인 목표들에서 벗어나 사적 기업을 위한 토양 다지기를 지상 목표로 삼게 되면서, 시장 근본주의의 가장 극단적인 형식들이 계속해서 전개되리라는 것은 쉽게 상상할 수 있게 되었다. 그것은 정치적 선택에 의해서가 아니라 완전한 경찰 권력이 비호하는 돌이킬 수 없는 긴축 계획들을 틈타 부과된다.

보빗의 시나리오(그리고 역사적 전환에 대한 그의 가설은 동시대의 모든 논의에서 되풀이된다)에 따라 우리는 국가의 폭력 독점이 빚짐 체제에 기반하는 세 가지 방식을 구별할 수 있다.

전쟁과 빚[채무] 사이의 가장 오래되고 가장 친숙한 연관은 전투를 치르기 위한 국가의 세금과 대출에 대한 필요를 중심으로 이루어진다. 모든 국가는 직접적으로 신체와 재산을 징발하든, 아니면 간접적으로 갈수록 복잡해지는 금융 수단을 통해서든, 국민에게 전쟁 비용을 부과함으로써 국민을 전투원으로 징집한다. 1795년 칸트Immanuel Kant가 「영구평화론」에서 "화폐 권력"[Geldmacht]이 군대나 동맹보다 더 의지할 수 있는 "가장 신뢰할 수 있는 전쟁 수단"이라고 주장한 것은 기억할 가치가 있다. 그는 상비군을 유지하는 능력처럼, 부를 축적하는 국가의 능력이 이웃 국가들에게 즉각적인 위협으로 기능한다고 경고했다. 칸트는 신용 체계 또한 "공격 수단"으로 사용될 수 있다고 보았다. 신용 체계를 통해 국가는 자신이 현재 보유한 자원들을 훨씬 초과하여 군대를 늘릴 수 있고 그로 인해 재정적으로 보다 신중한 이웃 국가들보다 우위에 설 수 있기 때문이다. 따라서 칸트는 평화를 확립하기 위한 제안의 일환으로, 외채를 금지하고 금전적인 수단들을 통해 군대를 만드는 모든 국가의 능력을 제한하기를 원했다.[12] 그런 제한의 결과로 화폐 권력은 개별 국가에서 "상업정신"을 장려하고 그에 따라 모든 국가들을 무역으로 확고히 맺어진 상호 유익한 협력으로 이끌고 감으로써 "평화라는 숭고한 대의"를 제공할 것이다.[13] 칸트는 상업적 조화를 향하는 이러한 경향이 자연적 성향에 의해 보장될 거라고 가정했지만, 우리가 그것을 이룰 임

---

12. Immanuel Kant, "Perpetual Peace," in *Political Writings*, ed. by Hans Reiss and trans. by H.B. Nisbet (Cambridge:Cambridge University Press, 1991), pp. 94~5. 원문은 다음을 보라. *Zum ewigen Frieden* (Stuttgart:Reclam, 1984), pp. 5~6.

13. Kant, "Perpetual Peace," p. 114. (German edition, p. 33).

무, 즉 무역을 통해 평화를 촉진하고 그에 따라, 전쟁을 촉진할 뿐인 사적 빚[채무]이나 국가 부채를 몰아낼 보편적인 도덕적 의무 또한 선언했다.

전쟁과 빚[채무] 간의 두 번째 연계는 첫 번째 연계의 정반대이다. 전쟁을 일으키기 위해 부과되는 빚[채무]과 함께, 평화를 지키기 위해 부과되는 빚[채무]이 있다. 즉 좀 더 간단히 말하면, 승자의 빚[채무]이 있고 패자의 빚[채무]이 있다. 어쩌면 패배자의 빚[채무]은 전리품의 일환으로 지불되는 보호금이나 공물로 기술하는 것이 더 정확할지도 모른다. 칸트가 빚[채무]에 자신을 맡기는 근대국가의 능력을 차단함으로써 근대국가의 "호전적 성향들"을 억제하고 싶어 했던 것과 마찬가지로, 케인스John Maynard Keynes는 1919년 자신의 책『평화의 경제적 귀결』 _The Economic Consequences of the Peace_에서 패자에 대한 가혹한 배상금 부과가 지닌 위험에 대해 경고하고 싶어 했다. 베르사유 조약의 경제 조항에 대해 그는 강경하게 비난한다. 그는 "영원히 해마다" 독일의 가죽을 산 채로 벗기는 것을 목표로 삼은 연합국의 행위가 "문명사에서 잔혹한 승리자가 보여 준 가장 잔인무도한 행위들 중 하나"로 평가될 것이라고 생각했다.[14] 케인스는 경제 전문가들이 실시하는 치명적인 집합적 처벌 대신,

---

14. John Maynard Keynes, _The Economic Consequences of the Peace_ (New York : Penguin Books, 1995), p. 168.

다른 종류의 평화를 구상해야 한다고 주장했다. 이는 세계가 이미 단일 시장으로 통합되어 있기 때문에, 무역 파트너를 적으로 취급하는 것은 자신의 번영 또한 감소시킬 수밖에 없다는 점을 인정하는 것이다.[15] 칸트처럼 케인스에게 있어 평화에 대한 최고의 전망은 전지구적 경제의 성장에, 즉 개별 국가가 자신의 경제 문제를 해결함으로써 다른 모든 국가들을 돕는 것에 있었다. 자유주의적 상상력이 늘 가고 싶어 했던 길은 거기까지다. 국내에서는 원리상 이기적이지만 해외에서는 접근과 환대를 요구하는 코스모폴리탄 자본주의[가 그것이다].

그러한 평범한 희망들조차 이행되지 않은 채 남아 있다. 외채와 상비군 그리고 국제적 갈등의 무기로서 빚[채무]의 사용을 폐지하는 데 뚜렷이 실패했기 때문에, 자본주의적 체계는 계속해서 군사력과 시장력market power 사이의 불안정한 격차들을 발생시키고 있다. 보빗의 시장국가 비전에서, 그러한 긴장들은 무시되기보다 오히려 수용되어야 한다. 평화유지의 임무를 맡은 탈중심화된 경제 체계와 불균형한 군사력 간의 양립 불가능성에 대해 걱정하는 대신, 우리는 국가 기반 제도들에 기대지 말고 개인적 이해관계와 전지구적 전략을 화해시킬 수 있는 새로운 종류의 비영토적 주권의 출현을 상상해야 한다. 법의 지배는 이제 더 이상 국가들 또는 사람들이 평등하다

---

15. *Ibid.*, p. 295.

고 상정하지 않는 다양한 과제들에 전념할 것이다. 첫째, 미국 권력의 예외적 지위를 보장하는 것, [둘째], (특히, 최대한의 재산권 유동성과 통화 태환성을 보장하면서) 자본의 전달 메커니즘을 지키는 것, 셋째, 사적 개인들에게 "기회"의 대기大氣를 제공하는 것. 그럼에도 다가오는 새로운 질서로의 이행은 중대한 문제를 제기한다. 국가 형태가 지닌 법적·정치적 기능들이 기업에 위탁되거나, 지역 단체에 위임되거나 혹은 아직 만들어지지 않은 지구적 기관에 양도되면, 어떻게 체계의 지시를 집행할 수 있을 것인가?

보빗은 명백히 이 문제에 사로잡혀 있으며, 적절하게 갱신된 용어들로 "동의"와 "정당성"의 개념을 재공식화하는 데 많은 노력을 기울인다. 하지만 전적으로 미디어 전략들이 부여하는 이 가치들이 공허한 동어 반복으로 환원되어 버렸다는 인상을 피하기는 어렵다. [즉,] 동의는 동의의 외관을 생산할 수 있는 모든 권력에게 정당성을 부여한다. 어쩌면 "동의"의 개념은 주체적 지향을 정치적 영역(동의의 퇴화된 상징적 의례, 정당 등과 함께)에서 벗어나 경제적 영역(여기서 동의는 교환 규칙을 따르는 사전 합의를 의미한다)으로 쏠리게 하는 "의무"로 표명되는 것이 더 적절할지도 모른다. 시장국가는 불완전한 정치적 실체들에 대해 사람들이 지니고 있는 시대에 뒤떨어진 의무들을 덜어 주면서, 오직 생존 가능성을 위해 세계적 규모로 경쟁해야 하는 무제한적 의무를 제공한다. 우리가 듣기로는 테러리스트를 제외한 모든 사람이 이 해방을 환영할 것이다. 테러리스트는 배은망덕하게도 시장국가들이 제공하는 자유를 이용하여 상업의 흐름을 혼란에 빠뜨리고 전지구적 경찰의 권위에 도전할 것이다.

이 프로그램에는 수사적/이데올로기적 분기점이 넘쳐 난다. 한편에서는, 보편적 수준에서 체계를 안전하게 보호할 수 있는 권위를 주장할 필요가 있다. 이것은 지역의 이반 또는 대립이 그 패권을 곤란에 빠뜨리지 못하도록 보장한다. 다른 한편에서는, 다양하게 구성된 유권자들에게 상이한 보편적 어조로 호소할 필요가 있다. 이것은 시장 경쟁의 불확실성을 수용하는 것이 지닌 개인적 이점을 강조한다. 앞서 기술한 미디어 전략들은 이제 구경꾼들이 시대의 거대한 전쟁에 자신이 휘말려 있음을 발견하는 결정적 고리로 인식될 수 있다. 이 전쟁은 대항세력 ─ 국가나 그런 체계를 거부하는 사람들뿐 아니라 민족국가의 특권을 포기하는 것을 거부하는 사람들까지 포함하는 범주 ─ 에 맞서 시장국가의 지배를 유지하기 위한 싸움이다. 여기서 세 번째 유형의 빚짐이 등장한다. 자신을 시장국가의 자유로운 행위자 및 기업으로 그리고 싶어 하는 모든 이들은 세계를 기회의 무대로 개조하는 데 필요한 비용이 얼마나 들든 그것을 지불하는 것에 사전에 동의해야 한다. 실제로 그러한 책임은 무조건적이고 끝이 없다. 왜냐하면 그것은 끝없는 전쟁 비용뿐 아니라 그 합의에서 누락된 모든 사람들을 매수하거나 구속하는 비용까지 포괄해야 하기 때문이다.

군사 전략들과 미디어 전략들이 공동전선을 펼치는 방식을 엿보기 위해서, 우리는 미국 국가안보전략NSS의 최근 두 문서에 의지할 수 있다. 하나는 2002년 9월 부시 주니어 행정부가 발행한 것이고, 나머지 하나는 2010년 5월 오바마 행정부가 발행한 것이다. 1986년부터 국회의 지시로 생산되는 이 국가안보전략 문서들은 연례 예산 과정의 일부이지만, 실제로 이 문서들은 최근 행정부에 의해 산발적으로만 발행되었다. (레이건 행정부를 시작으로 아홉 개의 문서가 발행되었다. 1987, 1988, 1990, 1991, 1993, 1994, 1997, 1999, 2002, 2006, 그리고 현재 2010).[16] 이 문서들의 표면적인 목적은 특정 예산의 우선순위를 옹호하는 것이지만, 주의doctrine의 양식화된 진술로 진화하여, 군대와 경제 조직 그리고 전지구적 질서 간의 관계에 대해

---

16. 2006년 부시 집권 2기 국가안보전략은 2002년 보고서와 동일한 제목을 중심으로 구성되어 있다. 사실 그것은 일종의 경과 보고와 유사한 것으로, 2002년 보고서의 목적을 재논의하고, "임무 완료"를 반복해서 주장한다. "지구화"라는 제목을 단 완전히 새로운 절이 있지만, 그것은 이전에 반복된 자유무역 복음과는 아무런 관련이 없다. 그것은 대신 불법거래와 에이즈 그리고 환경 재앙을 다룬다. 마치 부시 행정부가 지구화 현상을 그것의 보다 심각한 영향들을 통해서만 기록하는 것처럼 말이다. 이 어색한 포함은 그 문서 도처에 배치된 시장 수사와 군사적 수사들 간의 해결되지 않은 모순의 징후로 독해될 수 있을 것이다. 물론 1999년 클린턴 행정부의 국가안보전략은 상당한 정도로 부시와 오바마 행정부의 문서를 위한 초기 리허설처럼 보인다. 그것은 "안보 향상"과 "경제적 번영의 개선" 그리고 "민주주의와 인권의 고양"이라는 세 가지 주제를 바탕으로 구성되어 있다.

공식적인 해명을 발표한다. 그 텍스트의 각 판본은 무기화된 수사를 동원하며 그것을 통해 제국적 통치의 혼란스러운 실재는 기업의 사업 설명서와 유사한 것으로 가공되었다. 냉소적인 관찰자에게 공식적인 폭력에 대한 해명이 전혀 없는 것은 놀라운 일일지도 모른다. 도널드 럼스펠드Donald Rumsfeld가 좋아했던 말처럼, 그것이 현실이다. 그러나 국가안보전략이, 정당화와 동의를 응답의 형태로 제공할 수 있거나 제공하는 어떤 정치 커뮤니티도 다루지 않는다는 것은 분명해 보인다. 대신 그것은 동맹국과 경쟁자, 친구와 적을 아우르는 다양한 청중을 겨냥하여 불가피하게 혼합된 메시지로 독해되어야 한다. 우리가 살펴볼 바와 같이, 각각의 텍스트는 모순적인 그리고 심지어는 일관성 없는 이데올로기적 수행을 표현할 수밖에 없으며, 이러한 방식으로 각각의 텍스트는 미디어 담론과 시장 논리가 미국 권력의 행사를 중층결정하는 전형적인 사례로 기능한다.

2002년 국가안보전략은 조지 부시의 전면적인 일방주의 선언으로 유명해졌다. 2010년 국가안보전략은 이전 행정부의 입장에 대한 오바마의 전환, 심지어 부인으로 환영받았다. 그것을 간단한 연속성으로 취급하는 것이 순진한 것과 마찬가지로 그것을 반대되는 것으로 취급하는 것도 너무 순진한 짓이다. (타리크 알리Tariq Ali가 아주 명쾌하게 주장했듯이, 현장ground의 오바마는 전혀 부시를 번복하지 않았다.[17]) 수사적/이데올로기적 수준에서 보면 두 텍스트는 역설적으로 상호보완적이다. 부시의 텍스트는 공격적인 자세를 드러내 우리가 그것을 실재적 위협으로 인식하도록 한다. 그것이 이상, 권리 등의 표준 용어로 표현되어 있다 해도 그것 중에 우리가 실제로 믿을 수 있는 것은 없다. 오바마의 텍스트 역시 본질적으로 거창한 문안을 제시하며 우리에게 그 말을 곧이곧대로 들을 것을 요구한다. 그 텍스트가 군국주의적 자세를 주의를 산만하게 만드는 형식적인 것으로 경시하긴 하지만 말이다. 두 문서는 모두 연설문 작성자가 갈고닦은 산문체로 쓰여 있으며, 이것은 코카콜라나 메릴린치 광고에나 어울릴 법한, 모든 것을 극복한다는 낙관주의의 변함없는 핵심을 고수하면서 당파적 문구들을 충실히 재생산한다.

2002년 국가안보전략은 아주 짧은 글이다. 부시의 서명이 들어간 3쪽짜리 서문을 포함해서 31쪽에 불과하다.[18] 그것은

---

17. Tariq Ali, "President of Cant," *New Left Review* 61 (January/February 2010), pp. 99~116. 다음의 글도 보라. "Social Work with Guns," Andrew Bacevich, *London Review of Books*, December 17, 2009, pp. 7~8. 그 증거는 늘어나고 있다. 2010년 국가안보전략 발행을 바로 1주일 앞두고, 오바마 행정부가 중동과 중앙아시아 그리고 아프리카 북동부에 걸친 "비밀 군사 행동의 광범위한 확장"을 승인한 것이 보도되었다. 그것은 "보다 체계적이고 장기적인 측면에서 그런 노력을 기울이는 것"을 목표로 한다.(Mark Mazetti, "U.S. Is Said to Expand Secret Actions in Mideast," *New York Times*, May 24, 2010.)

18. White House, *National Security Strategy of the United States* (2002 edition). 본래 온라인으로 제공된다. whitehouse.gov (접속일자 : 2002년 10월 12일).

거창한 정점에서 출발하여 신중한 저점으로 갔다가 다시 돌아 간다. 미국의 "전례 없는 ─ 그리고 필적할 것이 없는 ─ 힘strength 과 영향력"에 대한 찬양과 "인간 존엄성"에 대한 호소로 시작 해서(1절과 2절), 전지구적 테러리즘과 지역 분쟁 그리고 대량 살상 무기의 위협을 열거하고(3~5절), 그러한 위협에 대해 전 지구적 자유무역, 개발의 선순환, 그리고 강대국들 간의 협력 에 대한 전망으로 응답한다(6~8절). 원점으로 돌아와서 그 문 서는 결국 "미국의 군사력"에 대한 노골적인 긍정과 미군 주둔 을 전 세계로 확장하는 계획들로 끝을 맺는다. 가장 마지막 행 에서 이 계획들은 시장 활력과 군사력의 연관성에 대한 준準신 학적 주장에 입각하고 있다. "다양한 현대 사회는 타고난, 야심 에 찬, 기업가적 에너지를 갖고 있다. 우리의 힘은 우리가 그 에 너지를 가지고 무엇을 하느냐에 달려 있다. 그것이 우리의 국가 안보가 시작되는 지점이다."[19] 그 문서는 경제 권력이 제국 권 력으로 전환되는 문턱에서 끝난다. 모든 "현대" 사회가 기업가 적 에너지를 보유할 수는 있지만 (이것은 전지구적 경제를 위 한 도덕적 기반이다), 미국은 그 에너지를 초월적 힘strength을 창조하는 데 사용한다. 어떻게든 모든 국가들을 결속시킨다고 여겨지는 바로 그 힘force이 미국을 유일무이하게 지배적으로 만든다.

---

19. NSS 2002, p. 31.

부시 대통령이 이라크에 대한 이의 제기를 유엔에서 논의한 뒤 8일 만인 2002년 9월 20일, 부시 백악관이 첫 번째 국가안보전략을 공개했을 때, 『이코노미스트』는 그것이 "아무런 새로운 대외 정책 이데올로기도 제안하고 있지 않음"에도 불구하고, 그것을 "오랫동안 생산된 가장 중요한 지정학적 문서들 중 하나"라고 불렀다.[20] 역설적으로 들리지만 정확한 말이다. 다시 말해서 2002년 국가안보전략이 중요했던 이유는 그것이 미국 정책의 방침을 바꾸어서가 아니라, 그 전략의 공개 발표 용어들을 재설정했기 때문이었다. 좀 더 정확하게 말하면, 그것은 신자유주의적인 시장 전략들과 신보수주의적인 초강대국의 자세 사이의 (클린턴에게서 물려받은) 간극을 무너뜨리면서, 경제적 우선순위와 군사적 우선순위 사이의 모순을 절합했기 때문에 중요했다. 그러면 왜 "부시 독트린"의 상당 부분이 클린턴이 발행한 유사한 문서들과 구별하기 어려웠을까? 헤드라인을 장식한 혁신 — 선제 군사 공격 권리에 대한 노골적인 주장 — 은 정말로 새로운 것이었을까? 그리고 백악관이 2002년에 이미 주요 군사 전략을 결정했다면, 왜 명분을 제시할 필요를 느꼈던 것일까? [우리는] 유엔 회의라는 완전한 서커스와 "전시용"으로 날조된 증거를 묵살하기보다는, 다른 측면에서 그

---

20. "Unprecedented Power, Colliding Ambitions," *The Economist*, September 26, 2002, p. 27.

문제에 접근하는 것이 더 좋을 것이다. 도대체 그들은 왜 쇼를 해야 했는가? "도덕적 그리고 법적" 명분들이 판결받을 수 있는 유일한 무대인 "공공 영역"이 모든 효과적인 응답성의 메커니즘을 상실하고 대항권력의 민주적 형식들과 분리되어 있다면, 왜 부시 행정부는 겉치레 게임을 했는가? 왜 그런 권력은 자신을 문명화된 존재는 물론, 정당성 있는 존재로 드러내길 원하거나 그럴 필요를 느끼는 것인가? 누구의 시선에 따라 [그렇게 행동하는 것인가?

급진적 그룹 〈리토르트〉Retort가 9·11 이후의 상황을 기술한 바와 같이

> 국가는 미친 야수처럼 행동할 수 있다⋯⋯ 그리고 여전히 제멋대로 한다. 국가는 규칙적으로 그렇게 한다. 그러나 현재의 광기는 색다르다. 스펙타클의 차원은 이전에는 한 번도 관할 구역을 다스리는 일에 아주 명백하게, 아주 눈에 띄게 개입하지 않았다. 그리고 스펙타클의 정치는 패배의 그늘 ─ "역사 지식" ─ 속에서 이루어진 적이 한 번도 없었다. 군사적-산업적-엔터테인먼트 복합체의 어떤 새로운 변종이 혼란 속에서 출현할지는 두고 보아야 한다.[21]

---

21. Retort, *Afflicted Powers : Capital and Spectacle in a New Age of War* (London : Verso, 2005), p. 37. "영구 전쟁" 장(章)(pp.78~107) 그리고 사실상 책 전체가 포스트 9·11 상황에 대한 긴요한 해설을 제공한다.

이러한 관점에서 보면, 2002년 국가안보전략에 퍼져 있는 혼란스러운 오만의 한 가닥이 선명하게 드러난다. 위험이 만연해 있다는 그 문서의 언급은 상상적 명령이 전략적 사고를 조직하는 지점을 정확히 나타낸다. (다시 한번, 전장 지휘관과 채권 거래인은 같은 식으로 말한다.) 실제로 국가안보전략은 무력 사용에 **반대**하는 어떤 이유도 절대 자세히 설명하지 않으며, 무력 사용을 정당화하는 — 특정한 위협들과 부상하는 위협들 그리고 "문명의 적들"이 지닌 불특정한 적대적 행동을 망라하는 — 광범위한 근거들을 개괄한다. "가장 심각한 위험"은 "급진주의와 기술의 교차점에 있고", 거기에서 "개인들의 그림자 네트워크들은 탱크 한 대를 구입하는 것보다 적은 비용으로 우리나라에 거대한 혼란과 고통을 안겨줄 수 있다"는 말을 우리는 듣는다. 이러한 위협의 깃발 너머로, 완전한 대열을 갖춘 위험들이 흐릿하게 나타난다. "다른 거대한 힘", "강한 국가", "약한 국가", "실패한 국가", 그리고 "적의를 품은 소수"로부터 [나타난다]. "우리가 들어선 새로운 세계에서, 평화와 안전에 이르는 유일한 길은 행동의 길이다."[22]

행동을 취한다는 이 전면적인 위협은 많은 논평자들의 주의를 끌었다. 이것은 이라크에 대한 선제공격의 필요성과 관련된 특정 주장들을 훨씬 뛰어넘는 것이었다. 그러한 상황에

---

22. NSS 2002, pp. iv~v.

서, 국가 자신이 게릴라들의 무모함과 만행에 대적할 수 있다고 "활동하는 게릴라들"에게 경고하는 그 위협은 낡은 벼랑 끝 전술의 한 사례처럼 보였다. 좀 더 구체적인 용어로, 그 보고서는 미국의 군사력이 이제 선제 [공격]안을 지원하기 위해 재정비되어야 한다고, 특히 첩보 활동을 확대하고 "빠르고 정확한" 군사 능력을 개발해야 한다고 제안한다. 이것은 확실히 제국적 완력의 불길한 과시로 들린다. 하버마스Jürgen Habermas는 즉각 국가안보전략이 불안감을 조성하는 "도발적인 문서"이며, 그것의 선제적 태도가 국제법의 "문명화라는 성취를 무시하고 있다"고 주장했다.[23] 물론 선제공격 선언은 결코 새로운 것이 아니다 ― 클린턴 시대의 문서들도 선제공격을 뚜렷하게 밝힌 바 있으며 그것의 실행은 분명히 당신이 떠올릴 수 있는 아주 먼 과거까지 이어진다. 예를 들면 사람들은 핵무기라는 바로 그 존재가 모든 조약과 협정에도 불구하고 (또는 그것들 때문에) 국제법의 잠정적 성취들을 [이미] 오래 전에 "무시하지" 않았는지 의아하게 여길지도 모른다. 그러면 우리는 하버마스의 경고를 진지하게 받아들여야 하는가? 이 문서[국가안보전략]가 단순한 수행적 폭력을 통해, "호전적인 국가들로 둘러싸인 자연

---

23. Jürgen Habermas, "Letter to America," *The Nation*, December 16, 2002, p. 15 [위르겐 하버마스, 「미국에게 보내는 편지 : 미국의 대이라크 전쟁에 대한 입장 ― The Nation지와 위르겐 하버마스의 인터뷰」, 『당대비평』 통권 제21호, 2003.3, 154쪽].

상태를 교화"하면서 이루어졌던 모든 진보에 해를 끼칠 수 있다는 그의 주장은 옳은가? 그것은 ─ 국제법과 정치적 동맹, 여론, 그리고 기본권에 대한 존중을 비롯하여 ─ 현재의 전지구적 질서를 지탱하는 모든 것이 실제로 누구에게나 열려 있(으며 늘 그랬)다는 것을 논증하기 위해 그냥 한 번 던지는 의도적인 "실언"인가? 다시 말해서 여기에는 담론적 "선제공격"이 벌어져 있고, 그것의 목표는 분명히 미국과 유엔 그리고 모든 국내 반대세력의 역사적 동맹이다. 그것은 민주적 절차의 의무들은 이미 충족되었다고 근엄한 목소리로 크게 떠든다. 그러므로 행정부의 새로운 무제한적 권한을 지지하는 사람들만이 그 보호를 누릴 자격이 있을 것이다.

2010년 국가안보전략에서는 실제로 논조의 변화가 보인다. 들리는 바에 따르면 벤 로즈Ben Rhodes ─ 그는 아프가니스탄의 병력 증강에 대한 오바마의 2009년 12월 연설과 핵군축에 대한 프라하 연설, 무슬림 세계에 대한 카이로 연설, 그리고 노벨평화상 연설도 기초했다 ─ 가 기초한 그 텍스트는 대통령의 모든 주요 대외 정책 공표에서 그 요소들을 가져온다.[24] 그 문서는 "안전",

---

24. White House, *National Security Strategy of the United States* (2010 edition). 온라인(whitehouse.gov)에서 볼 수 있다. 벤 로즈에 대해서는 다음을 보라. Jason Horowitz, "Obama speechwriter Ben Rhodes is penning a different script for the world stage," *Washington Post*, January 12, 2010. 타리크 알리는 오바마(와 로즈)의 스타일을 "낭랑한 진부함과 장갑을 두른 위선"의 혼합으로 기술한다("President of Cant," NLR 61, p. 115).

"번영", "가치", "국제 질서"라는 키워드를 달고 있는 미국 이해관계의 구성 요소들을 열거하는 것으로 이루어져 있다. 이 각각의 용어들은 지난 문서보다 좀 더 현실적인 그림자를 갖고 있다. 안전은 미국의 "군사적 우위"를 유지하는 것과 미국의 전지구적 리더십을 재천명하는 것에 달려 있다. 번영은 워싱턴의 청사진을 국제 경제에 압박하는 것에 달려 있다. 문제의 "가치"는 그것이 미국적이기 때문에 보편적 ― 그 반대라기보다는 ― 이다. 그리고 국제 질서 또한 미국이라는 축에 의존하게 될 것이다. 미국이 민주주의와 인권 그리고 도덕적 리더십에 대한 기준을 홀로 설정하기 때문이다.

오바마의 미국에 대한 위협 목록은 놀라울 정도로 부시의 목록과 유사하다. 위협은 "국가들과 비국가 행위자들 그리고 실패한 국가들"에서 생겨난다. (그 기이한 용어, "비국가 행위자들"은 앞서 원용된 "개인들의 그림자 네트워크들"보다 덜 위험하게 들리지만, 그 모호함 때문에 실제로는 더 많은 용의자를 포괄한다.) 오바마의 위협 목록은 연료 의존과 환경 취약 그리고 "전지구적 범죄 네트워크들"의 문제 또한 포함한다. 실제로 지구화 자체는 여기서 어떤 하나의 위협으로 나타나며, "(국제 테러리즘과 치명적인 기술들의 확산에서부터 경제적 격변과 기후 변화에 이르는) 우리가 직면하는 위험들"을 심화시킨다. 이와 같은 텍스트에서 포괄적인 위협 목록은 두 가지 효과를 지닌다. 한편으로 그 위협들은 포위당한 공황 상태의 감각을 고양하며, 미국은 그에 맞서 유일하게 견고한 대항세력으로 나타난다. 다른 한편 위험과 도전의 열거는 단절된 일련의 임시 방편들을 요구하는 단절된 문제들의 뒤범벅처럼 들릴 수 있다. 오바마는 긍정적이고 다른 이들과의 협력을 열망하는 사람처럼 비치고 싶어 하기 때문에 두려우며 편집증적인 사람으로 비치는 것을 피하려 한다. 하지만 그는 전임자의 공포 선동 양식이 대통령직에 구축한 어떤 권위도 내놓지 않는다.

이상주의와 현실주의 간의 흔한 구별은 여기서 의미가 없다. 선제 군사 공격에 대한 "현실주의적"이고 비원리적인 입장에서 출발한 2002년 국가안보전략은 자기 고유의 "인권" 원리들을 정의하고 집행할 권한을 주장했다. 이는 자유무역의 "도덕적 원리"가 이끄는 "친성장 법적 규제 정책들"의 전면적인 신자유주의적 프로그램과 잘 들어맞는다. (그 문서는 신흥 경제국들을 개혁하고 금융 위기를 예방하기 위한 IMF의 노력 — 실패한 선제 전략의 또 다른 조각 — 을 강력히 지지한다.) 상이한 경로로 동일한 영역을 여행하는 오바마는 이상주의자 명부에서 시작하여 냉철한 현실주의로 돌아간다. 그의 문구들이 "우리의 이해관계들"에서 "우리가 다른 국가 및 다른 국민과 공유하는 그 이해관계들"로 쉽게 미끄러짐에 따라, 누구도 되살아난 팍스 아메리카나에서 벗어날 수 없을 것으로 보인다. 2010년 국가안보전략을 군사력 투입에 대한 보다 인도적이고 온건한 입장의 징후로 독해하려고 했던 사람들은 "무력 사용"이라는 제목을 단 특별한 절을 즉시 펼쳤다. 여기서 우리는 [다음과 같은 내용을] 읽을 수 있다. "미국은 우리의 국가와 우리의 이해관계를 지키기 위해 필요하다면 일방적으로 행동할 권리를 보유해야 한다. 그렇지만 우리는 또한 무력 사용을 규정하는 기준들을 고수하려고 노력할 것이다." "기준들"에 대한 그 온당한 자격이 현재 관행의 변화를 약속하는 것은 아니며 그 관행들이 정당화되는 방식의 변화조차 약속하지 않는다. 관타나모, 무인 항공기, 가자지구의 교살이 지닌 미덕에 대한 법적·기술적 궤변들이 양심에 어떤 경련을 일으킬지도 모르지만, 미국 대통령은 항상 완전한 도덕적 우위를 차지하기로 선택할 수 있다. 오바마는 자신의 노벨상 연설에서 이렇게 말했다. "틀림없이", "악은 세상에 존재한다." 오바마는 자신이 만들지 않은 평화에 대한 훈장을 받으면서 던진 그 말과 함께 수사적 전쟁 수단의 컬렉션을 완성했다.

보빗이 즐겨 이야기하듯이, 현재 미국의 전략적 기능은 "세계를 안전하게 하는 것"이 아니라 "세계를 이용 가능하게만드는 것"이다.[25] 다시 우리는 칸트가 「영구평화론」에서 제시한

---

25. Bobbitt, SA, p. 233. 니얼 퍼거슨(Niall Ferguson)도 제국적 미국을 대신하여 윌슨적 문구를 갱신했다.

"미국은 전자 껍질 속에 몸을 숨긴 어떤 거대한 달팽이의 모습에서 벗어나, 자본주의와 민주주의의 안전이 보장되는 세계를 만들기 위해 보다 많은 자원들을 투입해야 한다. 이런 것들은 자유무역처럼 자연발생적인 것이 아니며,

"환대의 권리"를 떠올리게 된다. 그러나 이것은 선원들을 환영하기 위해 기다리는 것이라기보다, 그 환영을 모든 곳에 확산시키는 포함砲艦의 환대일 것이다. 각각의 우호적인 조언, 각각의 일괄 대외 원조, 모든 행정 보안 작전, 각각의 선제 침공은 기회의 확산이라는 표제하에서 편성될 수 있다. 우리는 "기회"라는 개념이 이데올로기적 어휘의 주요 부가물이라는 점에 주목해야 한다. (그 개념은 2010년 국가안보전략에 서른네 번 나온다.) "민주주의"보다 다소 현대적이고 "정의"보다는 훨씬 비용이 적게 드는 "기회"라는 개념은 누구도 그 지시로부터 안전하지 않을, 매우 순수하고, 매우 추상적이며, 매우 공허한 원리이다. 기회는 마치 그것이 관대함과 창조성의 연금술을 통해 생겨나기라도 하는 것처럼 언제나 순수한 긍정으로, 그것에 대한

법과 질서라는 강력한 제도적 기반들을 요하는 것임을 이 책은 보여 주고자 하였다. 제국적 미국의 보다 적절한 역할은 그것들이 결여된 곳에 이러한 제도들을 수립하는 일이다. 필요하다면 ― 독일과 일본에서처럼 ― 군사력을 동원해서라도 말이다."

퍼거슨은 2001년에 [이 글을] 쓰면서, 미국이 자신의 제국적 책무에 응하지 않을 것이라고 확신했다. 그는 비통하게 주장한다. "아마도 그것은 21세기 세계가 직면한 가장 큰 실망거리일 것이다. 세계를 더 좋은 곳으로 만들 수 있는 경제적 자원을 가진 한 국가의 지도자들이 그 일을 할 용기를 갖고 있지 못하다." 우리가 다음 장에서 보게 될 것처럼, 이 수사법은 개발 원조를 위한 보노의 회유와 아주 유사하다. Niall Ferguson, *The Cash Nexus : Money and Power in the Modern World, 1700~2000* (New York : Basic Books, 2001), p. 418 [니얼 퍼거슨, 『현금의 지배 : 세계를 움직여 온 권력과 돈의 역사』, 류후규 옮김, 김영사, 2002, 458쪽].

장애물이 제거되자마자 꽃피우는 어떤 것으로 취급된다. 조금만 생각해 보면 세계가 "이용 가능"하게 보이는 것, 수확할 때가 된 것처럼 보이는 것은 바로 기회의 개념을 통해서라는 것을 알 수 있다. 기회는 원래 상대적으로 순수한 경제 용어 — 여기서 기회는 규제나 제약의 부재를 뜻한다 — 처럼 보였지만, 그것이 무엇을 의미하든지 간에, 이제 온갖 종류의 전쟁이 "기회"라는 이름으로 벌어질 것이라는 말은 가능한 이야기로 들린다.

양 텍스트 전체에 걸쳐, 모든 지구화론적 또는 보편론적 대미는 확고한 애국적 단어으로 장식된다. 이 [지구화론과 애국주의의] 이중성은 끊임없이 반복된다. 2002년 국가안보전략은 "뚜렷한 미국식 국제주의"를 요청하며, 이는 미국이 "국가의 성공에 대한 유일하게 지속 가능한 모델 즉, 자유, 민주주의, 자유 기업"을 재현하고 있다는 확신에 기초하고 있다. 2010년 국가안보전략은 동일한 어휘를 사용하지는 않지만, "우리의 건국 이념"과 "우리를 결속하는 신념"을 "세계에 대한 미국의 주도권을 재건"할 진리의 바로 그 원천이라 찬양하는 결론을 내리면서 동일한 메시지를 밀어붙인다. 그 특유의 모순은 바로 거기에 있다. 모든 사람들이 우리의 이상을 공유하지만, 아무도 우리에 필적할 수 없고 아무도 우리를 심판할 수 없다. 이 모순은 두 문서가 환기하는 역사적 변화들에 직면하여 특히 심각해진다. 한편으로, 미국은 완전히 네트워크된 "시장국가"라는 새로운 패러다임으로 나아가길 원하지만, 어떻게든 그런 권력을 사용할 수 있는 유일한 국가가 되기를 바란다. 이상적으로라면, 미국은 시장 경쟁 그 자체를 초월한 자리에 있을 것이다. 동등하지 않은 국가들 사이에서 최강의 자리를 늘 지키면서 말이다. 여기서 개념상의 오류 또는 검열받지 않은 꿈으로 등장하는 것은 실제로는 최후의 초강대국이 처한 중대한 곤경을 암시하는지도 모른다. 앞으로는 그것의 군사적 우월성이 세계 시장의 수호자와 같은 유리한 지위를 보장할 수 있을지 불확실하다. 세계의 나머지 지역들에게 있어 이 불확실성이란 미국의 패권이 바람직하게, 혹은 설득력 있게, 또는 필연적으로 보이는 상황이 얼마나 더 지속될 수 있을지 의문시된다는 것을 뜻한다.

이 모순이 몇 가지 수사법의 전환으로 해결될 수 있는 것인지 의 아기 작하자마자, 국가안보전략의 두 판본 모두 원리의 간결한 것 들보다는 여러 가지 잡다한 책략들처럼 보이 시작한다. 여기서는 공허한 지원을 떠들고, 저기서는 강철 같은 의지를 주장하며, 한 문단에서는 애매한 완곡어법에 공을 들이고, 다음 문단에서는 심각한 위협을 암시한다. 그러한 상황에서 미국적 미덕을 홍보하는 일과 제국적 명령을 내리는 일 사이의 선은 오히려 흐릿해진다. 결국 이 텍스트들은 단순한 이데올로기적 기능을 수행한다. 그 텍스트들은 위선, 비일관성, 불공정함 또는 무자비함의 혐의를 토대로 제기되는 미국 정책에 대한 어떤 비판도 불필요하게 만든다. 대화와 책임을 전제하는 공공 영역에 속한 그러한 종류의 비판은 여기서 전지구적 패권과 보편적 가치들 그리고 권력의 특권들에 관한 천년왕국 문구들로 대체된다. 하트와 네그리는 자신들의 책 『다중』에서 "폭력은 오늘날 가장 효과적으로 정당화된다······ 도덕적이거나 법적인 어떤 선험적 틀을 기초로 해서가 아니라, 오로지 귀납적인 그 결과들을 기초로 해서"라고 주장한다.26 그것은 어느 정도 올바른 이야기로 들리지만, 한 발 더 나아가서 폭력의 정당화에 대한 모든 문제는 정치적·법적 제도들의 상징적 영역보다는 오히려 미디어 전략들의 상상적 영역에 속한다고 이야기할 필요가 있다.

내적 비일관성과 노골적인 불성실함을 지닌 두 문서는 사실 자신들에게 대적하는 것의 희미한 자취를 기록하고 있다. 그러나 협상의 각본, 또는 반대가 일어날 수 있는 가능성조차도 절대 인정되지 않는다. 각 국가안보전략의 진실의 일면은 "있는 그대로의 세계"와 "우리가 추구하는 세계" 사이의 모든 실재적 간극 앞에서 자기 고유의 희망적인 사고와 몽상적인 진술로 물러나는 방식에 있다. 그것은 구속력 있는 어떤 약속도 거부하며, 다른 상황에서는 그것의 권위에 이의를 제기하기 위해 행사될지도 모르는, 모든 문제를 결정할 권리를 보유한다.

---

26. Michael Hardt and Antonio Negri, *Multitude* (New York : Penguin Press, 2004), p. 30 [마이클 하트·안토니오 네그리, 『다중』, 조정환·정남영·서창현 옮김, 세종서적, 2008, 59쪽].

실제로 이렇게 자신의 권위를 포장함으로써, 미국은 효과적으로 그 권위를 유예하고 정치적·법적 쟁점에서 그것을 철수시킨다. 그것이 드러내는 주권의 최고 형태는 가면 내에서 온전히 살아갈 수 있는 능력이며, 실재를 순응시킬 필요가 있을 때는 언제라도 폭력에 의지한다.

나머지 우리는 감제고지에서 사태를 바라보아서는 안 되며, 저녁 뉴스나 칼럼 기사가 이를 권유할 때에도 단호히 거부해야 한다. 우리는 공공 영역의 전략적 동원에 직면하여, 그것이 전체 장치를 계속 유지하기 위해 동의를 거의 구하지 않는다는 것을 알아 가는 중이다. 자유 시장이란 비전이 신이 정한 섭리로 보이지 않듯이 끝없는 전쟁이란 전망도 불가피한 운명으로 보이지 않는다. 전쟁과 무역의 더욱 더 밀접한 융합으로 조직되는 시장국가라는 세계상은 결국 장군과 중앙은행장 그리고 TV 전문가의 시각에서만 그럴듯한 것이다. 그것의 "자유"는 엄청난 부자들과 이들의 집행자들 그리고 대변자들에게 아주 확실히 속해 있다. 이러한 역사적 계기에 휘말린 나머지 모든 사람들에게, 끝없는 전쟁이란 여전히 일상적 위협 아래에서 일하는 것, 아무런 승리의 목적 없이 노동을 수행하는 것, 하루하루를 사정에 따라 "소멸이나 행운"으로 마무리하는 것이다.[27] 이와 같은 불확실한 나날에, 행운이 더욱 더 기대하기 어

27. Oskar Negt and Alexander Kluge, Geschichte und Eigensinn, Band II

렵게 되면 그 누구도, 소멸시키겠다고 위협하고 그것을 평화라고 부르는 사람들에게 손이나 마음 또는 정신을 내줄 필요가 없다.

현 상황에서 무엇을 해야 할지 알기란 어렵다. 현재의 빚짐 체제는 지금은 모든 사람들(또는 거의 모든 사람들)이 폭력 체계를 위해 지불하도록 고안되어 있지만 이 폭력 체계는 그들에게 등을 돌릴지도 모른다. 이 공격을 뒤집거나 비껴가거나 또는 모면하는 것은 어떻게 가능한가? 독일의 위대한 작가, 영화 제작자, 이론가인 알렉산더 클루게Alexander Kluge가 쓴 「1945년 4월 8일, 할버쉬타트 공습」이란 제목의 여러 편의 글에서 가져온 한 이야기 아니 두 이야기로 마무리하려 한다.[28] 이 두 이야기는 다른 많은 이야기들 — 이 이야기들은 모두 아주 특정한, 매우 치명적인 죽음의 순간에 놓인 인간 행동과 관련이 있다 — 가운데 놓여 있다. 「아래로부터의 전략」이라는 제목을 단 첫 번째 작품은 교사인 게르다 배트Gerda Baethe의 행동과 생각을 묘사한다. 그녀는 폭탄이 떨어지기 시작할 때 자신의 세 아이들과 함께 지하실에 있다. 그녀는 무엇을 할 수 있을까? 그녀는 주위를 둘러보며, 폭발이 얼마나 가까운 곳에서 일어나는지, 폭발

Der unterschätzte Mensch (Frankfurt am Main : Zweitausendeins, 2002), p. 820.

28. Alexander Kluge, *Chronik der Gefühle*, Band II (Suhrkamp, 2004), pp. 43~66.

이 자신에게 다가오고 있는지 짐작하려고 애쓴다. 그녀는 주변에 있는 집들이 견고한지 살피고, 자신이 얼마나 빨리 아이들이 뜰을 가로질러 달리게 할 수 있을지 판단한다. 그러나 이 모든 것은 충분하지 않을 것이다. 그것은 그녀가 볼 수 없고 예측할 수 없는 적으로부터의 전술적 도피에 불과하다. 대신 그녀는 마을 전체를 떠올리고, 포화가 이미 탈출로를 차단했을 곳을 예측하면서 전략적으로 사고하려고 애쓴다. 그녀는 폭격기들보다 한 발 앞서려고 노력한다. 하지만 클루게는 너무 늦었다고 쓰고 있다. 폭격기에 대항하는 효과적인 전략을 개발할 그녀의 유일한 기회는 그날 아침에 없었다. 아니 그 전날 밤에도, 1939년에도, 1933년에도…… 그러나 이전 전쟁[1차 세계대전]이 끝난 1918년에는 있었다. 그때 그녀는 다른 수천 명의 교사들과 함께 지속적인 사회적 관계들을 구축하기 위해 "열심히" 조직하고 가르치는 일에 가담했어야 했다. 그것은 나치의 성장을 막았을지도 모른다. 그러나 게르다는 1945년 4월에 1918년 11월의 교훈을 배운다. 과거에 역사를 바꾸는 일은 가능했을 것이다.

다음 이야기는 「위로부터의 전략」이란 제목을 달고 있다. 그것은 그 상황의 이면을 기록한다. 어쨌든 폭격기는 갑자기 나타난 것은 아니었다. 이러한 대규모의 치명적인 물체들이 지금 하늘 위에서 엄청난 속도로 움직일 수 있기 위해서는, 효율적인 전략 계획 도구들이 수백 마일 떨어진 곳에서 전개될 수 있기 위해서는, 장기적인 산업 계획과 집약적인 기술 연구 그리고 광범위한 협력 노동관계들이 있었을 것이다. 클루게는 관련 자료 일체를 빠짐없이 제시한다. (「상품」이란 제목을 단) 상이한 폭탄들에 대한 도표들, 사진들, 법정 당국에서 나온 보고서들, 그리고 비행기 편대에 대한 다이어그램들, 모든 것은 몇 년 후 독일 기자와 미국 폭격수 간에 진행된 인터뷰로 보완되었다. 그 기자는 공습 절차에 대해 알고 싶어 한다. 당신은 아침으로 무엇을 먹었는가, 명령은 어떻게 내려졌는가, 조종석에 앉은 사람들은 자신의 임무를 어떻게 이해했는가? 미국 폭격수는 아주 솔직하다. 그들[폭격수]은 맡은 임무가 있었고 그것을 수행했다. 그것은 정례적인 일이었고, 그들은 창문 밖을 볼 필요조차 없었다. 기자는 궁금해 한다. 당신이 그 공격을 멈출 어떤 방법이 있었는가? 도시의 사람들은 그 공격을 중단시키기 위해 어떤 일을 할 수 있었는가? 백기를 흔드는 것? 아니, 아니, 그렇지 않다. 1차 표적과 2차 표적 그리고 임기臨機 표적은 이미 영국에 있는 폭격 사령부가 계획했다. 폭탄을 투하하고 나서야 비행기는 기지로 귀환할 수 있었다. 그 일의 유일한 문제는 '언제' 그리고 '어디에'였다.

지하실의 그 교사는 의심할 여지없이 근대성 특유의 경험들 중 하나를 예시한다. 9·11 당시, 미국의 몇몇 사람들은 그러한 느낌이 여전히 가능하다는 것을 알고 놀랐다. 몇 시간 동안, 탈취범들은 위로부터의 관점을 독점했다. 그들이 죽고 나서야 미국 군대와 TV 방송사들이 그것을 다시 장악했다. 그러나 강대국의 시민들은 아래로부터의 관점에 오랫동안 갇혀 있다고 느낄 염려가 없다. 미디어의 세계상은 위로부터의 관점을 수반하는 모든 본능적인 전율과 정신적 보상을 제공하도록 설계되어 있다. 분명히 우리가 그것에 영향을 미치는 실천적 방안을 갖고 있지 않는 한 우리는 그러한 특권을 받아들인다. 우리가 이러한 배열들을 받아들인다면, 우리는 상상의 지하실에서 오랫동안 갇혀 있다고 느낄 염려가 전혀 없다. 위협받는 존재라는 느낌은 군대 동원의 재개로 빠르게 대체되고, 구경꾼들은 작전실의 웅성거림을 다시 한 번 느낄 수 있다. 절망적인 두려움에서 피비린내 나는 잔인함으로 도약하는 급속도의 단락이 일어난다. 9·11 이후 이러한 이동은 이틀 정도 걸렸으며, 그 사이 방송사들은 애국심의 수동적인 전시에서 가차 없는 공격 준비 태세와 복수에 대한 확고한 요구로 나아갔다. 아프가니스탄 전쟁은 이제 새로운 관리 방침하에서 그 웅성거림으로 계속되고 있다.

그래서 토크쇼들이 전문가 패널을 불러 모아 테러와의 계속되는 전쟁을 논의할 때, 유일하게 실질적인 의견 차이는 폭탄을 언제 어디에 투하할 것인가에 있다. 잦은 중간 광고로 양념된 이 명랑한 잡담들은 엉뚱한 수다에 지나지 않는 것으로 보일지도 모른다. 그것이 실제로 폭탄을 다음 목적지로 안내하는 바로 그런 유의 수다라는 점을 염두에 두지 않는다면 말이다. (2009년 1월 방송에서 뽑은 한 가지 임의의 사례를 보자. 파리드 자카리아Fareed Zakaria는 CNN에서 아프간 외무부 장관에게 이렇게 묻는다. "우리가 지금 나쁜 놈들을 죽이고 있습니까?" 어떤 유의 대화에서 그러한 질문이 적절한 질문이 될 수 있을까? 그런 경박한 잔혹함을 듣는 것만으로도 전쟁 범죄처럼 느껴진다.)

[이런 상황은] 경제 위기에서도 완전히 동일하다. 위로부터의 관점은 시장 마법사들과 금언을 말하는 은행가들의 사용에 맞추어 각색되어 왔다. 이들은 세계 수십 억 인구에게 가난과 번영의 기회들을 선고한다. 이른바 모든 논의는 구조조정의 타당성에 대한 것이든 아니면 원조의 도덕성에 대한 것이든, 제국 권력과 그 위엄을 유지하고 경제적 패권과 그 특전을 보존할 필요를 중심으로 전개된다. 주요 언론은 예외 없이 이러한 유의 전문적인 전략적 사고에 완전히 전념하고 있음이 입증되었다. 그들은, 우리가 TV를 켜자마자 우리를 공모자로 초대하면서 그 전략적 사고에 동조하는 다양한 만족스러운 의견들과 뉴스를 제공할 것이다. 우리가 그 전략적 사고를 "위로부터" 다룰 거라고 그들이 확신할 수 있는 한 말이다. 일상적인 미디어 공급의 틀을 정하는 것은, 전략적 사고가 모든 사람들의 행동과 수사법의 방향을 정해야 한다는 명령이다. 당신이 아무리 동떨어져 있거나 무력하다고 느낄지 몰라도, 당신은 지금 위로부터의 관점에 참여할 수 있다. 그것은 궤도를 선회하는 미디

어 네트워크와 최첨단 화력 그리고 모든 거래 수단들로 무장하고 있으며, 당신은 운명의 수레바퀴에 몸을 맡겨야 한다. 공공 영역은 끝없는 전쟁을 위해 계획되어 왔으며, 이것이 지구화된 시장이라는 영구 평화에 다름 아님이 입증될 것이다.

우리는 아직 클루게의 이야기에 나오는 그 교사로부터 배울 게 있다고, 간절하고 열렬하게 그리고 모든 상황을 거슬러서 희망하는 편이 좋을 것이다. 우리는 분명 이미 더 이상 통제할 수 없는 공격을 받고 있는 지하실에 갇힌 자신의 모습을 상상하고 싶지 않다. 그러므로 이른 시기에 그 교훈을 다시 따르는 것이 좋을 것이다. 그때 그 교사는 이제 자신의 주위에서 무슨 일이 일어나고 있는지 궁금하게 여기면서 자신이 무엇을 할 수 있을지 물을 것이다. 그때 그녀는 폭격기가 출현하기 오래전에 이미 준비 중인 그 재앙을 막기 위한 조직화를 아직 할 수 있다. 그때 그녀는 아직 상상할 수 있다. 이야기가 이미 끝나버린 것은 아니라고.

보노에게 보내는 편지

백악관의 보노와 부시, 2002년 3월 14일. © AP Photo/Ron Edmonds

당신은 이 편지가 당신에게 실제로 전해지지 않는다는 것을 알 것입니다. 나는 전지구적 빈곤의 정치학에서 스펙타클의 역할에 대해 논의하길 원하며, 나는 당신이 내가 말해야만 하는 것에 설득될 사람이라고 생각하지 않습니다. 그래서 이 편지는 당신이라는 한 사람이 아니라, 보노Bono 1라고 알려진 미디어 이미지, 그 페르소나에게 보냅니다.2 그 거창하고 편재하는 이미지는 전지구적 빈곤의 공적인 얼굴이 되었으며, 그것이 바로 문제입니다.

이 편지는 장–뤽 고다르Jean-Luc Godard와 장–피에르 고랭 Jean-Pierre Gorin의 1972년 영화 〈제인에게 보내는 편지〉Letter to Jane에서 실마리를 얻은 것입니다. 그들의 영화는 제인 폰다Jane Fonda에게 보내는, 이미지와 소리로 구성된 영화 편지입니다. 폰다는 그들과 함께 영화 〈만사형통〉Tout va bien을 찍은 직후, 북베트남으로 가 폭격당한 마을을 방문했고 이는 널리 알려졌습니다. 고다르와 고랭은 폰다의 베트남 여행을 다룬 언론 보도에 대한 응답으로 편지를 보냈습니다. 영화의 대부분은 하나의

---

1. [옮긴이] 세계적인 록 밴드 U2의 리드보컬이며, 본명은 폴 데이비드 휴슨 (1960~)이다. 빈곤, 환경 문제에 대한 활동으로도 유명하다.
2. [옮긴이] 이 편지 형식을 띤 4장의 수신인은 저자의 말처럼 분리되어 있다. 개인으로서의 보노와 보노라고 알려진 미디어 이미지가 그것이다. 이 편지는 전자의 보노에게 보내는 것이긴 하지만 편지에서 논의하는 대상은 후자의 보노이다. 때문에 이 편지에서 보노는 3인칭으로 등장한다. 즉 이 장은 개인-보노에게 들려주는 미디어 이미지-보노에 대한 편지인 것이다.

이미지, 즉 잡지에 실린 베트남의 폰다 사진만 보여 줍니다. 우리는 고다르와 고랭이 그 이미지를 자세히 검토하고 그것의 가능한 용도를 질문하면서, 그 이미지에 대해 아주 길게 이야기하는 것을 듣게 됩니다. 그들은, 폰다가 미군의 맹렬한 공격을 받은 북베트남인들을 돕기 위해 자신의 명성을 활용하는 방식을 검토하고 싶어 합니다. 고다르와 고랭은 베트남인들을 도우려는 그녀의 충동을 높이 평가하면서도, 그녀의 연대의 몸짓이 부적합하고 모순적이라고 말합니다. 그들은 그녀의 자세와 행동을 철저히 비판한 뒤 그녀에게 답변을 청합니다. 내가 아는 한, 그녀는 그들의 편지에 한 번도 말로든 아니면 이미지로든 답변한 적이 없습니다. 그러나 최근 그녀는 자신의 여행이 초래했던 매스컴의 주목과 관련하여 그 "경솔함"에 대해 깊이 사과했습니다. 이미지의 힘을 알고 있는 사람처럼, 폰다는 자신이 좀 더 잘 알았어야 했다고 말했습니다.

그런 미심쩍은 선례와 비교해 보아도, 명성의 정치는 명백하게 퇴행했습니다. 1972년 제인 폰다는 B-52기가 마을과 도시에 폭탄을 투하할 때 무슨 일이 일어나는지 직접 보러 갔습니다. 1985년 (보노를 비롯하여 밥 겔도프Bob Geldof가 조직한) 많은 록스타들이 에티오피아에서 굶주리는 이들을 위한 기금 마련을 위해 〈라이브 원조〉Live Aid라 불리는 두 개의 대형 콘서트를 개최했습니다. 그 돈은 비상시에 물자를 구입하는 데 도움을 주었지만, 언론 보도는 그 노력이 지역 분쟁에 의해 그리고 심지어는 아프리카 북동부를 둘러싼 초강대국의 책략에 의해 저지되었음을 보여 주었습니다. 2005년 (겔도프와 보노가 주도한) 또 다른 록스타 무리가 〈라이브8〉Live8이라 불리는 일련의 콘서트에서 공연했습니다. 여기에는 명료하게 의도된 목적이 있었습니다. 그 이벤트는 스코틀랜드 글렌이글스에서 열린 G8 정상회담에서 제안된 개발 의제를 지지하고 홍보하기 위한 것이었습니다. 이 역사의 전환점마다 정치적 약속에 대한 요구는 점점 더 무비판적으로, 점점 더 실체 없는 것으로, 점점 더 약속되지 않는 것으로 되고 있습니다. (반대와 비타협과 부정의 모든 흔적이 사라지는) 이 진화의 논리는 공식 정책의 대중문화적 표현에 지나지 않게 된 예의바른 "행동주의"로 이어집니다.

보노는 세계적인 록 슈퍼스타들을 낳는 경제적·이데올로기적 기계가 전지구적 빈곤을 낳고 유지하는 방대한 기계와 떼어 놓을 수 없는 관계에 있다는 것을 물론 알고 있습니다. 그는 자신이 자신의 고귀한 이상을 간구하는 공상적 개혁가do-gooder보다는 오히려 실용적인 규칙을 따르는 강인한 사업가로 비춰지기를 원한다고 말합니다. 그는 포상도, 메달도, 기사 작위도 거부하지 않습니다. 그는 전문가와 정치가들이 자신에게 보낸 많은 찬사와 명예가 공허한 몸짓의 레퍼토리에 속할지도 모른다고 생각하는 것 같지 않습니다. 그 공허한 몸짓을 통해 체계의 관리인들은 어떤 양심을 보유하게 되었다고 당당히 자축할 것입니다. 그러한 체계 내에서 보노는 큰 성공을 거두었습니다. 그는 대통령과 장관 그리고 기업 대표들에 대한 특별한 접근 기회를 얻어, 정상회담에 참석하며 사적인 접견을 합니다. 그리고 그는 지지자들의 네트워크를 꾸려 전문적인 지식을 제공하고 널리 홍보합니다. 그는 자신의 슈퍼스타라는 현전이 세계 지도자들을 움직여 전지구적 빈곤을 다루도록 할 수 있다고 믿으며, 자신의 캠페인을 반란과 성전으로 제시합니다. 그러나 그가 이 체계 내에서 좀 더 자주 성공을 거둘수록, 그의 정치적 의제가 실재적으로 그들[세계 지도자들]의 것이 되고, 그가 정치를 하는 방식이 그가 대변하고자 하는 모든 사람들에게 부정의하게 되는 것은 더욱 명백해집니다. 보노는 약속, 유예, 실망, 그리고 타협의 회전목마 — 그 안쓰러운 스펙타클의 총체 — 에 가담함으로써, 빈곤을 야기하는 전지구적 체계의 실질적 변화를 가로막는 데 있어 자신의 몫을, 그 이상을 하고 있습니다.

정책과 전략과 도덕에 대해 논의하는 대신 — 그런 일은 정책 입안자와 전략가와 도덕가에게 맡기자 — **보노가 하는 일**을 정확히 검토해 봅시다. 무엇보다 그는 정치 무대에서 움직이기 위해, 뉴스 미디어의 주목과 공식적인 접촉의 유통에 자신의 쇼비즈니스 명성으로 영향력을 행사해야 했습니다. 록스타 페르소나 "보노"는 매우 다양한 환경에서 기능할 수 있는 일종의 살아 있는 상표명이 되었습니다. 엄밀히 말하면, 이러한 공적 이미지가 지닌 힘은 한 개인의 것이 아니며, 그것은 매력이나 재능과 같은 개인적 특질과 거의 아무런 관련이 없습니다. "보노"라는 이미지는 실제로 매우 거대한 생산물입니다. 이는 많은 사람들이 오랜 시간에 걸쳐 공들여 구축한 것으로, CD와 아이팟의 판매에서부터 모금, 후원, 그리고 로비까지 다양한 실천적 목적들을 이행하기 위해 만들어졌습니다. 그 사이 육체로서의 보노는 자신의 이미지를 증식하고 증폭하며 굴절시키고 연기하는 데 있어 전문가가 되었습니다. 그것은 그가 제공해야 하는 특별한 수완과 전문 기술이며, 그의 권위의 유일무이한 원천입니다. 모든 사람이 그것을 해낼 수 있는 것은 아닙니다. 그는 자신을 눈에 띄도록 하는 일과 희소하게 하는 일 사이에서 까다로운 균형을 유지해야 합니다. 엄청나게 영웅적이면서도 친숙하게 현실적이어야 합니다. 그의 역할은 바로 그 방식대로 그 이미지 안에 살면서, 그 이미지를 실제 상품과 일 그리고 의제에 덧붙이기 위해 그 인기의 아우라 ― 그것의 시장가치 ― 를 불러일으키는 것입니다.

보노와 조지 부시가 나온 사진을 보겠습니다. 2002년 3월 14일, AP통신 사진기자 론 에드몬즈^{Ron Edmonds}가 찍은 그 사진은 신문과 잡지 그리고 인터넷을 통해 곧 전 세계에 유포되었습니다. 사진 설명에 따르면, 보노와 조지 부시 대통령이 미주개발은행에서 회의를 마치고 백악관 잔디밭을 가로질러 걸어가고 있습니다. 이 이미지는 우리에게 무엇을 말해 주고 있을까요?

우선 두 가지 몸짓과 두 가지 시선이 있습니다. 보노는 오른손을 들어 브이 사인을 하고 있습니다. 여기서 그 몸짓이 의미하는 바를 바로 알아채기란 어렵습니다. 무엇보다 그가 백악관 잔디밭에서 브이 사인을 한 유일한 인물은 결코 아니기 때문입니다. 그것은 닉슨처럼 베트남인에 대한 승리를 의미하는 것일까요? 레이건처럼 소비에트에 대한 승리를 말하는 것일까요? 아니면 평화 사인일까요? 만일 그렇다면 정확히 누구를 위한 평화일까요? 그가 보내는 신호는 평화의 승리일까요, 승리의 평화일까요, 아니 어쩌면 완전히 다른 어떤 것일까요? 한편 부시는 손바닥을 펴고 오른손을 들고 있습니다. 그것은 친근하게 흔드는 것일 수 있지만 오만한 인사일 수도 있습니다. 마찬가지로 친구를 반갑게 맞이하고 [또 한편으로는] 명령을 내리는 그 백악관 잔디밭에서 이러한 양가적인 몸짓은 흔한 것입니다. 보노는 카메라를 똑바로 응시하고 있습니다. 그의 입은 닫혀 있고 얼굴 전체는 차분하며 전시할 준비가 되어 있습니다. 다른 한편 부시는 조금 돌아선 채 다른 어딘가를 흘긋 보고 있으며, 입은 웃으려고 애쓰는 것처럼 열려 있습니다. 보노는 자신이 웃을 수는 없다고 결정한 것처럼 보입니다. 그의 표정은 굳어 있고 진지합니다. 부시의 표정은 형식적이고 산만합니다. 그들의 옷은 정반대를 이야기합니다. 부시의 정장은 단추가 채워져 있고 그는 넥타이를 매고 있습니다. 보노의 재킷은 열려 있고 바지 밖으로 나온 오픈 셔츠가 보입니다. 보노는 카메라 앞에 잠시 멈춰서 있는 꾸부정하고 흐트러진 모습처럼 보이는 반면 부시는 망설이거나 돌아서지 않고 앞으로 걸어가고 있습니다. 보노는 잘 연습된 방식으로 단호하게, 심지어는 영웅적으로 보이기까지 하는 반면 부시는 경직되어 있고, 거리를 두며, 무관심해 보이는 모습을 하고 있습니다.

그 사진은 두 사람 모두에게 계산된 위험입니다. 이와 같은 이미지는 의도적인 행동이고, 공적인 진술이며, 어쩌면 일종의 약속인지도 모릅니다. 그 두 명이 상이한 현안 의제들을 가지고 있는 한 ― 우리가 곧 살펴볼 가설 ― 이 사진의 존재와 유포가 상이하고 불평등한 방식으로 그 의제들에 기여할 것이라는 점은 명백합니다. 단기적으로 그들 중 어느 한 명에게 도움이 되는 것이 장기적으로 나머지 한 명에게도 도움이 될 수 있습니다. 그리고 둘 중 누가 더 오래 게임을 할지 말하기란 어렵습니다. 그러므로 그 두 사람이 그 사진에서 동등하게 보인다 해도, 사실 그들은 동일한 방식으로 거기에 있는 것은 아닙니다.

숙련된, 냉소적인 관찰자에게 이 사진은 전혀 해독될 필요가 없는 것입니다. 냉소주의가 바로 그 안에 있기 때문입니다. 그 이미지는 어떤 유의 거래가 이루어지고 있음을 단순히 광고하는 것이 아닙니다. 그 이미지는 거래의 실체 자체입니다.[3] 유

---

3. 제임스 트라우브(James Traub)는 보노를 다룬 『뉴욕 타임스 선데이 매거진』

일한 문제는 그것이 좋은 거래인가 아닌가 그리고 누구를 위한 것인가라는 점입니다.

사람들이 무슨 이야기를 할지 추측하기란 어렵지 않습니다. 보노와 부시는 단순히 서로를 이용하고 있다는 것입니다. 보노는 자신의 명성을 이용하여 아프리카를 위한 에이즈 기금과 빚[채무] 탕감을 놓고 부시를 압박합니다. 부시는 보노를 이용하여 자신이 대중의 기호와 어느 정도 교감하고 있으며, 보노가 지지하는 대의에 어느 정도 공감하고 있음을 보여 주려합니다. 국가 권력의 장려함이 팝스타계의 화려함과 아주 자연스럽게 어울리더라도 아무도 놀라지 않을 것입니다. 아무도 이두 사람이 전지구적 빈곤의 문제에 대해 실제로 진지하게 대화를 나눌 거라고 믿을 필요는 없습니다. 대신 모든 사람이 이들 각각이 상대방과 함께 공적으로 모습을 드러낼 이유가, 막연하지만 그럴 만한 이유가 있다고 여길 것입니다. 보노에게 이

의 표지 기사에서, 이 첫 사진 촬영은 콘돌리자 라이스(Condoleezza Rice) 가 중개했다고 밝혔다. 원래 보노는 자신이 부시 옆에 있는 대신, 부시가 새로운 에이즈 기금 계획을 발표할 것을 요구했다. 그 사건 전날, 보노는 그런 발표가 없을 거라는 점을 알았지만, 어쨌든 계속 함께하면서 이후에 부시를 설득하고자 했다. 우리가 보게 될 것처럼, 그것은 이듬해 내내 반복되는 패턴이다.(James Traub, "The Statesman," *New York Times Sunday Magazine*, September 18, 2005, pp. 87~9.) 이 극찬하는 언론보도와 좌파(George Monbiot, "Bards of the Powerful," *Guardian*, June 21, 2005; available on-line : monbiot.com) 및 자유무역 신봉자들(Jagdish Bhagwati, "A noble ef-fort to end poverty, Bono, but it is misdirected," *Financial Times*, February 28, 2006, p. 13)의 공격을 대조해 보라.

사진은 일종의 협박 수단이 되어, 이후 언젠가 대통령에게 약속을 상기시키기 위해 사용될 수 있을지도 모릅니다. 부시에게 이 사진은 하나의 알리바이가 되어, 빈곤에 대한 그의 둔감함에 대해 누군가 불평할 때마다 이용될 수 있을지도 모릅니다. 보노 지지자들은 그것을 행정부로부터 약속을 얻어 내는 캠페인의 약진으로 이해할 수 있는 반면, 부시 지지자들은 대통령의 보수주의가 실제로는 어쨌든 동정적이라는 증거로 이해할 수 있습니다. 그렇지만 정반대의 독해도 똑같이 타당해 보입니다. 보노가 거기에 간 것은 자신의 의제를 관철하기 위해서가 아니라 부시의 의제를 지지하기 위한 것이며, 그 대가로 부시는 보노가 자신의 지지자들, 입법자들, 정책 입안자들, "세계 지도자들", 로비스트들, 그리고 다양한 부자들과 만날 수 있도록 도와줄 것이라고 말입니다.

보노는 유리한 합의를 이끌어 냈다고 생각할지 모릅니다. 그가 할 수 있었던 최선은 카메라 앞을 누비고 다니는 것이었습니다. 그리고 부시는 정치 자본과 실질 화폐를 할애하기로 되어 있었습니다. 보노가 유일하게 포기해야 했던 것은 상상적 자본 즉, 그의 공적 페르소나의 덧없는 한 조각이었고, 그는 그것을 제공하기에 충분할 만큼 가지고 있습니다. 그러나 그 거래는 양면성을 지니고 있습니다. 보노가 로큰롤 가수의 반항적인 이미지를 포기하는 것과 마찬가지로, 부시는 국가 권력이라는 가장 반박할 수 없고 물러나 있는 형식들조차 스펙타클의 끊임없는 마술에 얼마나 의존하는지 보여 줍니다.

2002년의 이 사건을 좀 더 자세히 들여다보겠습니다. 보노가 이 협상에서 하는 역할은 무엇일까요? 빚[채무] 탕감 캠페인을 할 때, 그는 누구의 편에 서 있는 걸까요? 그는 돈을 돌려받기 위해 애쓰는 채권자의 편일까요? 세계 시장에서 자신의 지위를 향상시키기 위해 애쓰는 큰 빚을 진 정부들의 편일까요? 아니면 어쨌든 자신들의 삶을 짓밟는 경제 구조에서 필사적으로 벗어나려고 애쓰는 빚진 일반 사람들을 대신하여 발언하는 것일까요?

2000년 의회에서 통과된 "빚[채무] 탕감" 법안이 ― 이것은 보노가 미국 정치에 영향력을 행사한 첫 사례로 기록됩니다 ― 빈민들을 원조하기 위해 새로운 자금을 직접적으로 책정한 것은 아니라는 점을 잊지 말도록 합시다. 대신 4억 3천 5백만 달러의 책정은 일종의 내부 부기 조치로서 미국 정부에 빚진 기존의 쌍방 빚[채무]을 말소하는 것이었습니다. (원래의 빚[채무]이 이미 수년에 걸쳐 할인되었기 때문에, 이것은 원래의 빚[채무]의 남은 자투리에 지나지 않았습니다.) 미국이 대규모 흑자 예산을 운영하고 있었던 해에 통과된 그 빚[채무] 탕감 조치는 대담하게 보이지도 특별히 후하게 보이지도 않았습니다. "빚[채무] 탕감"이 채권자들이 보유하고 있는 성가신, 어쩌면 지불받을 수 없는 빚[채무]을 청산하는 것이나 마찬가지라는 점을 기억합시다. 채권자들은 자신들이 빌려 준 것에서 한 몫 챙기는 이상,

그것을 사랑합니다. 은행가와 채권 소유자들은 자신들이 생각했던 청산일payday은 절대 오지 않을지도 모른다는 것을 알고 있습니다. [그러므로] 빚[채무]을 탕감하는 정부들은 미래의 대출과 원조에 새로운 조건들을 두기 위해 그 기회를 이용할 수 있습니다. 표면적으로 인도주의적인 빚[채무] 탕감 혜택들의 경우 모든 것은 채무국들의 정치적 상황에 달려 있습니다. 빚[채무] 상환 의무가 줄어들 때 가난한 국가들의 재무 대차대조표는 분명히 개선될 수 있겠지만, 가난한 사람들의 삶의 질에 끼치는 실질적인 효과는 거의 없을지도 모릅니다.

그것이 빚[채무] 탕감 문제가, 그런 빚[채무]들이 전 사회들과 전 세계를 가로지르며 계약되고, 이행되며, 불평등하게 부과되어 온 방식에 대한 역사적·정치적 문제들을 필연적으로 제기하는 이유입니다. 빚[채무]을 계약하는 공식 당사자들과, 국가 부채[빚짐]의 짐을 안고 살아가기 위해 애쓰는 수많은 사람들 사이에 불균형이 언제나 존재한다는 것은 조금도 과장이 아닙니다. 현대의 전지구적 경제에서, 빚짐을 불운이나 잘못된 계획의 우연한 산물로 생각해서는 안 됩니다. 우리가 본 바와 같이, 빚짐은 사회적 협의와 정치적 자율의 오랜 형식들을 대체하도록 고안되어, 모든 곳에서 위로부터의 통제와 네트워크 훈육의 체제로 기능합니다. 이 체제가 자리를 잡음에 따라, 사회적 삶의 모든 차원은 채권자들과 그들의 현지 집행자들의 바람대로 재구조화될 것입니다. 노동 및 교육에서부터 깨끗한 물

및 공기에 이르는 모든 것에 대한 접근은 제한되고, 지역 경제의 모든 구성 요소가 점점 전지구적 시장의 직접적인 압력하에 놓이게 될 것입니다. 전지구적 남부 전역에서 이 과정은 수십 년째 진행 중입니다. 사실 노예화와 식민화 그리고 빚짐 사이의 점들을 연결하는 방식에 따라서는 수 세기째 진행 중이라고 할 수 있습니다. 그리고 그것이 빚[채무]의 완전한 소거가 원리적으로는, 국내외 채권자들이 부과하는 금융적 의무뿐 아니라, 지배 엘리트들의 정치적 지배로부터의 진정한 해방을 빚진 사람들에게 부여하는 이유입니다. 그러나 절대 그런 식으로 진행될 것 같지는 않습니다. 왜 그럴까요?

우리는 부시의 미주개발은행 연설로 되돌아가야 합니다. 이 연설은 미국의 원조를 발전도상국에 대한 신자유주의적 정책 처방과 연계하는 새로운 시도를 보여 주었습니다. 부시는 2002년 3월 연설에서 새천년도전계정Millennium Challenge Account 을 발표했는데, 이는 발전도상국의 사활이 걸린 위기를 다루는 유엔의 대표적 계획인 유엔 새천년개발목표에 대한 부시 행정부의 응답이었습니다. 부시는 원조가 부유한 정부와 가난한 정부 모두의 "책임"이어야 한다고 강조하면서, 기존의 "융자 조건" 조항들이 여전히 너무 취약하며 미래의 원조는 이전보다 세밀하게 감독되고 면밀하게 겨냥된 목표를 가지게 될 것이라고 시사했습니다. 그리고 이 프로그램이 최고의 목적에 부합했음을 증명하기 위해 부시는 발전도상국들을 돕기 위한 노력을 테러와의 전지구적 전쟁과 연계시켰습니다. 세부 사항을 보면, 부시는 향후 3년에 걸쳐 증강되는, 연간 50억 달러의 증가를 제의했습니다. 이 예산액은 틀림없이 보노의 주목을 즉시 끌었을 것입니다. 보노의 멘토인 제프리 삭스Jeffrey Sachs의 감독하에 2000년에 공들여 만든 유엔 새천년목표는 대외 원조의 상당한 증대와 가난한 국가들의 인간 복지에 있어 두드러진 개선을 요구했습니다. 그러므로 부시의 새천년도전[계정]이 미국이 이미 약속했던 것에 크게 미치지 못했다는 것은 곧 명백해질 터였습니다. 삭스가 직접 지적했던 것처럼, 부시의 50억 달러 공약은 그것이 이행된다 하더라도 한해 GNP의 0.05퍼센트에도 미치지 못하는 반면, (유엔 회원국들 스스로 동의했던) 유엔 목표는 부유한 국가들이 2015년까지 한해 GNP의 0.7퍼센트를 내놓을 것을 요구했습니다. 실제로 삭스는 부시의 2002년 연설을 혹평했는데, 그것은 (그럼에도 불구하고 그가 근본적으로 동의했던) 가난한 국가들이 당면한 문제들에 대한 그 연설의 분석과 그 연설이 해결책으로 내놓았던 쥐꼬리만 한 금액 사이의 "단절" 때문이었습니다.[4] 보노는 부시가 새천년목표를 크게 훼손하고 있었다는 걸 알았지만, 무대 위에 앉아 있거나 또는 이후에 사진기자들을 위해 백악관 잔디밭을 가로질

---

4. Jeffrey Sachs, *The End of Poverty : Economic Possibilities for Our Time* (New York : Penguin Press, 2005), p. 337 [제프리 삭스, 『빈곤의 종말』, 김현구 옮김, 21세기북스, 2007, 503쪽].

러 걸어가면서 아무런 내색을 하지 않았다고 추정해 볼 수 있습니다.

오늘날 분명 새천년도전계획이 성취한 것이라곤 세계의 빈자를 돕는다는 미국 정부의 약속에 대한 기대를 손상시킨 것 외에는 거의 없습니다. 부시가 2002년에 제시한 향후 4년 계획의 일정표를 따라가 봅시다. 첫째, 그 계획의 새로운 관료 기구인 새천년도전공사Millennium Challenge Corporation를 설립하는 데 2년 이상 소요되었습니다. 새천년도전공사는 충분한 자금지원과는 완전히 거리가 멀었습니다. 3년간 100억 달러는커녕, 의회는 42억 5천만 달러만 책정했습니다. 그중 새천년도전공사가 실제로 승인한 프로젝트는 16억 달러에 불과했고, 그중 지출된 액수는 약 1천 9백 5십만 달러뿐이었습니다.[5] 그 숫자들을 다시 한 번 봅시다. 2002년 3월 그날에 약속했던 이미 불충분했던 총액 중에서, 4년 뒤 5분의 1도 안 되는 금액이 그마저도 특정 국가들에 배정되었고, 그중 (전체의 2퍼센트 미만인) 아주 적은 일부만이 실제 어딘가로 지출되었습니다. 그러나 새

---

5. Michael A. Fletcher and Paul Blustein, "With New Leader, Foreign Aid Program Is Taking Off," *Washington Post*, January 31, 2006, p. A15. 다음의 글도 참고하라. Celia W. Dugger, "U.S. Agency's Slow Pace Endangers Foreign Aid," *New York Times*, December 7, 2007, p. 1. 더거(Celia W. Dugger)는 승인된 48억 달러 중에서, 2007년 말까지 지출된 금액은 1억 5천 5백만 달러에 그쳤다고 보도했다. 지출액과 약정액에 대한 현 자료는 온라인(http://mcc.gov)에서 볼 수 있다.

천년도전공사의 만성적인 재원 부족과 비효율성은 국가 주도 개발의 거부 및 공식 원조에 대한 지출 축소starve-the-beast 태도와 밀접한 연관이 있습니다. 그 공사의 프로그램은 보노가 구매 권유를 하며 강조하길 좋아하는 실용성 있는 인명 구조 물품들(말라리아 방지 모기장과 마을 우물)과는 거의 아무런 관련이 없습니다. 그 돈이 주로 겨냥하는 것은 농업·관광·금융에서 발달 중인 민간 부문 비즈니스와 인프라(항구와 도로) [건설]입니다. 실제로 새천년도전공사는 헤리티지 재단[6]과 프리덤 하우스[7], 세계은행 그리고 기타 기관들이 생산하는 일련의 지표들을 이용하여 예비 수혜국들의 등급을 매깁니다. 보노가 줄곧 촉진해 왔던 합의는 결국 이런 것이었습니다. 생명 구조에 대한 긴급한 요청이 자유 기업을 확산시키기 위해 오래 계속된 캠페인임이 드러납니다.

그 반대로, 2006년 1월까지 같은 기간 동안 이라크 전쟁과 복구에 들어간 비용이 2천 5백 1십억 달러라는 것을 감안해 봅시다. 행정부가 새천년도전을 위해 겨우 40억 달러가 조

---

6. [옮긴이] Heritage Foundation. 미국 워싱턴에 본부를 둔 보수 성향의 씽크탱크. 1973년에 설립되었으며, 레이건의 임기 동안 미국의 보수적 흐름을 주도적으로 이끌었다. 여전히 미국의 공공 정책 결정에 큰 영향력을 행사하고 있으며, 미국에서 가장 영향력 있는 보수 성향 연구 기관 중 하나로 꼽힌다.

7. [옮긴이] Freedom House. 1941년에 설립된, 미국 워싱턴에 본부를 둔 비정부 기구. 민주주의, 정치적 자유, 인권 등을 연구하며 관련된 활동을 벌이고 있다. 각 국가의 자유도를 평가하는 보고서를 매년 발간하고 있으며, 이 보고서는 정치학자, 저널리스트, 정책입안자들에 의해 자주 인용된다.

금 넘는 돈을 긁어모으느라 애를 먹었던 그 기간 동안, 이라크에는 60배가 넘는 비용이 지출되었습니다. 『파이낸셜 타임즈』 칼럼니스트 마틴 울프가 썼듯이, "새천년도에〔전쟁에 책정된〕예산액은 모든 발전도상국가들에 대한 세계 전체 순 연간 공식 개발원조액의 10배입니다."[8] (이라크 전쟁에 의회가 책정한 금액은 2010년 봄까지 7천 4백 8십억 달러에 달했고, 복구를 위해 추가로 5백 3십억 달러가 듭니다.[9]) 게다가 참전 군인을 위한 의료비와 미국인 인명 희생을 포함하여 예산으로 계산되지 않는 비용이 존재합니다. 2008년 조지프 스티글리츠와 린다 빌메스는 (이라크인의 인명 희생은 고려하지 않은) 전쟁의 총 경제 비용이 3조 달러까지 늘어날 것으로 추산했습니다.[10] 미국 정부가 무언가를 간절히 원할 때 그렇게 엄청난 돈을 지출할 수 있고 비용이 얼마나 들든 개의치 않는다면, 우리는 미국 정부가 아프리카에 대해서는 얼마나 무관심한지 짐작해 볼 수 있습니다. (물론 똑같은 교훈을 금융 위기에서 얻을 수도 있습니다. 은행과 보험회사 그리고 헤지펀드의 구제를 위해서는

---

8. Martin Wolf, "America failed to calculate the enormous costs of war," *Financial Times*, January 11, 2006. 온라인(http://ft.com)에서 볼 수 있다.

9. Matthew Duss, Peter Juul, and Brian Katulis, "The Iraq War Ledger," 2010년 5월 6일 발행, 온라인(http://americanprogress.org)에서 볼 수 있다.

10. Joseph Stiglitz and Linda Bilmes, *The Three Trillion Dollar War : The True Cost of the Iraq Conflict* (New York : W.W. Norton, 2008) [조지프 스티글리츠·린다 빌메스, 『오바마의 과제 : 3조 달러의 행방』, 서정민 옮김, 전략과 문화, 2009].

수십억 달러가 지원된 반면, 전지구적 침체로 위기에 처한 이들에게 지원된 돈은 거의 한 푼도 없었습니다.)

미끼를 던지고 태도를 바꾸는 술책들은 부시의 아프리카 에이즈 정책에서도 만연했습니다. 화려한 팡파르와 함께 발표한 달러와 백분율 [수치는] 실현되지 않았고, 지출되었던 상당한 기금조차 매우 논쟁적인 의제에 투입되었습니다. 행정부의 전략은 한편으로는 가난한 국가들의 복제약 제조를 억압하고 싶어 하는 거대 제약회사들을 법적·금융적으로 지원했고, 다른 한편으로는 [에이즈] 예방 조치로서 금욕과 일부일처제를 크게 강조했습니다. 미국 정부가 거대 제약회사들과의 특허권 보호 협상을 중개했기 때문에, 사실 이전보다 더 많은 사람들이 항레트로바이러스제를 공급받았습니다. 물론 이 전략은 대가가 있습니다. 위기에 처한 국가들이 특허권을 위반하는 것만으로도 구할 수 있었을 사람들의 숫자와 대비하여 친親특허권 접근이 "구한" 사람들의 숫자를 세야 하는 걸까요? 그리고 세밀하게 훈계하는 공중 보건 캠페인이 입힌 피해는 누가 수량화할 수 있을까요? "없는 것보다 낫다"로 그 성과 기준이 시작하는 한, 진보의 외관은 언제나 존재할 것입니다. 실질적으로 바뀌는 것은 아무 것도 없을지라도 말입니다. 그러나 다른 우선순위들이 우세했더라면 더 많은 사람들이 살 수 있었을지 묻지 않고, 부시 대통령의 정책으로 "오늘날 살아 있는" 사람들의 숫자를 찬양하기 ─ 이것이 보노가 반복하는 후렴이다 ─ 란 어려운 일입니다. 즉 다르게 말하면, 초강대국 자신이 어딘가에서 구한 생명들을 자랑스럽게 떠벌릴 때마다, 그 강대국이 다른 어딘가에서 빼앗은 목숨에 대해 질문하는 것이 절대적으로 필요합니다.

당근이 현실화되지 않아도, 채찍은 늘 현실화됩니다. "책임"이라는 부시의 완고한 수사는 대외 원조에 대한 논의의 기조가 되었습니다. 그것이 실제로 의미하는 바는 연이은 행정부들이 워싱턴 컨센서스의 기치하에 전 세계에 "자유"의 확산을 요청했던 방식으로 가늠할 수 있습니다. 유순하고 고분고분한 국가들은 진정한 민주주의 국가로 환대받겠지만, 워싱턴의 지시를 따르기를 주저하는 국가들은 버림받을 것입니다. 원조가 "강제된 자유화"를 요구하는가는 문제가 아닙니다. 그 문제는 이미 무력으로 결정되었습니다. 자유화의 혹독함과 주권 우선순위의 굴복이 이미 일어난 곳에서, 원조와 투자는 좀 더 자유롭게 흐를 것이고, 그렇지 않은 곳에서 원조는 더 작고 더 좁은 목적들을 위해 배분될 것입니다. 이러한 처방에 대한 어떤 도전도 ― 민주적으로 선출된 볼리비아 정부가 가스 산업 국유화를 고려할 때처럼 ― 엄중한 경고와 공개적인 위협에 부딪힙니다. "책임"은 "융자 조건" 다음에 찾아오는 압박입니다. 그것은 원조국에 의한 보다 엄격한 심사와 수혜국에 의한 보다 내생적인 복종을 의미합니다. 이 접근은, IMF가 긴축 정책들의 실패를 인정할 때에도 IMF 긴축 정책들에 대한 보상을 거두어들입니다. 우리는 수십 년간의 빚[채무] 노역이 이미 통상적인 효과들 ― 철저히 약탈당하고 재구조화된 경제, 취약해진 국가, 무력화된 시민사회 ― 을 가져온 곳에만 빚[채무] 탕감이 허가될 거라고 예상할 수 있습니다. 그런 황폐화된 땅에서는 "자유"라는 이름으로 이미지를 쇄신한 새로운 종류의 종속이 분명 커질 것입니다.

2002년으로 돌아가면, 부시는 "발전도상국가들"에 대한 자신의 계획을 몬테레이 회의에서, 그리고 좀 더 분명하게는 2002년 9월에 공개된 국가안보전략 문서에서 반복해서 언급했습니다. 우리가 보았듯이 그 문서는 미국의 경제적·군사적 세계 지배를 주장하고, 자유무역을 "도덕적 원리"로 떠받들며, 어떠한 위협에 대해서도 선제공격의 사용을 정당화합니다. 수년 동안 보노는 이 모든 것들이 어떻게 서로 잘 어울리는지에 대해 생각하면서 많은 시간을 보냈습니다. 그때나 지금이나, 그가 행정부의 전지구적 전략의 어떤 요소에 대해서도 실질적으로 동의한 적이 없다고 여길 이유가 있을까요? 한 차례의 사진 촬영부터 그 다음 사진 촬영까지, 보노와 부시의 이미지는 똑같은 모습을 유지했습니다. 주요한 새 정책을 발표하고, 비율을 두고 공적 흥정을 벌이며, 전례 없는 성취에 대한 축사를 하고, 다음에는 더 많은 자금을 투여할 것을 요청하는 것입니다. "비상사태"에 대한 긴박한 환기가 절대 누그러들지 않듯이, 더 열심히 노력하자는 소박하고 낙관적인 간청도 누그러들지 않을 것입니다. 이 모순들을 받아들이려면, 망상적인 계획과 실망스러운 이행 그리고 계속되는 파국 간의 이접disjuncture에 익숙해져야 합니다. 우리는 계속해서 늘 압박을 가하고, 동전 한 닢도 중대한 문제들에 도움이 된다는 접근법에 동의하면서, 장기적으로 대비할 것을 요구받습니다. 이러한 방식으로 우리는 전지구적 빈곤을 다루는 유일한 길이 존재하고(그것을 메시아 신자유주의라고 합시다), 그것의 기본 원리는 논란의 여지가 없고 널리 공유되어 있으며, 보노와 여러 국가 수장들 사이에서 유일하게 실재적인 논의가 이루어지고 있다는 생각에 길들여지게 됩니다. 우리는 (항상 또 다른 사진 촬영으로 기념되는) 그런 대화들이 세계 빈민을 위한 가능성의 스펙트럼을 고갈시킨다는 점을 인정하지 않으면 안 됩니다. 게다가 전지구적 남부를 가로지르는 정치적 발전을 보면, 보노의 끊임없는 환심 공세가 유일한 희망이 아님을 깨닫기란 쉬운 일입니다. 실제로 그것은 최고의 희망이 아니며, 대단한 희망도 전혀 아닙니다.

2005년 동안, 특히 〈라이브8〉과 글렌이글스 G8 회담을 둘러싼 미디어 대공세 동안 보노의 이미지는 새로운 편재성을 획득했습니다. 제이미 드러몬드가 쓴 것처럼, "우리의 최고 추정치에 따르면 〈라이브8〉과 G8 정상회담은 올해 미국에서만 27억 개 이상의 미디어 임프레션impressions을 얻었습니다."11 드러몬

11. Jamie Drummond, DATA website. 다음의 주소에 게시되어 있다. http://

드가 〈라이브8〉과 G8 회담이 마치 동일한 이벤트인 것처럼 이야기하는 것이 인상적입니다. "미디어 임프레션"이 무엇인지 알기란 어렵지만 — 27억 개의 임프레션이 어떤 의미가 있는지는 고사하고 — 하나의 텔레비전 이벤트, 6월 26일 보노가 출연한 〈미트 더 프레스〉Meet the Press에 주목해 봅시다. 보노의 얼굴과 목소리는 팀 루설트Tim Russert가 "생중계로" 보노와 인터뷰를 할 수 있도록 더블린에서 워싱턴의 스튜디오로 전송되고 있었습니다. 바로 직전에 루설트는 이라크 전쟁에 대해 도널드 럼스펠드와 인터뷰했습니다.

보노는 럼스펠드와 같은 스튜디오에 있지 않았지만, 그는 같은 프로그램을 함께했습니다. 사이사이에 금융 서비스 기업들과 보잉사 그리고 농업 복합기업 〈아처 대니얼스 미들랜드〉Archer Daniels Midland의 광고 방송 몇 개가 끼어들었을 뿐입니다. 이 모든 이미지들이 서로 훌륭하게 잘 어울린다는 것을 깨닫기란 쉬운 일입니다. 텔레비전은 시시각각 피할 수 없는 접속제작 방식을 가지고 있습니다. 때때로 놀랍게 때때로 전혀 놀랍지 않게.

루설트는 보노에게 여러 가지 좋은 질문들을 던졌습니다. 〈라이브8〉과 관련하여 그는 보노와 겔도프가 이라크 전쟁을

---

data.org/archives(2006년 1월 12일 접속). 〈다타〉(DATA, Debt Aid Trade Africa) 그룹은 보노의 〈원〉(ONE) 그룹과 2007년에 합병했다.

두고 부시와 블레어Blair에 대한 어떤 비판도 하지 않기로 합의 했다는 것이 사실인지 물었습니다. 보노는 대답했습니다. "물론 입니다. 이것은 다른 전쟁입니다. 이것은 테러와의 전쟁보다 훨씬 더 쉽게 승리할 수 있는 전쟁이며, 우리는 대통령과 다른 이들이 테러와의 전쟁에서 승리를 거두는 행운이 따르기를 바랍니다." 보노는 대對 아프리카 원조의 "책임"과 관련하여 루설트에게 [다음과 같이] 말했습니다.

> 아프리카가 당면한 제1의 문제는 부패입니다. 자연재해도 아니고 에이즈 바이러스도 아닙니다. 이것이 제1의 이슈이고 다른 방법은 없습니다. 그것이 바로 부시 대통령의 새천년도전에서 아주 현명했던 점이었습니다. 그것은 새로운 민주주의에 착수하는 비용이었습니다. 그것은 부패와 씨름하고 있는 국가들에게만 원조 공급을 늘리는 것이었습니다. 그것은 아주 현명한 일입니다. 그것은 — 새천년도전은 이행되지 않았습니다. 그것은 곤경에 처해 있습니다. 그들은 그것을 인식하고 있습니다. 부시 대통령은 그와 관련하여 난처한 입장에 있습니다. 그들은 그것을 바로잡기 위해 노력하고 있습니다. 그러나 그 아이디어, 그 개념은 훌륭한 것이었습니다.[12]

---

12. NBC News, *Meet the Press*, transcript for June 26, 2005, p. 23. 다음 주소에서 볼 수 있다. http://msnbc.msn.com.

우리는 새천년도전공사가 얼마나 편협하게 초점이 맞추어져 있고 형편없는 지원을 받았는지 이미 살펴보았습니다. 그럼에도 보노는 결정적인 순간에 부시 행정부를 위한 수습책을 수행하면서, 다시 한 번 전적인 지지를 보냈습니다.. 국무부가 이 방송 다음 날 의기양양하며 다음과 같은 제목을 단 보도자료를 발송한 것은 당연한 일입니다. "기록적인 수준에 도달한 미국의 대 아프리카 원조. 겔도프, 보노, 스코틀랜드 G8 정상회담에 앞서 부시에게 찬사를 보내다."[13]

그 방송 바로 몇 분 전에, 루설트는 테러와의 전쟁의 진행 과정과 이라크의 민주주의 전망에 대해 럼스펠드에게 물었습니다. 럼스펠드는 [이렇게] 대답했습니다.

이라크인들은 선택권이 있습니다. 그들은 전과 같이 참수형이 존재하고 소규모 집단이 국가 전체를 운영하는 어둠의 경로로 내려가거나, 아니면 헌법에 따라 상대방으로부터 보호받고 여성들이 참여하는 대의제를 가지게 될 것입니다. 그리고 나는 그들이 빛의 경로를 선택할 것이라고 생각합니다. 인

---

13. State Department, "Rock Star Bono Applauds Bush Efforts to Aid Africa, Cites AIDS Funding, Anti-corruption Element of Millennium Challenge Account," 2005년 6월 27일에 작성된 보도자료. 6월 28일에 수정됨. 다음 주소에서 볼 수 있다. http://america.gov. 국무부 웹페이지 관리자가 기사 설명을 위해 2002년 3월에 촬영된 부시와 보노의 AP통신 사진을 사용했다는 것은 주목할 가치가 있다.

류 역사의 진보는 자유를 향합니다. 레바논과 쿠루디스탄, 우크라이나와 이 국가들에서 일어난 일을 보십시오. 나는 우리가 미래에 대해 낙관적일 수 있다고 보지만, 그것이 험난하고, 험난하며, 험난한 세계이며, 그 사이 길에는 많은 장애물이 있을 거라는 점을 깨달아야 합니다.[14]

냉철한 현실주의가 가미된 국방장관의 망상적 낙관주의는 보노와 정말 완전히 다를까요? 한 명은 아프리카의 빈곤 및 부패와 싸우고 있습니다. [그리고] 다른 한 명은 이라크의 폭동과 싸우고 있습니다. 우리가 계속해서 듣고 있는 건 우리 눈앞에 끝도 없이 펼쳐진 동일한 전쟁[15] — 메타포 없이 — 에 대한 이야기입니다.

보노와 인터뷰하는 동안, 루설트는 〈원〉ONE 캠페인의 광고 일부를 재생했습니다. 그것은 넬슨 만델라Nelson Mandela의 말을 담고 있습니다. "우리는 지금 리더십과 신중함과 정치적 용기가 필요합니다." 루설트는 [이렇게] 논평했습니다. " '정치적 용기.' 그 단어들은 부시 대통령과 다른 지도자들에 대한 직접적인 도전처럼 보입니다." 이에 대해 보노는 [이렇게] 응답했습니다. "네. 맞습니다. 그것은 도전입니다." 그는 유럽 국가들이

---

14. *Meet the Press* transcript, p. 4.
15. [옮긴이] 저자는 앞서 보노가 테러와의 전쟁과 빈곤과의 전쟁에 대해 "다른 전쟁"이라고 말한 것을 "동일한 전쟁"으로 바꾸어 말하고 있다.

(GDP 대비) 개발 원조를 늘렸다고 찬양했습니다. 반면 "미국은 약 0.17〔퍼센트〕로 떨어져 있습니다. 0.2가 시야에 있습니다. 그러나 이 문제를 정말 진지하게 고려하려면, 미국은 0.3, 0.4, 0.5까지 나아가야 합니다. 그것이 여기서 우리의 바람입니다. 그리고 우리는 거기까지 나아가는 데에는 시간이 걸린다는 것을 알고 있습니다. 우리는 당신이 적자 문제를 안고 있다는 것을 알고 있습니다. 우리는 진행 중인 전쟁이 있음을 이해합니다."[16]

이 숫자들에 밑줄을 그어 보십시오. 보노는 미국이 원조 수준을 GDP 대비 0.3, 0.4, 또는 0.5퍼센트로 끌어올려야 한다고 가볍게 제안합니다. 그러한 증가는 새천년도전이 약속하는 것의 3배, 5배, 혹은 7배를 필요로 한다는 점을 그는 알아야 합니다. 그리고 약속과 구체적 합의 그리고 실제 지출 간의 차이가 있기 때문에, 전체 원조 체계가 자금을 전달하기 위해서 수백 배는 더 효율적이고 효과적으로 되어야 한다는 점은 분명합니다. 모든 것 — 그 대통령, 그 의회, 그 적자, 그 전쟁 — 을 고려해 볼 때, 이것은 전혀 진지한 바람이 아니었습니다. 루설트는 이의를 제기하지 않았고, 시청자들은 보노가 자신의 요구에 대해 감탄할 정도로 완고한 것인지 아니면 단순히 솔직하지 못한 것인지 단정하기 어려웠습니다. 정치적 상황에서의 근본

---

16. *Ibid.*, p. 21.

적인 변화가 필요하다는 언급 없이 그런 목표를 이야기하는 것은 공상적인 이상주의가 아니라 허위 정보입니다. 매스미디어 노동 분업에서, 정치인은 사실에 대해 거짓말을 하고 유명인사는 희망에 대해 거짓말을 합니다.

우리는 또한 이 원조 증대가 정말로 큰 도움이 될 것인지 아닌지, 그것이 발전도상국들의 문제를 해결할 것인지 즉, "빈곤을 역사로 만들" 것인지 아닌지의 문제는 제쳐놓을 수 있습니다. 우리가 원조가 어떻게 지출되어야 하는지에 대한 논쟁에 뛰어들 필요는 없습니다. 그것이 분명 중대한 문제이긴 하지만 말입니다. (경제학자 로버트 폴린Robert Pollin은 신자유주의적 무역 체제와 연합한 보노의 원조 제안이 신자유주의에 대한 대안을 구축하는 노력보다 훨씬 더 해로울 것이라는 타당한 주장을 했습니다.17) 여기서는 우리의 목적을 위해 이미지의 수준에서, 보노의 캠페인이 가장 공격적인 제국적 권력들과 연

---

17. Robert Pollin, *Contours of Descent : US Economic Fractures and the Landscape of Global Austerity* (London : Verso, 2003), pp. 163~8. 한편, 현대의 제국적 통치의 집행에서 원조의 효과에 대한 의문들을 전 세계은행 경제학자 윌리엄 이스터리(William Easterly)가 *The White Man's Burden*(New York : Penguin Books, 2006)[『세계의 절반 구하기』(미지북스, 2011)]에서, 그리고 전 골드만 삭스 경제학자 담비사 모요(Dambisa Moyo)가 *Dead Aid* (New York : Farrar, Straus & Giroux, 2009)[『죽은 원조』(알마, 2012)]에서 제기해 왔다. 모요는 모든 개발 원조를 끝내고 아프리카 정부들에게 충격 요법을 처방해야 한다는 주장 때문에 [자신을] "안티-보노"로 확신하는 언론보도를 얼마간 경험했다. 삭스가 그러한 계획에 반대했을 때, 그녀는 하버드에 재학하던 당시 그에게서 그 방안을 배웠다고 유쾌하게 지적했다.

합하는 그 순간에도 그 캠페인을 공평무사하고 박애주의적으로 보이도록 만들기 위해서, 얼마나 많은 완곡어법과 오도誤導가 이용되어야 하는지를 보여 주는 것만으로 충분합니다.

방송 초반에 루설트는 럼스펠드의 전前 부장관 폴 월포위츠Paul Wolfowitz가 2003년 3월 의회에서 증언한 진술을 인용했습니다. "우리는 비교적 빠르게 복구에 실제로 자금을 댈 수 있는 국가〔이라크〕와 상대하고 있습니다. ……그 국가는 석유 수입으로 향후 2년이나 3년 동안 500억 달러에서 1천억 달러 사이를 벌 수 있을 것입니다." 그 다음 루설트가 럼스펠드에게 물었습니다. "당신은 전쟁 비용을 오판한 것인가요?" 그러자 럼스펠드는 어깨를 으쓱하며 그 질문을 무시했습니다. "나는 전쟁 비용을 한 번도 추산한 적이 없습니다. 인명 손실이나 금전적 비용을 어떻게 추산할 수 있나요? 나는 일관되게 그것을 피해 왔습니다."[18] 전쟁을 지휘하던 시기에 럼스펠드는 숫자를 멋대로 다뤘고, 그것은 또한 그가 인명을 다루는 방식이었습니다. 그는 인명을 전혀 신경쓰지 않았습니다.

월포위츠는 이라크전의 비용에 대해 처참할 정도로 오판한 뒤, 자신의 전문지식에 대해 세계은행 총재 ― 짧은 수명으로 판명된 재임 ― 라는 보상을 받았습니다. 그는 총재직 취임 이후 곧 보노와 대화를 원한다는 표현을 했고, 보노는 즉각 그 부름에

---

18. *Meet the Press* transcript, p. 13.

응했습니다. 이후 월포위츠와 보노는 〈라이브8〉 무대 뒤에서 만났고, 세계은행은 자신의 웹페이지에 자랑스럽게 홍보했습니다. 럼스펠드와 콘돌리자 라이스, 로버트 게이츠Robert Gates, 그리고 나머지 행정관은 "빛의 경로"[19]에 따른 인명 손실을 계산하려는 어떤 시도도 여전히 공개적으로 멸시했습니다. 어떻게 보노는 그런 집단에 들어가 여전히 넬슨 만델라의 도덕적 권위에 호소할 수 있을까요? 전쟁을 향한 돌진에 대한 만델라의 비판을 떠올려 보십시오. "미국의 태도는 세계 평화에 대한 위협입니다…… 현재 미국이, 자신이 세계 유일의 초강대국이고 원하는 것을 할 수 있다고 여긴다는 것은 의심의 여지가 없습니다."[20] 부시 행정부 집권 내내 무슨 일이 있든지 간에 보노는 계속해서 대통령뿐 아니라 그 주변의 이들과 거래했습니다. 의제가 바뀔 때조차, 그 이미지는 동일하게 남았습니다. 반복해서 웃고 악수를 나누는 것입니다.

2005년 말까지 주류 미디어 논평은 G8 회담에 뒤이어 타결된 빛[채무] 탕감과 원조 그리고 무역 협정에 대해 조심스럽게 낙관했습니다. 이 합의들이 그다지 필요한 것이 아님은 물론,

---

19. [옮긴이] 앞에서 인용된 럼스펠드의 인터뷰에서 따온 말이다. 그는 전쟁 이전 이라크의 상태를 "어둠의 경로"로, 그리고 미국이 가져다 줄 '자유를 향한 진보'를 "빛의 경로"로 묘사하고 있다. 즉 빛의 경로에 따른 인명 손실이란 미국이 일으킨 전쟁으로 인해 발생한 인명 손실을 가리킨다.

20. Nelson Mandela, interview, "The United States Is a Threat to World Peace," *Newsweek*, September 10, 2002.

처음 생각했던 것과는 완전히 다르다는 인식이 확산되었습니다. 또다시, 잘 훈련된 냉소가들은 그 전체 사건을 둘러싼 과장된 선전을 비난했고, 날카로운 비평가들은 그 합의들이 시행 과정에서 축소되었다는 점에 주목했습니다. 전과 같이, 오래된 빚[채무]의 말소와 새로운 원조 제공 사이의 구별이 절대적으로 중요했지만, 공식 발표에서는 눈에 띄게 흐릿한 채로 남았습니다. 그럼에도 불구하고 어떤 좋은 일이 일어났고, 〈빈곤을 역사로 만들자〉Make Poverty History, MPH 캠페인이 그 결과를 형성하는 데 있어 중요한 역할을 했음을 부인하는 것은 너무 인색한 일처럼 보일지도 모릅니다.

하지만 그러한 견해를 받아들이려면, 우리는 보노와 겔도프 그리고 〈빈곤을 역사로 만들자〉 캠페인이 효과적으로 "여론"을, G8 정부들과 다자간 금융기관들을 압박할 수 있는 집합적 신체로 결집시켰다고 믿어야만 할 것입니다. 우리는 그 모든 이른바 "미디어 임프레션들"이 일 년 내내 계속되는 하얀 손목밴드[21]의 공세, 공공 집회, 대중 콘서트, TV 광고, 인터넷 청원, 신문 사설, 그리고 NGO 성명서들과 함께 충분한 정치적 변화의 바람을 일으켜 관료와 정치인들이 옳은 일을 하도록 이끌기 위해 마침내 하나로 뭉쳤다고 믿어야 할 것입니다. 사태가 그런 식으로 진행된다고 믿는 것은 좋지만, 의심할 근거들이

---

21. [옮긴이] 빈곤 퇴치 운동에서 국제적으로 사용되는 공통의 상징.

있습니다.

　우리는 〈라이브8〉을 〈F15〉[22]와 비교할 수 있습니다. 2003년 그날 전 세계에서 수백만 명의 사람들 ― 최소 1천 4백만 명, 최대 무려 2천만 명에 이르는 ― 이 이라크에서의 전쟁 조짐에 반대하기 위해 거리로 나섰습니다. 그 수백만 명의 사람들과 더 많은 사람들이 정부에 대한 진정한 반대가 주는 흥분과 낙담을 경험하도록 내버려 둔 채, 어쨌든 전쟁은 시작되었습니다. 그에 따라 지배 권력들이 대규모 대중 시위를 자신들의 정당성의 위기보다는 치안 문제로 취급할 수 있다는 점이 전례 없이 분명해졌습니다. 대중의 불만을 공통의 기획으로 바꾼다고 여겨지는 민주주의적 기구들은 영구히 고장 난 것처럼 보입니다.

　〈F15〉는 전쟁이 시작되기 전에 전쟁을 중지시키려고 했습니다. [반면,] 〈라이브8〉은 몇 주 전에 장관과 관료들이 이미 결정한 경제 계획을 지지하고자 했습니다. 정치적 행동으로서 〈라이브8〉의 가치는 당연한 이야기를 함으로써 그리고 겉으로 고통 없고, 마찰 없는 합의로 청중들을 포용함으로써 기쁨을 이끌어 내는 방식에 있습니다. 미디어 스펙타클을 통한 대규모 군중 동원은 근본적으로 보수적입니다. 그것은 아래로부터의 표현 수단으로 기능하기보다 위로부터 정의된 목적에 기여합니

---

22. [옮긴이] 2003년 2월(February) 15일, 임박했던 이라크 전쟁에 반대하는 시위가 전 세계적으로 6백 개 이상의 도시에서 동시다발적으로 진행되었다.

다. 그러므로 〈라이브8〉을 신생 텔레비전 후원자들의 정치적 영향력을 보여 주는 성공적인 노력으로 여기기보다는, 공명共鳴하고 인도적으로 보이기를 간절히 원하는 정부들 ― 특히 미국과 영국이 그렇지만, 심지어 러시아도 포함됩니다 ― 을 대신한 "공공 외교" 캠페인으로 생각하는 것이 훨씬 더 타당해 보입니다. 〈라이브8〉은 청중들에게 타성적인 관객성spectatorship으로 정치적 대행만을 행사하자고 명시적으로 제안했습니다. 이는 〈아메리칸 아이돌〉23의 시청자보다 못한 표현력을 지닌 역할입니다. 현대 미디어 민주주의에서 일종의 덧없는 대중의 정당성은 바로 그렇게 값싸게 구매될 수 있습니다. 그것이 그런 이벤트가 선진 소비자 사회에서 관례적인 권력 행사에 대한 완벽한 보충물로 복무하는 이유입니다. 사람들로 하여금 이미 결정된 것을 요구하도록 조장함으로써, 정부는 마치 대안이 없는 것처럼 명령을 내리며 선한 공적 양심과 성취감을 대량으로 만들어 냅니다.

〈라이브8〉은 20년 전에 진행된 〈라이브 원조〉Live Aid의 영향을 받았지만, 그것의 역사적 위치는 지난 몇 년의 사건들에 훨씬 더 직접적으로 근거를 두고 있습니다. 〈라이브8〉은 두 종류의 위기 국면에서 열렸고, 〈라이브8〉의 성공은 그 위기들을

---

23. [옮긴이] 2002년부터 시작된 미국의 오디션 프로그램으로, 미국 방송 역사상 가장 성공적인 쇼 프로그램 중 하나로 꼽힌다. 본선 심사가 100% 시청자 투표에 의해 결정된다.

화해시키는 것처럼 보였던 방식에 있습니다. 한편에는 전지구적 반자본주의 운동에서의 위기가 있었습니다. 이들은 시애틀과 제노바 이후 커진 모멘텀을 회복하기 위해 분투해 왔습니다. 〈빈곤을 역사로 만들자〉에 대한 대중적 지지의 상당수가 그 운동의 참가자들로부터 온다는 사실은 의심의 여지가 없는 일입니다. 이들은 2005년의 캠페인들을 좀 더 포괄적인 변화를 향한 하나의 작은 발걸음으로 이해했습니다. (NGO 내부 정치에 관심이 있는 이들에게, 희년 운동과 보노와의 관계를 추적하는 일은 유익할 것입니다. 그리고 보노가 그들과 거리를 유지하기로 결정한 이유, 그리고 그들이 보노와 거리를 유지하기로 결정한 이유를 탐구하는 것도 유익할 것입니다.) 그와 동시에 매우 상이한 규모로, 지배적 경제 정설에서의 위기가 있었습니다. 그것은 자신의 내적 교의의 응집력이 흔들리는 것을, 그리고 자신의 처방이 실패하는 것을 보았습니다. 1970년대 이래 IMF와 세계은행 그리고 기타 경제 기구들이 확신을 가지고 강제한, 이른바 워싱턴 컨센서스는 그것을 실행하는 구성원들 내부로부터 광범위한 도전을 겪었습니다. 이제는 애덤 스미스의 열렬한 신봉자들조차 빈곤한 세계 전역의 쇠약한 국가들에 정부 기반 시설과 비슷한 것을 앞다투어 재건하는 것처럼 보입니다. 이처럼 새로운 종합의 기운이 무르익었습니다. 임무 그 자체 ─ 가장 부유한 개인과 기업 그리고 국가들을 위해 세계를 안전하게 만드는 것 ─ 는 변하지 않았지만, 그것은 비평가들이 일찍

이 그것에 맞서 호소했던 것과 동일한 바로 그 의로움의 논조를 차용했습니다.

제프리 삭스는 열성적인 신보수주의적 정치 풍토에 직면하여 신자유주의 경제학의 처방들을 고쳐 쓰기 위해 『빈곤의 종말』을 썼습니다. 그것은 전지구적 남부의 새로운 일군의 환자들을 대상으로 하는 그의 충격 요법 처방의 이미지 쇄신을 의미했습니다. 그 책의 출간은 글렌이글스 정상회담과 같은 시기로 맞추어졌고, 책의 주된 매력을 극대화하는 홍보 활동을 갖추었습니다. 책 표지는 다음을 알리고 있습니다. "보노의 서문." 사실 그 서문은 효과적으로 책의 주요 주제를 열거하고 있습니다. 먼저 보노는 삭스의 전문지식과 지혜를 극구 찬양합니다. 둘째, 그는 (좋은 대중가요처럼) 그 주장을 "판매"할 뿐 아니라 그 주장을 거부할 수 없고 불가피한 것으로 보이게 할 쉬운 구호를 만들려고 노력합니다. 핵심 문장을 하나만 살펴봅시다. 보노는 삭스가 "인적 자본과 금융 자본을 교차시키는 방정식, 부유한 세계의 전략적 목표들과 빈곤한 세계의 새로운 계획을 교차시키는 방정식"[24]을 제안한다고 말합니다. 우리가 그 구호들을 중요하게 받아들인다면, 그의 표현에서 어색함을 느끼지 않기란 어려운 일입니다. 우리가 세계의 모든 문제와 가능

---

24. Bono, "Foreword," in Sachs, *The End of Poverty*, p. xv [보노, 「추천의 글」, 제프리 D. 삭스 지음, 『빈곤의 종말』, 김현구 옮김, 21세기북스, 2007, 5쪽].

성들이 "자본"의 용어로 기술되어야 한다는 것을 받아들인다 해도, 왜 우리가 "인적" 자본과 "금융" 자본 사이의 방정식을 그리고 싶어 하는 걸까요? 마치 전지구적 문제에 대한 보다 엄밀한 경제적 접근이 정치의 변덕스러움에서 우리를 구원하기라도 할 것처럼, 이 방정식은 그 용어들의 균형을 유지하기는커녕, 거침없이 한 방향으로 왜곡되어 있으며, 기본적인 인간사들을 금융 언어로 고쳐 쓰고 있습니다. 무엇보다 그것이 빚[채무] 위기가 가진 문제가 아니었나요? "부유한 세계의 전략적 목표들"이 "빈곤한 세계의 계획"과 결합되면 무슨 일이 일어날까요? 그것은 모두에게 가장 파멸적인 "방정식"입니다. 거기서 부유한 세계는 자신이 선호하는 계획을 부과함으로써 자신의 전략적 우위를 확인합니다. 한 가지 측면에서 보노의 표현은 정확합니다. 그 계획은 빈곤한 세계"에서" 일어날 것입니다. 빈곤한 세계에 의해서도 아니고, 그 세계를 위해서도 아닙니다.

"새로운 패러다임"이 본질적으로 과거의 것과 동일하다는 인상을 피하기는 어렵습니다. [하지만] 이제 그 "새로운 패러다임"은 경제적 효율성보다는 도덕의 이름으로 전지구적 자유 시장 재구조화를 추구합니다. (만일 사람들이 "올바른 일"이 좀 더 효율적이고 이익이 될 것이라고 믿고 싶어 한다면, 더욱 좋을 것입니다.) 약소국은 제한적인 보건 서비스와 초등교육을 제공할 만큼 성장했을지도 모르지만, 자신의 경제적 우선순위에 대한 주권적 통제를 회복할 만큼 성장하지는 않았습니다.

볼리비아와 폴란드, 러시아에 대한 충격요법을 처방하도록 삭스를 몰고 갔던 것과 동일한, 전지구적 시장에 대한 메시아적 신념이 여기서 분야별 원조와 무역 개혁, 발전도상세계의 경제적 선별에 적용됩니다. 그 처방들은 삭스가 말하곤 했듯이, 경제에 대한 정치의 어떤 승리도 있을 수 없는 방식으로 쓰여져야 합니다. (삭스는, 볼리비아에서의 신자유주의에 대한 대중의 거부와 러시아에서의 과두정치의 부활을 경제학의 불변의 진리들로부터의 일시적 일탈로 느낍니다.) 무엇보다 삭스는 빈곤의 종말이, 부유한 세계가 조직한 축적 체제에 대한 위협은 커녕, 그것을 약화시키는 일 없이도 성취될 수 있다고 주장하고 싶어 합니다. 따라서 죄에 대한 강조는 과거에서 미래로 옮겨졌습니다. 부자들은 빈곤화와 고통을 초래했던 역사적 과정들에 대해 더 이상 죄책감을 느껴서는 안 됩니다. 왜냐하면 그것은 부자들의 부의 축적과 아무런 관련이 없었기 때문입니다. 하지만 부자들은 이제부터 타인들의 고통을 개선하는 일에 책임감을 느껴야 합니다. 왜냐하면 자신들의 안전을 위해 그것이 필요하고 만일의 경우, 자신들의 잉여로 부담할 수 있기 때문입니다.

다자간 빚[채무] 탕감과 일괄 원조가 발표되었던 글렌이글스 G8 정상회담 이후 3개월 반만에, 보노는 또 다른 사진 촬영을 위해 백악관을 다시 방문했습니다. 이번 거래는 무엇이었을까요? 그는 누구를 대신해서 거래를 하는 걸까요? 그는 누구를, 무엇을 대변하는 걸까요? 그는 자신과 같은 다른 사람들 즉, 빈자와 병자의 고통에 분개하고 죄책감을 느끼는 선의의 서구 시민들을 대변하는 걸까요? 아니면 자천한 대변인이자 옹호자로서 빈자와 병자 들 자체를 대변하는 걸까요? 보노는 부시와의 이번 만남 직전에 발행된 『롤링스톤』*Rolling Stone*과의 인터뷰에서 자신의 입장을 아주 명확하게 밝혔습니다. "나는 가장 가난하고 가장 취약한 사람들을 대변하고 있습니다. 정신적인 수준에서, 나는 그들과 함께 합니다. 나는 주먹을 휘두르고 있고, 그 주먹은 그런 기회를 가질 수 없는 사람들의 것입니다. 나는 그들의 분노, 그들의 노여움, 그들의 아픔을 대변합니다. 그 도덕적 힘은 나의 힘을 훨씬 넘어서 있습니다. 그것은 나보다 훨씬 더 무게 있는 주장입니다."[25]

그럴까요? 무슨 권리로 그는 가장 가난하고 가장 취약한 사람들을 대변한다고 주장하는 걸까요? 그는 전 세계 모든 곳에 있는 그들 모두를 대변하는 걸까요? 그가 그러한 주장으로 무슨 말을 하려던 것인지 알기란 어렵습니다. 정치적 대의代議는 적어도 민주적인 수단으로 일군의 사람들이 자신들의 대리인이나 지지자 혹은 중재자로서의 대표를 선출하는 몇 가지 유형의 심의 과정을 수반한다고 여겨집니다. 더군다나 대표

---

25. Jann Wenner, "Bono : The Rolling Stone Interview," *Rolling Stone*, October 20, 2005. 다음 주소에서 볼 수 있다. http://rollingstone.com

를 지명하는 이러한 의사 결정은 — 다른 사람들의 대표를 포함하여 — 모든 당사자들이 대표의 정당성을 받아들일 수 있도록, 그러한 행위를 주관하는 주권의 절차들과 자유의 원리들에 기반해야 합니다. 그러한 과정을 통해서만이 대표는 그 또는 그녀가 대변하는 사람들에게 책임이 있고 그들에게 답변을 해야 한다고 간주될 수 있습니다. 그러나 이런 절차상의 문제들에 대해서는 그만합시다. 보노가 가장 가난하고 가장 취약한 사람들의 "문자 그대로의" 또는 "법적" 대표일 수 없다는 것은 분명합니다. 만일 그렇다면, 그는 대통령 집무실에 서 있지 않을 것입니다.

대신 그는 자신을 수십억 명에 이르는 아주 방대한 사람들의 비유적인 그리고 정신적인 대표로 표현합니다. 그가 대변한다고 주장하는 것은 그들의 이해관계나 관점, 심지어는 희망도 아니며, 그들의 "분노, 노여움, 아픔"입니다. 즉, 그는 인간 존재들을 대변하지 않으며, 실제 삶과 유리되고 자신의 유명 이미지를 통해 걸러진 정동affects을 대변합니다. 그는 진지한 졸린 눈과 매력적인 구부정한 자세로 — 이것은 "연민"에 대해 통용되는 기표입니다 —, 수십억 명의 사람들이 자신의 이익을 위해 실제로 말할지도 모르는 모든 것을 흡수하고 편향시킵니다. "가장 가난하고 가장 취약한 사람들"은 마치 스스로 표현하지 않는 것처럼 보이지만 그렇지 않습니다. 무수히 많은 방식으로, 늘 [표현합니다]. 그들은 조리 있게 표현할 수 있고, 계획적이며,

고통이나 빈곤만으로 요약하기에는 너무 다양합니다. 그들은 또한 정부 안팎에 많은 대표들을 가지고 있습니다. 그들 모두는 들리기를 간절히 원하고 있습니다. 그중 어떤 것도 보노가 백악관에 갈 때 중요하게 다루어지지 않는 것처럼 보입니다. 사실 우리는 그것에 관해 오해해서는 안 됩니다. 그가 그곳에 있을 수 있는 건 바로 [그곳에] 그 사람들이 그만큼 없기 때문입니다. 그가 그들을 대변할 수 있는 건 바로 그들이 침묵하는 한에서입니다. 그가 부시나 블레어, 오바마 또는 다른 누군가에게 "주먹을 휘두를" 수 있는 건 단지 그가 그들의 삶이 지닌 광대한 물질적 힘을 그의 수사가 지닌 부드러운 "도덕적 힘"으로 감추기 때문입니다. 제국 권력과 미디어 스펙타클 사이의 단락은 보노의 모든 이미지 ― 백악관이나 다보스, 칸, 가나, 또는 다른 어딘가에 있는 ― 를 지배적인 전지구적 질서에 대한 적절한 심상心像으로 만듭니다. 이것은 원격으로 통제하는 제국적 투영과 도움의 손길을 보내는 자선 활동 사이를 오갑니다. 사라진 것, 비가시적인 것, 의제를 벗어나 있는 것은 경제 개발이, 억만 장자들이 구상한 것을 넘어 빈자들을 위한 자유의 영역을 여는 집합적 자기 결정의 양식일 수 있다는 믿음입니다.

지난 10년에 걸친 보노의 캠페인이 보여 준 궤적은 전지구적 집합성에 대한 어떠한 감각도 점점 희박해 보이는 세계에서 자선 활동과 개혁, 대중 정치의 한계에 대해 많은 것을 말해 줍니다. 그 궤적의 초기 단계에서 빚[채무] 탕감 노력은 오랜 역사적 부정의들에 도전하고 있었던 기성 운동들에 의지했습니다. 보노는 (많은 사람들 중에서도) 부시 그리고 블레어와 거래하기 위해 그 운동들을 뒤로 했습니다. 그는 장애물을 만날 때면, 진보적인 마찰보다는 보수적인 경건함을 택하고, 이질적인 주장들은 주류 미디어로 옮겨 간 일괄 프로그램[26]에 쓸어 담으면서, 더 넓은 원을 그리며 그 의제를 몰고 갔습니다. 〈프로덕트 레드〉Product Red 캠페인[27] — 스니커즈와 선글라스, 컴퓨터, 그리고 기타 동경 대상인 상품들을 가로지르며 상징적 시너지들을 끌어오는 일련의 브랜딩 협약들 – 은 소비주의가 진부한 자선 행위와 공식적인 원조 모두를 능가할 수 있음을 입증하려고 합니다. 수년에 걸친 합병 이후, (U2의 곡명을 따서 지은) 기구 〈원〉ONE은 이제 일종의 다목적 NGO로, 유명 인사의 지지와 컬러 손목 밴드를 연료로 하는 그림자 유엔으로 기능합니다. 보노는 도덕적 분개를 이윤을 창출할 수 있는 형태로, 그러한 분개를 염려하는 국가수반들을 달랠 수 있는 형태로 재포장했고, 이를 통해 시장을 궁지에 몰아넣는 데 얼마간 성공

---

26. [옮긴이] 뒤에 나오는 〈프로덕트 레드〉처럼 기업, 소비자, 구호 단체 등 다양한 영역을 가로지르며 진행되는 프로그램을 가리키는 것으로 보인다.

27. [옮긴이] 보노와 미국의 변호사이자 사회 운동가인 바비 슈라이버가 2006년부터 시작한 캠페인. 아프리카의 에이즈 퇴치 기금을 모으기 위해 참여 기업들이 공통의 브랜드를 사용하고 그 대가로 일정액을 기부한다. 보노는 이 캠페인의 대표이다. 본문에는 〈프로젝트 레드〉(Project Red)라고 되어 있으나 〈프로덕트 레드〉(Product Red)의 오기로 보인다.

했던 것처럼 보였습니다. 그렇지만 거창한 수사에도 불구하고, 그는 자신이 말을 거는 서구의 일반 대중과 자신이 대변한다고 주장하는 [전지구적] 남부의 주체들 사이에 연대와 의무의 유대를 구축하고 싶어 하지 않습니다. 그러한 유대는 그가 봉사하는 체계에 너무나 쉽게 등을 돌릴지도 모릅니다. 아무리 애를 써도 그는 빈곤의 종말이 사물의 현 질서의 급진적 변화를 요구할 것이라는 사실을 감출 수 없습니다. 그것은 보노가 제공하는 것과는 전혀 다른, 새로운 언어들과 새로운 이미지들을 요구할 것입니다.

5

빛짐의 공간

빚짐은 무엇처럼 보이는가? 빛이 있다는 것이 정신적 상태나 법적 지위 이상의 무언가를 포함한다면, 그리고 그것이 필연적으로 다양한 사회적 관계들과 생산력들을 아우른다면, 우리는 모든 곳에서, 우리의 풍경 속에 형성되어 있고 우리의 화면에 나타나는 그 자취를 발견할 수 있을 것이다. 그렇지만 빚짐은 전혀 자신을 그런 식으로 보여 주지 않는다. 빚짐 내의 사람들과 현상 세계가 항상 자신들의 빚과 비교되어 어떻게든 [무언가를] 결핍하고 있다고 드러날 수 있는 것처럼, 빚짐에는 완전히 가시적이지 않은 무언가가 존재한다. 세계 내에서 작동하는 빚짐을 이해하기가 어려운 것은 ― 그것이 다른 어딘가에 존재하는 것이 아님에도 ― 바로, 빚짐이 정말로 아무 것도 빚짐 자체에 속하지 않는 하나의 세계를 우리에게 보여 주기 때문이다.

빚짐과 가시성 그리고 공간 사이의 관계를 생각하기 위해서 우리는 질 들뢰즈^{Gilles Deleuze}가 쓴 에세이 「통제사회에 대한 후기」(1990)에 의지할 수 있다. 그의 마지막 글 중 하나인 이 글에서 들뢰즈는 푸코가 철저히 분석한 "훈육사회들"로부터 그가 오늘날의 "통제사회들"이라고 부르고 싶어 하는 것으로의 일반적인 역사적 변화를 개괄한다. 훈육사회들은 개인들을 사회적 힘의 대중적 구성 요소들 ― 노동하는 고분고분한 신체들, 의료 체계의 환자 신체들, 교육 체계의 교육받는 신체들, 가족의 오이디푸스화된 신체들 등 ― 로 조형했던 "감금의 장소들" ― 감옥, 병원, 공장, 학교, 가족 — 로 정의되었다. 푸코는 이러한 동형태들isomorphisms을 통해 근대성 프로그램 전체를 포착하기를 원했고, 이 동형태들은 푸코가 "주권사회"라고 불렀던, 보다 낡은 사회적 권력 모델의 작동을 스스로 대체하고 합리화시켰다. 이 연속적인 모델들 — 주권, 훈육, 통제 — 각각은 고유의 "기계들", 즉 고유의 공간적·시간적 조직화 형태들을 지니고 있다. 주권사회를 정의하는 기계는 위로부터 자연권을 부여받는 왕의 신체에 집중된 국가 장치였다. 훈육사회는 자신의 파놉티콘을 지니며, 이는 형벌 체계에서부터 모든 사회적 조절 제도들로 퍼져 가는 감옥 논리의 연장이다. 문제는 이것이다. 우리 시대를 지배하는 통제사회들을 정의하는 기계, 결정적 장소, 주된 논리는 무엇인가?

여기가, 들뢰즈가 푸코 너머로 이동하면서 많은 대조들을 감질나게 끌어내는 곳이다. 이곳은 훈육이 형성하고 통제가 조절하는 곳이자, 훈육이 집중되고 통제가 확산되는 곳이다. 훈육이 관료적 숫자와 개인의 서명을 사용하여 한 개인의 정체성과 관계들을 대중 내에 고정시키는 반면, 통제는 코드화된 키카드keycards와 전자태그 그리고 개인식별번호PINs를 사용하여 유동성과 안전의 변화하는 층들을 창출한다. 훈육사회의 특징이었던 감금 기술들은 통제사회의 "즉각적인 커뮤니케이션"과 "연속적인 모니터링"으로 변경되었다. 우리가 우리 자신의 일상적 경험들을 자세히 분류하기 시작할수록, 우리는 두 체제

사이의 모든 연속과 중첩을 발견할지도 모른다. 특히 감시는 사람들을 풀어 주고 그들 자신의 [감시] 기구에 맡길 때 훨씬 더 효과적으로 작동할 수 있기 때문이다. 그러나 들뢰즈는 감시와 감금만으로는 행사될 수 없는 "통제사회들"의 기본적인 작동 또는 기술을 명백하게 식별하기를 원한다. 그는 근본적으로 새로운 것에 대한 가설을 주장하면서, 여전히 뒤섞여 있고 유동적인 상황의 단층선들을 그리려고 시도하고 있을 뿐 아니라, 긴박한 위험들 그리고 그 위험들에 필연적으로 수반되는 가능성들을 명명하려고 애쓰고 있다.

통제사회들 특유의 새로움은 무엇인가? 어쩌면 우리 대부분이 가장 분명한 답을 성급히 할지도 모른다. 정보 기술, 텔레커뮤니케이션 네트워크, 디지털 문화. 실제로 들뢰즈는 그러한 특징들을 예로 든다. 그러나 그는 뜻밖의 것을 덧붙인다. 그는 [이렇게] 쓴다. "인간은 더 이상 울타리 쳐진enclosed 인간이 아니라, 빚진 인간이다."L'homme n'est plus l'homme enfermé, mais l'homme endetté 1

이 행에 대해 이야기할 것은 너무 많을지도 모른다. 핵심은 인클로저[울타리 치기]와 빚짐 간의 다가치적인 구별에 달려 있

---

1. Gilles Deleuze, "Postscript on Control Societies," *Negotiations*, 1972~1990, trans. Martin Joughin (New York : Columbia University Press, 1995), p. 181. 원문은 다음을 보라. *Pourparlers* (Paris ; Minuit, 1990), p. 246 [질 들뢰즈, 『대담 : 1972~1990』, 김종호 옮김, 솔, 1994, 203쪽].

지만, 먼저 우리는 잠시 멈추고 인간 ― l'homme ― 이라는 단어를 강조한 이유를 검토해야 한다. 여기서 인간은 일반적인 사람들에 대한 평범한 속명屬名으로 독해될 수는 없다. 대신 그것은 단일한 지배적 존재 형태로서의 인간Man과 타자되기(여성되기, 동물되기, 지각 불가능하게 되기)로 제시되는 무수한 탈주 방식들 사이의 들뢰즈 특유의 구별을 나타낸다. 이러한 의미에서, ― 철학이나 정치 혹은 예술에서의 ― 인간에 대한 모든 호소는 일종의 덫으로, 즉 초월적 관념이나 엄격한 기표와의 치명적인 동일시를 통해 스스로를 구속하는 또 다른 방식으로 이해되어야 한다. 들뢰즈 철학의 대부분은 인간의 개념 그리고 역사적으로 변하는 일련의 그 대용품들에 들러붙어 있는 초월론적 예외를 드러내고 용해시키는 데 중점을 둔다. 그는 인간에 대해 적대의 어조 없이는 절대 말하지 않는데, 이는 인간이 보편화하는 개념이어서가 아니라, 강압적이고, 환원주의적이며, 배타적인 개념이기 때문이다. 그는 말년에 프리모 레비Primo Levi를 상기하면서, "인간임에 대한 수치심"la honte d'être un homme, 파국적이며 하찮은 모든 방식들의 수치심에 대해 종종 이야기했다. 그 방식들에서 우리는 [지배] 프로그램을 따르면서 우리 자신의 삶을 만들 수 있는 기회로부터 차단되는 자신을 발견한다. 재판관과 도덕가의 비난하는 수치심과는 매우 다른, 들뢰즈의 "인간임에 대한 수치심"은 영구적인 감금과 무한한 의무에 대해 윤리적 거부를 선언한다.

들뢰즈에게 "인클로저"와 "빚짐"은 두 가지 주요한 사회적 권력 체제들, 두 가지 지배 프로그램들을 가리키며, 각각은 구별되는 경제적 명령 및 논리 들과 특정 종류의 국가 기관을 결합한다. 현 시기에 빚짐은 인클로저를 보완하고 능가하여 결정적인 통제 장치가 된다. 이러한 생각을 잠정적인 가설로 취하면, 우리가 물을 수 있는 몇 가지 질문들이 존재한다. 이상적으로는, "빚짐"이 현대 대륙 이론에 출몰해 온 방식을 조사할 수 있을 만큼 길게 멈추어야 할 것이다. 책임에 대한 탈구축적 deconstructive 질문, 교환 불가능한 선물이라는 반복되는 인류학적 꿈, 사회적 아비투스 habitus에 대한 사회학적 지도 그리기, 그리고 죄와 폭력의 매개로서 법 제도에 대한 비판적 검토를 비롯해서 말이다. 분명 이 다양한 탐구들에서 공통의 줄거리를 발견할 수 있을 것이다. 마치 수십 년 전 어떤 시기에, 각각의 인문과학들이 주체와 사회가 어떻게 교환 이전 혹은 교환을 넘어서는 관계들로 있을 수 있는지에 대해 걱정했던 것처럼 말이다.

그러나 여기서 나는 처음의 문제로 돌아가고 싶다. 현 빚짐 체제는 무엇처럼 보이는가?

지금 나는 우리가 "인클로저"가 무엇처럼 보이는지 알고 있다고 생각한다. "인클로저"는 그 최초의 형태에서 사람들을 토지에서 내쫓고 공유지를 없애 버림으로써 자본주의적 농업의 지형을 생산했다. 그 가장 기본적이고 잔혹한 단계에서 인클로저는 울타리와 재산 증서, 상호 경계, 그리고 배타적인 법적 관할권들로 명료하게 나타나는 오랜 역사를 지니고 있었다. 푸코는 가장 큰 행정 구역들과 가장 촘촘한 감금의 공간들을 균질화하는, 보다 엄밀하게 합리화된 종류의 인클로저에 대해 묘사한다. 그것의 거대기계들^{megamachines}은 분명히 여전히 우리 곁에 깊숙이 존재하며 금방 사라지지 않을 것이다. 그렇지만 그것들이 대체되는 것 — 이는 구획된 주권과 사회화된 훈육에 의존하는 정치 모델들과 경제 과정들부터 시작한다 — 을 감안하여 인클로저의 모든 형태들과 기능들은 재인식되어야 할 것이다. 감방, 교실, 조립라인, 본사, 관료 지구, 도시 경계, "국민 경제", 안정적인 노동력, 그리고 선한 시민. 이 모든 장소들과 단위들 — 그 일관성은 내부로부터의 명령에 달려 있었다 — 은 그 자리에서 흩어지거나 찢겨져 나가고 있으며, 외부로부터 재형성될 준비가 되어 있다.

실제로 건축은, 파놉티콘 자체부터 도시 자치권과 자급자족 그리고 종합 계획에 대한 다양한 근대적 프로그램들을 거쳐 세계무역센터 쌍둥이 빌딩에 이르는 모든 길에서, 이러한 사회적 권력 체제에 대한 최고의 시각화들을 늘 제공해 왔다. 미셸 드 세르토^{Michel de Certeau}는 『일상생활의 실천』^{The Practice of Everyday Life}에서 세계무역센터를 "시각적 충동"의 기념비적 "고양"^{高揚}, 즉 위에서 도시를 지휘하려는 꿈으로 뛰어나게 분석했다. 그 꿈은 도시의 합리적 조직화와 공시적 통합성 그리고 익명의 행정을 보장한다. 사실 드 세르토의 도시 분석은, 전체화하는 인클로저에 대한 푸코의 비판의 연장이자 동시에 아래로 부터의 내재적 비판으로 제시된다. 이는 예측할 수 없고 계획되지 않은 "실천들"의 형태를 갖추고 있으며, 평범한 몸짓과 눈에 띄지 않는 장소에 숨겨져 있는 일종의 저항이다. 드 세르토의 비판이 불완전하며 오히려 부적절했다는 것을 알기 위해 우리가 세계무역센터의 파괴를 겪을 필요는 없었다. (아주 많은 사람들이 그날 목숨을 잃었다는 끔찍한 느낌을 피하기란 어려웠다. 그들은 미국 권력의 대체 불가능한 상징적 지주로 오인받아 왔던 한 기념비 안에서 마침 일하고 있었을 뿐이기 때문이다. 그 건물이 무엇이었든, 대체 불가능한 상징적 지주는 아니었다.) 지배적인 사회적 권력 체계는 시각적 충동을 통해 살아간다는 드 세르토의 말이 옳다면, 이제 인클로저, 즉 영토의 합리화와 관료화는 이미 넘어설 수 없는 한계에 부딪힌 것은 아닌지 묻는 것이 가능해 보인다. 이 모델에 따라 구축된 공간들이 거의 계획대로 계속해서 홀로 "작동"할 것이라는 점은 의심할 이유가 없다. 그러나 그 공간들이 쌓아 온 힘들이 새로운 문턱에 도달하자마자 ─ 공장이 새로운 생산력들을 담을 수 없게 되자마자, 학교가 교육 요구를 담을 수 없게 되자마자, 병원이 건강 관리를 담을 수 없게 되자마자 ─ 그 모델은 공간적으로 확장할 능력이 고갈되며, 사회적 관계들의 새로운 역학들이 새로운 광학과 더불어 필요하게 된다.

따라서 현 빚짐 체제는 지금까지 [이루어진] 외연적[확장적]

extensive 과정의 강도적[내포적]intensive 재개 및 전향으로 나타난다. 그것은 어떻게 자신을 드러내는가? 우리는 빚을 비가시적이고, 내적인 것으로, 심지어 정신적인 것으로 생각하는 것에 익숙하지 않은가? 지불하겠다는 약속이나 믿겠다는 약속은 가시적인 기호나 토대에 기대지 않을 때 오히려 더 효과적인, 태도나 성향과 같은 것이 아닌가?

그렇지만 들뢰즈는 빚짐에 대해 엄밀하게 내면화된 어떤 개념도 거부한다. 물론, 오래전에 니체의 『도덕의 계보학』은 모든 정신적 빚은 실제적인 피로 쓰여 있다고 주장했다. 들뢰즈와 가타리의 첫 번째 책, 『안티-오이디푸스』[2](1972)는 그 주장을 더 멀리 가져간다. 여기서 우리는 세 가지 주요 짜임들configurations로 조직된, 빚의 역사적 형태들에 대한 연속되는 논의를 발견한다. 첫째, 이른바 "미개적" 체계에서 빚은 피의 복수와 잔혹함을 통해 초래되고 이행된다. [둘째], "전제적/야만적" 체계에서 모든 빚은 신성한 통치자가 지닌 무한한 신용의 시혜로서 행사된다 (푸코가 "주권사회"라고 부르게 될 것은 이 체계의 마지막 국면이다). 마지막으로 세 번째 체계 — 이를테면 자본주의 — 에서 빚은 마침내 국가 기관에서 벗어나 전체 사회 표층을 순환한다. 과거의 유산은 집합적 비축 또는 직접적 유품이기를 그

---

2. [한국어판] 질 들뢰즈·펠릭스 가타리, 『안티 오이디푸스』, 김재인 옮김, 민음사, 2014.

치고, 대신 자본의 사적 축적의 형태를 취한다. 상호 책임은 수평적 결연 또는 위계적 의무로 얽매여 있기를 그치고, 대신 진동하는 선택적 거래에 종속된다. 이제 빚을 지는 무수히 많은 방식들이 사방으로 그리고 다양한 코드들과 프로토콜들에 따라 존재하게 될 것이다.

그 다음 이 각 체계들은 고유의 빚의 가시성을, 고유한 종류의 사회적 "눈"을 생산한다. 모든 그룹 또는 모든 사회를 감독하고, 그것들이 만드는 모든 이미지에 자신의 흔적을 남기는 "눈"에 대해 말하는 것은 정말 은유에 불과한 것인가? 모든 경우에서, 사회적 "눈"은 혈연과 결연을 계속해서 파악하고, 의무를 부과하며, 지불을 기록하는 일종의 집합적 기억의 기입inscription일 것이다. 첫 번째 체계에서 기억은 고통의 표식으로 신체에 직접 새겨진다. 두 번째 체계에서 기억은 법으로 결정된다. 세번째 체계에서 기억은 화폐의 흐름들 속에서 순환한다. 각각의 형상에서 빚은 권위의 제도들과 지배의 관계들 그리고 교환의 회로들과 관련하여 가장 중요한 것으로 남아 있다. 이러한 해석에 의해, 애덤 스미스의 은유 "보이지 않는 손"은 자본주의적 체제에 있어 새로운 것을 포착하는 "보이지 않는 눈"과 짝을 이룰 것이다. 시장-눈은 모든 것을 감시하면서, 끊임없이 현재 가치values와 잠재적 가치worth를 저울질한다. [그리고] 행동하는 손과 권위 있는 목소리는 화폐라는 적나라한 빛 아래에서만 드러난다. 우리 시대를 정의하는 두 가지 거대한 추상 기계들 — 시장과 미디어 — 은 이러한 기입-투사적inscriptive-projective 과정의 두 얼굴, 즉 살아 있는 시간성을 불멸의 빚짐의 끝없는 고조와 해소 주위에서 조직하는 것이다. 알렉산더 클루게가 썼듯이 "나머지 시간에 대한 현재의 공격"[이다].

어떤 증거가 이러한 진단에 대한 실체를 보여줄 수 있는가? 시장과 미디어라는 개념쌍에 따라, 우리는 마술이 두 방향, 즉 위에서부터 그리고 아래로부터 작동한다고 말할 수 있을지 모른다. 한편에서 모든 가치의 외양은 전지구적 기류의 저항할 수 없는 인력을 따르면서, 자신의 당면한 환경에서 이륙하기를 열망한다. 다른 한편에서 광대한 다른 전지구적 시장들은 유형 인공물의 형태로 그리고 건조된 공간의 부단한 변형으로 땅으로 내려오지 않을 수 없다. 그러므로 여기에 처음 우리의 질문에 대한 답이 있다. 빚짐 체제는 비물질적 추상과 물질적 소비의 시차視差에서만 자신을 드러내며, 스펙타클적 금융과 세계사적 쇼핑의 양 극단 사이를 교차한다.

이 체계의 호화로운 면을 파악하기란 어렵지 않다. 금융 시장은 관람 스포츠와 온라인 게임의 조합으로 계속해서 미화되고, 주식 거래는 일종의 심미적 경험으로 재구성되어 왔다. (설탕 회사의 주식 매입이 단 맛이 날 수 있다고 생각한 적이 한 번도 없을지라도, 이제 우리는 그런 식으로 확신할 수 없다.) 자본 시장과 미디어 장치의 더욱 친밀한 혼합이 상보적인 효과를 지닌다는 점은 의심의 여지가 없다. 서사적·정동적 기

구들의 전체 레퍼토리는 이제 화폐의 야성적 충동animal spirits
에 숭고한 초월성을 부여하며, 미디어 상품들의 소비는, 마치
화폐의 지출이 경쟁하는 문화 기업에 대한 투자이기라도 한
것처럼 ─ 흥행 순위 상승이나 웹사이트 조회 수 증가를 지켜보면
서 ─ 즉각 반응하는 시장 충족에 의해 보완된다. 아주 일반적
인 의미에서 이러한 장치들의 조합은 전혀 새롭지 않다. "시장"
과 "미디어"는 늘 얽히고설켜 왔다. 시장은 상업을 통해 영토와
인구를 함께 끌어들이는 텔레커뮤니케이션 체계로 정의될 수
있으며, 상이한 가치의 매개물[미디어]로 결속되어 있다. 텔레테
크놀로지는 탈영토화하는 탁월한 메커니즘으로 이해될 수 있
으며, 모든 것을 지금 여기에서 벗어나 다른 어딘가로 다른 시
간으로 보낼 수 있는 도구다. 시장과 미디어가 단순히 서로를
보완하거나 복제하는 것만은 아니다. 시장과 미디어는, 문화와
정치와 경제의 모든 기능들이 끊임없이 자신들의 축을 따라
개조되고 재분배되는 그러한 방식으로 항상 서로를 만들고 부
순다. 주체성 자체는 이 만들기와 부수기에 의해 구성되며, 귀
속의 소용돌이에 사로잡혀 있다. 점점 더 많은 귀속을 쌓으라
는 명령은 사람들로 하여금 장치 그 자체에 더욱 완전히 귀속
될 것을 요구한다.

그렇지만 근래의 사건들이 보여 주었듯이, 모든 것을 에워
싼 부의 스펙타클을 먹고 사는 자본주의는 그것 때문에 질식
할 수도 있다. 수익 계산 훨씬 너머로 진행된, 불안정하게 과잉

차입된 금융 부문은, 지역적 또는 점적 사건들이 더 이상 자본의 세계 시간을 중단시킬 수 있다고 인정하지 않을 것임을 아주 방탕하게 시사했다. 어떤 계산의 날[심판의 날]도 미연에 방지하기 위한 많은 노력이, 실제로는 아무도 감당할 수 없는 세계에서 살아가라고 우리를 설득하기 위해 이루어지고 있다. 자신의 책 『시간의 씨앗』*Seeds of Time*에서, 환경 재앙이 자본주의의 붕괴보다 상상하기 더 쉽다고 날카롭게 지적하는 프레드릭 제임슨은, **장기 지속**longues durées과 역사적 시간의 갑작스런 분출이 이제부터 위험에 대한 시장 가격 산정을 통해 매개되고 조정되는 방식에 대해 직접적으로 언급한다.[3] 교토 [의정서]의 불완전한 시행에서, 지구의 불가피한 파멸 그 자체는 이윤과 비용의 기민한 계산에 종속되고, 여기서 땅과 바다 그리고 공기를 훼손할 수 있는 권리에 대한 시장이 열리는 것은 일종의 진보로 간주될 것이다. 사실상 우리가 여기서 목격하는 것은 일종의 더 나아간 빚짐의 코드화 ─ 일종의 뒤집힌 생태학 ─ 이다. 여기서 모든 것을 에워싸는 경제 제도들은 자연과 인류가 자신의 생존을 위해 치러야 할 조건들을 정한다. 우리는 두려움을 안고서, 자본주의적 구조들의 갑작스런 붕괴가 환경적인

---

3. Fredric Jameson, *Seeds of Time* (New York : Columbia University Press, 1995), p. xii. 금융 투기와 건축 미학 사이의 연계에 대한 대담한 이론화에 대해서는 다음의 글도 참고하라. "The Brick and the Balloon : Architecture, Idealism and Land Speculation," in *The Cultural Turn* (London : Verso, 1998)

파국이 될 것이라는 점을 깨닫게 된다. 데이비드 하비가 주장한 바와 같이, 세계의 생태계에 대한 "지속적인 인간 행동"의 역사는 오랫동안 계속되어 이제는 짧은 중단조차도 끔찍한 결과를 가져올 정도가 되었다. 인간의 개입은 전지구적 생태계가 이제는 우리의 관리에 의존할 만큼 철저히 이 체계를 재조직해왔고, 동시에 이 체계는 우리의 착취에 더욱 취약하게 되었다.[4]

빚짐이라는 "전신"全身 속으로 지구의 편입을 상상하는 것이 가능하게 되었을 때, 그 개념은 분명히 어떤 외적 한계에 도달했다. 하지만 이 궤도를 선회하는 관점은 바로 미디어 담론이 제공하는 것이다. 그 시각에서 우리들 각각은 지구적 규모에서 결정을 내릴 수 있는 것처럼 보인다. 우리가 앞 장에서 살펴본 것처럼, 넘쳐 나는 이미지들과 정보의 순환은 온갖 상황에 대한 "전략적" 표상에 의해 짜인다. (문제가 되는 것이 마이크로소프트의 구매든, 아니면 이라크에 대한 폭격이든 그것은 마찬가지다.) 폭스Fox와 CNBC 이래, 그 "전략적" 관점이 완전히 냉소적인 자세라고 말하기란 쉽다. 그러나 이 교활하며 계산하는 눈이, 수동적 묵종의 경기에서의 규제된 움직임을 제외하면 우리가 보는 바에 따라 행동할 수 있는 효과적인 수단의 완전한 결핍과 결부된, 미디어 주체성의 빼놓을 수 없는 측면이라고

4. David Harvey, "What's Green and Makes the Environment Go Round?" in *Cultures of Globalization*, ed. Fredric Jameson and Masao Miyoshi (Durham : Duke University Press, 1998).

말하는 것이 좀 더 타당하다. 이것이 들뢰즈와 가타리가 자본주의는 손과 목소리, 눈 사이의 단절을 통해 정신분열증적으로 작동한다고 말할 때 의미하는 것이다. 영화 〈뷰티풀 마인드〉는 바로 이러한 측면에서 이 단절을 찬양한다. 게임이론에서 시장 관계의 논리를 공식화하는 데 기여한 그 남자는 미국 미디어의 과부하를 이기지 못하는 정신분열증자로 판명된다. 두 개의 정신상태 — 각각은 완전한 진실을 파악하고 있다 — 가 우연히 동일한 신체에 거주하고 있을 뿐이다. 그 영화가 묻지 않는 것은 시장의 기능을 파악하기 위해 혹은 미디어 권력의 작동으로부터 거리를 두기 위해 실제 정신분열증자가 요구되는가이다. 부의 판타스마고리아 phantasmagoria에 둘러싸인 생활에는 분명 정신분열증적인 것이 존재한다. 우리는 체계 내에서 우리의 길을 전략화하기 위해 체계의 지배를 전제로 삼고는, 우리 자신의 개인적 공간의 군주가 됨으로써 자신에게 보상할 수 있다. 그것이 바로 쇼핑이다.

금융 투기의 최근 파열에 자신의 존재를 빚지고 있는 건물 및 도시 풍경과는 달리, 현대의 쇼핑 공간들은 특별히 특색 있게 보이지 않을지도 모른다. 그와는 정반대이다. 쇼핑 공간들은 가장 최첨단의 전문점에서부터 거리를 따라 늘어선 가장 친숙한 쓰레기 공간들 junk spaces 5까지 모든 범위를 망라한다.

---

5. [옮긴이] 렘 쿨하스에 따르면 "쓰레기 공간은 인류가 지구에 남겨 놓은 찌꺼

그것이, 모든 사람들이 쇼핑 공간에 대한 아주 미세하게 조정된 심리지리학적 본능들을 계발해 온 것처럼 보이는 이유이다. 쇼핑 공간들이 현금이나 신용을 지닌 모든 이들에게 개방되어 있다고 하더라도 당신은 그곳이 자신이 있을 곳인지 아닌지 즉각 알 수 있다. 그러한 공간들의 기본적인 구성은 접근성과 투명성을 강조하며, 걷고 둘러보는 단순한 행동들을 쇼핑객과 상품 사이의 잇따른 마주침들로 전환시킨다. 본질적으로 쇼핑 공간들은 인클로저뿐 아니라 움직임의 벡터까지 생산한다. 묵직한 『하버드 디자인 스쿨 쇼핑 가이드』— 그 주제에 대한 분명 가장 명확한 최근 문헌 — 의 첫 장에서 우리는 이스파한[6]의 시장과 파리의 아케이드에서부터 런던의 크리스탈 궁전[7]과 미네소타 에디나의 사우스데일[8]에 이르는 대강의 진화를 볼 수 있다. 각각의 장소에는 다소 화려하게 장식된 빛을 제공하는 지

기다……쓰레기 공간은 근대화가 흘러간 뒤 남겨진 것, 좀 더 정확히 말하면 근대화가 진행되는 동안 응고되는 것, 즉 근대화의 부산물이다."(Rem Koolhaas, "Junkspace", October, Vol. 100, Obsolescence. (Spring, 2002), pp. 175~190). 다음 주소에서 볼 수 있다. http://www.jstor.org/stable/779098.

6. [옮긴이] 이란 중앙부에 자리한 도시. 이란의 이슬람 왕조인 사파비 왕조의 수도였으며 당시 '세계의 절반'이라 불릴 만큼 번성했다.

7. [옮긴이] 1851년 런던 만국박람회(EXPO)를 위해 지은 건물. 철과 유리로 된 거대한 온실풍의 건축으로 길이가 최대 563미터, 폭이 124미터나 되는 엄청난 규모였으나 1936년 화재로 소실되었다.

8. [옮긴이] 1956년 미국 미네소타 주에 들어선 최초의 현대적 개념의 몰. 미국에서는 처음으로 지붕을 덮어 온도를 통제하는 시설을 갖추었다.

붕으로 덮힌, 몰과 같은 바닥 공간이 있다.[9] 그러나 이 놀라운 책의 주된 주장은 쇼핑 공간이 변형되어 왔고 이동해 왔다는 것이다. 저자들은 전지구적으로 개인당 평균 4평방피트의 소매 공간이 있다고 계산한다. (언제나 세계의 선두 주자인 미국에는 개인당 31평방피트가 있다.[10]) 무분별하게 퍼져 가는 택지분할이나 반쯤 빈 고층건물보다 훨씬 더, 쇼핑 공간들의 완전한 확산은 빚짐 체제의 물리적 확장으로 이해되어야 한다. 여기서 개인 주체들은 군림하는 화폐 권력에 충성을 다하도록 활력화된다. 쇼핑은 소비주의의 기본 모순을 수용하여, 빚진 상태를 견디는 방법을 제공하고, 끝없는 의무를 순간의 즐거움으로 전환하며, 일개 개인은 접근할 수 없는 집합적 초과에 대한 권리를 주장한다.

『쇼핑 가이드』는 네덜란드 건축가 렘 쿨하스[Rem Koolhaas]와 연관된 연구팀이 정리했다. 그 프로젝트의 교훈은 이탈리아 패션 기업 프라다를 위해 일련의 쇼핑 공간을 [설계하는] 쿨하스의 기업, '메트로폴리스 건축 사무소'(이하 OMA)가 생산한 디자인에 즉시 배어들었다. "진앙"[epicenter]으로 불리는 뉴욕 프라다 상점은 2001년에 문을 열었고 로스엔젤레스의 두 번째 "진앙"은 2004년에 문을 열었다. (이 프로젝트와 다른 프로젝트를

---

9. Chuihua Judy Chung, Jeffrey Inaba, Rem Koolhaas, Sze Tsung Leong, eds., *Harvard Design School Guide to Shopping* (Köln : Taschen, 2001).

10. *Ibid.*, p. 51.

위한 준비 자료들은 『프라다 프로젝트』라는 제목의 책으로 출판되었다.[11] OMA는 프라다 재단의 예술 전시 공간 디자인과 관련된 자료도 책으로 출판했다.) 좋을 때나 나쁠 때나, 프라다를 위한 쿨하스의 디자인이, 이용할 수 있는, 가장 응축된 그리고 가장 철저히 현대적인 쇼핑 공간들을 보여 준다고 말하는 것은 과장이 아니다. 그 이상으로, 쿨하스/프라다 프로젝트에 대한 분석은 어떻게 현대 건축이, 빚진 개념이 함축하고 있는 전지구적 과정들에 대한 어떤 조형적 표상을 제공할 수 있는지 보여 준다. 과거의 권력 체제들이 자신만의 특유한 건축물들(예를 들어, 주권 바로크, 혹은 반복하자면 파놉티콘 그 자체)을 생산했던 것과 마찬가지로 말이다. 그러나 이제 우리는 의심해야 한다. 권력이 경제 회로의 네트워크들 속으로 흘러들어 가는 지금도, 권력이 그런 방식으로 자신을 드러내는가? 빚진 세계의 전지구적인 무분별한 확산을 단일 건물이란 조건 내에 기록하는 것이 (아니면 재현하는 것이) 가능한가?

쿨하스는 쇼핑객과 프라다라는 법인체 사이의 일련의 물리적이고 상상적인 마주침들을 바탕으로 자신의 디자인을 구성한다. 그 마주침들은 매 순간 유도와 협상 그리고 의무에 의해 구조화된다. 쇼핑객의 입장에서 그 마주침은 외부 보도에

---

11. Rem Koolhaas, *Projects for Prada, Volume 1* (Milan : Fondazione Prada Edizioni, 2001).

서 내부 출입구역으로 재단된 "거리" ─ "소비자가 구매 의무 없이 프라다를 방문할 수 있는 곳" ─ 로 지정된 공간에 의해 시작된다. 이 환대의 제공이 놀라운 것은 그 호의 때문이라기보다는, 우리에게 [다음과 같은] 질문을 환기시키기 때문이다. 어떻게 한 공간 또는 한 이미지가 구매 의무를 부과하는가? 어느 시점에 쇼핑객의 욕망들은 상품 그 자체에서 비롯되는 하나의 수요로, 복종해야 하는 하나의 주문으로 나타나는가? 프라다의 입장에서 쿨하스는 [이렇게] 쓴다. "프라다는 의무 없는 아우라를 지니고 있다. 그것은 하나의 경직된 이미지라는 짐을 지고 있지 않다." 여기서 우리는 물을 수 있다. 어떻게 프라다는 자신을 미래에 재생산하지도 않고 자신의 과거의 아우라를 확보할 수 있는가? 어떤 약속 또는 보증이 프라다가 판매하는 모든 것에 구현되어 있는가? 한편에는 매혹되기를 열망하는 쇼핑 구경꾼이 있다. 다른 한편에는 비응답성이 자신의 매력의 본질적 요소를 형성하는, 매력적이고 규정하기 어려운 판매자가 있다. 때문에 쿨하스는 이 다의적인 관계의 한가운데에서 자신의 디자인을, 빚을 덜어 주는 하나의 방편으로 제시한다. 프라다가 요구할 수 있는 의무들로부터 쇼핑객을 구제하고, 프라다를 자신의 역사에서 구제[12]하는 것이다. 이를 통해 프라다는 새롭게 됨으로

---

12. [옮긴이] 쿨하스는 『프라다 프로젝트』에서 이렇게 쓰고 있다. "진앙(epicenter) 매장은 프라다를 설명하는 기존의 어떤 개념도 거스르고 불안정하게 함으로써 [프라다] 브랜드를 쇄신하는 장치가 된다."

써 자신의 과거를 간단히 물려받을 수 있다. 조정자로서 쿨하스 또는 건축. 그것은 아름답고 영리한 접근이다. 물론 그것은 속임수다. 프라다도 쇼핑객도 실제로는 자유롭지 않다. 그렇지 않다면 그 둘이 만나는 장소를 준비하는 일에 그렇게 많은 돈을 투자할 이유란 없을 것이다.

그것이 디자인도 아주 특별한 종류의 빚을 부과해야만 하는 이유다. 쇼핑객은 여러 방식으로 다뤄질 것이다. 건축적 호화로움의 현실적 주체로서(프라다는 그녀에게 값비싼 공간을 아낌없이 베풀 것이다) 그리고 서비스의 잠재적 주체로서(암묵적인 구매 약속의 대가로, 프라다는 가급적이면 거래 자체는 비본질적이라는 인상을 줄 때까지 그녀를 더 깊은 친밀함 속으로 끌어들일 것이다). 쇼핑객이, 공중公衆의 익명의 일원으로 취급되고 존중되는 존재에서 특별한 친구로서 대접받는 존재로 이행하는 일은 순식간에 일어날 수도 있다. 감시와 신원 증명[동일시]은 상호간의 계약, 심지어는 친밀한 계약이 되었다. 쿨하스는, 쇼핑객은 전자 프라다 신원 증명ID 카드를 지니고 다니고, 직원은 스캐너를 휘두르며 사람들과 상품들의 뒤얽힌 춤을 추적하게 될 체계를 기획한다. 그 상점은 프라다에 속하고자 하는 욕망이 개별 구매에 의해 실제로 충족될 수 있다고 고객이 여기기 위해 필요한 모든 공간을 고객에게 제공한다.

쿨하스는 수동적인 방관자에서 열정적인 소비자로의 이행

을 강화하기 위해, 평면 계획 자체에 어느 정도 접근 가능한 공간들을 다양하게 코드화한다. 뉴욕 상점의 가장 눈에 띄는 특징 ― 공연 무대/신발 진열대로 배치되어 있는, 바닥을 파낸 거대한 파도 ― 은 공중을 위한 요란한 선물처럼 보이며, 그것은 군중을 끌어들여 쓸모없는 바닥 공간을 멍하니 바라보게 한다. 사람들이 붐비지 않는 지하층에 있는 공들인 의상실은 정반대의 호화로움을 제공한다. 그곳은 외부와 차단된 동시에, 즉시 서비스에 접근할 수 있는 프라이버시 구역이다. 이곳은 빛과 유리로 만들어진 인클로저, 신체를 둘러싸고 건조建造된 테크놀로지, 전도된 관점의 파놉티콘이다. 그것은 버튼만 누르면 투명하게 혹은 불투명하게 될 수 있는 문, 다양한 시차時差를 두고 상이한 각도에서 이미지를 투사하는 실제 카메라인 "마술 거울", 마지막으로 밖에 있는 사람들과의 의사소통을 위한, "감옥 전화 같은" 전화를 갖추고 있다. 그 [평면] 계획들은 VIP실, 특별 "진료실" 및 "도서관" 구역, 그리고 비밀 출입구 또한 요구한다. 이렇게 보다 심화된 고립 구역들enclaves에서 상업적 의무의 관계는 보이지 않게 되어 있고, 그리하여 쇼핑객은 프라다와 협력하여 다양한 다른 역할들을 수행할 수 있다. 쿨하스는『프라다 프로젝트』에서 시종일관 실험과 연구를 강조한다. 마치 쇼핑객이 소비자와 브랜드 간의 유대를 새롭게 할 대상을 선취하는 기회를 갖게 되기라도 할 것처럼 말이다.

프라다 입장에서 프라다는 "아우라"로 만들어진 존재를 넘어, 자신으로 존재할 의무나 자신을 반복할 의무, 심지어는 기업적 존재일 의무에서도 해방된다. 용어해설13에 따르면, 그것의 "안정성"은 "연속적인 혁신 체계"에 의해 성취된다. 상점의 수준에서 이 역동성은 건축적 요소들(벽지, 미디어 무대) 또는 판매 상품에 의해서도 나타나지만, 특히 상점 도처에 흩어져 있는 미디어 요소들에 의해 나타난다. 웹사이트 콘솔, 갖가지 이미지로 번쩍이는 작은 LCD로 가득 찬 "핍 쇼"peep show 실, 그리고 "보다 종교적인 성향의 프라다 소비자가 친밀하고 실감나는 방식으로 프라다 아우라와 교감할 수 있는" "세폭화" 그림 [이 그것이다]. 여기서 발생되는 "아우라"는 분명히 프라다 기업 못지않게 텔레테크놀로지에서 생겨난다. 미디어 흐름들의 "콘텐츠"가 끊임없이 변하기 때문에, 프라다 아우라는 (프라다 상품들과는 달리) 어떤 특정한 상점 방문객도 절대 접근할 수 없는 것으로 남는다. 우리가 볼 수 있는 것은 그것의 풍부함뿐이다. 동료 브랜드들(예를 들어, 존 포슨John Pawson의 캘빈클라인 디자인)이 자신들의 공적 및 사적 얼굴들을 제한함으로써 배타성을 지향하는 것과는 달리, 쿨하스는 이미지를 낭비하고, 회로를 뒤섞으며, 매장에 소음을 가져올 수 있는 방식에 프라다의 정체성을 걸 것을 요구한다. (여기서 쿨하스가 본래 상점

---

13. [옮긴이] 『프라다 프로젝트』에 실린 용어해설 항목을 가리키는 것으로 보인다.

아래에 프라다 지하철 역을 개통할 것을 희망했었다는 점은 주목할 가치가 있다.)

그것이 프라다 뉴욕점이 아우라를 추구하며 완전히 공중에게 할애된 무언가가 된다는 의미는 아니다. 친밀한 서비스와 공적 환대 사이 어딘가에서, 쇼핑객은 어떤 저항과 마주칠 것이며, 그녀는 [그 저항에] 굴복할지 말지를 결정해야 한다. 사실 그 디자인은 인클로저의 덫으로 가득 차 있다. 떠오르는 새장들이 천장 트랙에 설치된, 소위 공중 도시가 있으며, 검게 처리된 리셉션 부스들은 드나드는 통행을 감시한다. 그리고 물론 잘 차려입은 직원들로 [이루어진] "프라다 부대"는 모든 곳을 돌아다니고, 그 부대는 프라다 경찰이라고 불러야 할 조금 덜 차려입은 안전 요원들에 의해 증대된다. 상점 안에서 해방된 "자유의 체제들"은 어디선가 자신들의 "용기"container에 맞닥뜨리게 된다.[14] [다시 말해], 곧 모든 사람들은 무언가를 구매하거나 쫓겨나야 한다. 쿨하스는 이 과정에 대해 인상적인 설명을 내놓는다. 그 상점은 "관심을 사로잡고 그것을 소비자에게 되돌려 준다." 즉 다시 말하면 "우리는 상점이 아니라 사람들에게 자유를 준다." 프라다의 주권 아우라는 쇼핑객을 구속하고 해방시키며, 그에 따라 쇼핑객이 행사하는 자유 선택과 자기 형

---

14. [옮긴이] "자유의 체제들"은 프라다가 제공하는 공적 환대를, "용기"는 인클로저의 덫을 뜻한다.

성self-fashioning은 프라다의 호의에 대한 답례 선물로 기능한다. 프라다는 그러한 교환을 어떻게 강제하는가? 프라다는 자신의 상점에서 사람들이 돈을 지출하게 만드는 명령을 언제든 유예할 수 있는가? 우리가 쿨하스를 믿는다면, 그것은 프라다를 바라보는 잘못된 방식이다. 프라다 상점은 익명의 소비자를 자신의 수중으로 깊숙이 끌어들이기보다는, "진앙"으로서, 우리의 관심에 대한 요청을 바깥으로, 문턱을 넘어, 거리로 그리고 세계로 발산하기 위해 무엇이든 한다.

　프라다 상점은 소규모일지라도 우리의 순간을 특징짓는 아주 거대한 경제 회로를 기록한다. 그럼에도 그 상점은 이 무게를 가볍게 지탱하려고 노력한다. 이미지의 흐름과 정보의 소켓이 구석에 숨겨져 있거나 선반에 매달려 있거나 또는 테이블 위에 무심하게 놓여 있는 것을 발견할 수 있다. 그리고 우리 시대에 가장 특유한 이미지 및 자료 흐름들 다수가 이곳을 관통하고 있음을 볼 수 있음에도 ― 패션의 끝없는 번쩍임에서부터 보안문과 하역장 그리고 텅 빈 상점 바닥들의 완고할 만큼 평온한 장면에 이르는 모든 것 ― 이 미디어 배치물은 어떤 관점을 제시하려고 하지 않는다. 우리는 그 관점으로부터 그 상점이나 기업이 "의미하는" 것에 대해 이야기를 할 수도 있었을 것이다. 대신 그 이미지들이 보여 주는 것은 이 특정 순간이 어떻게든 의지하고 있는 다른 장소들과 다른 시간들 그 이상도 그 이하도 아니다. 그 순간들은 감시 카메라처럼 "실재적"이거나 파솔리니[15]의 유혹처럼 "비실재적"일지도 모르고, 무대 소식처럼 친숙하거나 라고스[16]의 교통 체증처럼 낯설지도 모르지만, 프라다는 어떻게든 그것 모두에 의지한다.

마찬가지로 우리는 『프라다 프로젝트』 첫머리에 제시된 지도들을 진지하게 봐야 한다. 그 지도들은 인구와 기후, GDP, 그리고 국가 부채의 표기 위에 중첩된 전 세계 프라다 상점들의 배치를 나타내고 있다. 요지를 파악하기 위해서는 GDP 지도와 국가 부채 지도를 비교하기만 하면 된다. 첫 번째, 국가들이 세계 GDP에서 차지하는 비중에 따라 크게 혹은 작게 그려져 있는 지도에서, 녹색으로 된 프라다 사각형들은 세계의 대부분을 지배하고 있다. 두 번째, 대륙들이 빚[채무] 밑에 깔려 있는 탓에 지워진 지도에서, 프라다의 전초기지들은 세계의 가장자리에 매달려 있다. 덜 빚진 국가들이 프라다 표식과 같은 녹색으로 칠해져 있기 때문에, 사람들은 프라다 상점들이 어떻게든 전 세계적으로 빚[채무] 부담을 몰아낸다는 결론에 빠지게 될지도 모른다. 프라다와 국가 번영 중 어느 것이 먼저인가? 프라다와 개인의 욕망 중 어느 것이 먼저인가?

흔히, 패션이 일상 물품과 관련하여 자리하는 방식은 투기

---

15. [옮긴이] 피에르 파올로 파솔리니(Pier Paolo Pasolini, 1922~1975)는 이탈리아의 영화감독이자 시인, 소설가이다. 사회비판적·비정통적인 양식의 영화로 유명하다.
16. [옮긴이] Lagos. 나이지리아 최대의 도시이자 주요 항구 중 하나. 세계에서 가장 교통 체증이 심한 도시 중 하나로 꼽힌다.

자본이 생산 자본에 대하여 자리하는 방식과 유사하다고 제시되어 왔다. 후자가 모든 것을 굴러가게 하는 유용 노동에 관여하는 반면, 전자는 한 걸음 앞으로 전진해서, 미래로 한 발 디딘 것처럼 보인다. 짐멜Simmel과 벤야민이 보기에, 패션이 무시간성timelessness의 측면을 획득한 것은 바로 패션이 자신의 덧없음에 모든 것을 걸었기 때문이었다. (완전한 냉소주의를 지닌 화려한 잡지들은 이 무시간성을 개인의 것으로 간주하고 그것을 "스타일"이라고 부른다. 이와 같이 그 잡지들은, 진열된 상품들이 개인의 특성에 비하면 유행하는 장구裝具에 불과한 척 가장함으로써 독자를 추켜세운다. 이때 사실 본질적인 요소는 체계의 각인으로서 매력의 표식을 지니고 있는 사물들뿐이다.) 프라다 상점에 대한 쿨하스의 작업은 이 역학을 공간적 표현으로 바꾸어 놓는다. 상점은 쇼핑객들을 미래로 이동시키는 것이 아니라, 거래의 통상적인 맥락을 확대하며, 기껏해야 단순한 물건을 자본의 매력에 봉합하는 다소간 엉성한 솔기들을 드러낸다.

과다한 정보와 즐거운 방향 상실 그리고 무상으로 제공되는 호화로움의 이러한 혼합은 쇼핑 행위를 지금 이 순간을 사는 유일하게 적절한 현대적 방식으로 제시한다. 그리고 어쨌든 초기에 이 전략은 효과가 있는 것으로 보였다. 2002년 첫 두 달 동안 프라다 매출 성장은 미국의 그리고 (훨씬 큰 차이로) 일본의 GDP 성장을 앞질렀다. 그러나 그 상점의 비용으로 보도된 4천만 달러가 궁극적으로 매출과 이윤의 계산을 겨냥했는지에 관한 질문은 남는다. 아우라는 정말 그렇게 많은 돈을 들일 만한 가치가 있는 것인가? 그 투자는 다른 곳을 겨냥했다고 보는 게 더 타당하다. [그 곳은] 소비자가 아니라 고도 금융이다. 프라다는 주식을 공개할 계획을 세우고 있었고, 뉴욕점 개점 몇 개월 뒤인 2002년 여름에 주식 공개 상장을 개시할 수 있음을 암시했다. 1990년대 동안 사업을 확장하며 대규모 빚[채무]을 지게 된 (미우치아 프라다Miuccia Prada와 그의 남편이 거의 전부를 소유한) 프라다 지주회사는 유행의 첨단에 올라선 자신의 지위를 이용하여 돈을 벌고 대차대조표를 정비하고자 했다. 그러나 그 기업은 자신의 아우라를 너무 헐값에 판매할지도 모른다는 전망 때문에 망설이면서, 이후에도 여러 차례 그랬듯이 주식 공모에서 철수했다. 그럼에도 불구하고 프라다는 (헤르조그 & 드 뫼롱Herzog & de Meuron이 설계한) 아오야마와 (쿨하스가 설계한) 로스앤젤레스의 "진앙" 매장 구축을 비롯하여, 공격적으로 [사업을] 확장하기 위한 자금 조달 [방안]을 발견했다. 사실, 쿨하스의 기업 OMA는 계속해서 "연구" 자료와 디자인 전시, 심지어는 프라다를 위한 무대와 프라다 자회사의 상표까지 생산해 왔다. 건축적 실천은 어느 시점에서 브랜드 관리자, 마케팅 전문가, 그리고 도상학 전문가가 되는가? 기업의 "배타성" 및 "계략"을 위한 건축가의 상징적 노동이 실제 소비자들이라기보다는 잠재적 투자자들인 사람들, 어떤 매장에도 얼씬도 하지 않을지 모르는 이들을 겨냥하는 것이 가능한가?

OMA 웹사이트가 주장하듯이, 쇼핑은 아마도 "거의 틀림없이 마지막으로 남은 공적 활동 형식"일 것이다. 그러나 그것은 쇼핑이 공간의 공통적 사용들이나 경험의 집합적 형식들을 보존하기 때문은 아니다. 반대로 쇼핑은 철저히 사유화된 소비주의의 경험들이 드러나는 가장 새롭고 가장 전염성 있는 형식으로 간주될 수 있을 것이다. 그것은 단순히 지금까지 누구나 통과할 수 있는 개방된 또는 공적인 공간들을 구내매점 및 광고 면으로 바꾸는 문제가 아니다. 보다 심원한 변화들은 좀 더 새로운 상업적 이용, 대형 소매 지구들 간의 진지전, 빠르게 잘려 나가는 노선 상점가, 그리고 거듭 재개조되는 도시 근린에 의한 전체 풍경들의 재조직화를 수반한다. 지역 쇼핑 선호도에 맞추어 변화하고 모든 거시경제적 호황 및 불황의 진동에 연결된 건조 환경built environment은 화폐만큼 내구성 있고 상점에서 판매하는 물품들만큼 처분 가능한 것으로 된다. 의심의 여지 없이 쇼핑은 환경을, "복합용도" ─ 모든 것에 부가되는 대량의 소매 ─ 로 구획된 전 세계를 뒤덮기를 열망한다. 필수품 및 사치품의 빚[채무]으로의 전환을 기반으로 하는 세계에서, 쇼핑 공간들은 일상생활의 각 운동을 교환 가능성으로 끌어당길 수 있는 자극磁棒으로 기능한다. 체계를 지속시킬 필요, 이미 발생한 서비스 의무에 대한 요건, 그리고 더 많은 것에 대한 끊임없는 수요 사이에서, 현재의 순간은 어떤 약속도 어떤 바람도 절대 지키거나 성취할 수 없으며, 그래서 아무것도 제공하지 않았다. 그것은 내일에도 일어날 일이다. 만일 파국이 먼저 오지 않는다면 말이다.

하지만 들뢰즈는 최종적으로 사태를 그런 식으로 바라보지 않는다. 그는 현대의 상황에서 빚짐의 장소를 가리킨 이후, 바로 이어서 [이렇게] 말한다. "한 가지가 변하지 않았다는 것은 사실이다 ― 자본주의는 여전히 인류의 4분의 3을 극심한 빈곤 상태로 유지시키고 있다. 이들은 빚을 감당하기에는 너무 가난하고, 감금하기에는 너무 많다. 통제는 사라지는 변경뿐 아니라 빈민가와 게토의 폭발도 상대해야 할 것이다." 여기서 위와 아래의 지형학은 근본적으로 재구성된다. 빚[채무]의 무한성과 강도조차 부분적이고 불완전한 구성임이 드러난다. 창조적 선취의 고갈과 산 노동의 흡수를 위한 빚[채무] 기계는 시간의 완전한 역능^potency을 최종적으로 움켜쥘 수 없다. 이것이 아마도 들뢰즈가 "잠재적인 것"^the virtual으로 이해하는 것을, 이해하는 가장 좋은 길일 것이다. 빚짐이 사람들이 공통적으로 지닌 모든 것 ― 포획되지 않고 줄어들지 않는 과거, 그리고 미래의 늘 활기찬 쇄신 ― 을 이용하는 한, 빚짐은 잠재적인 것을 현재의 살아 있는 힘으로 다룬다. 우리에게 이런 시간의 진폭을 인식하고 깨닫게 해 주는 모든 것, 즉각적으로 재포획되지 않고 조금 앞질러 가거나 조금 뒤에 머무르는 모든 것은 자본의 회로와 순환을 떠나는 법을 우리에게 보여줄 수 있다. 우리가 자본에서 벗어날 필요에 대한 신념을, 그리고 다른 유대들을 공통으로 구축하려는 욕망에 대한 신념을 유지할 수 있는 곳은 빚짐의 강요에 대한 경험에서뿐이다.

빛의 마법,
또는 어린아이처럼 맑스 읽기

몇 년마다, 거대 매스컴들 ─ [전국] 방송 뉴스 채널1, 『월스트리트저널』, 또는 『뉴요커』 ─ 중 하나는 칼 맑스의 놀랍도록 현대적인 적실함에 대해 화려한 해설 기사를 내보낼 것이다. 언제나 똑같이 어리벙벙하고 거들먹거리는 어조로 쓰이는 그 기사는 맑스가 어떤 점에서는 실제로 자본주의를 찬탄했으며, 이것은 그가 몇몇 지점에 있어서는 옳았을지도 모른다는 것을 의미한다고 이야기할 것이다. 한편 자본주의에 대한 그의 신랄한 비판들은 서투른 괴짜가 부조리하게 지각한 의견들로 취급될 것이다. 그 이야기의 교훈은 늘 똑같다. 맑스는 자본주의에 대해 우리에게 많은 것을 가르쳐 주었지만, 그것은 그가 틀렸다는 것을 기억하는 한에서만 그렇다는 것이다.

나는 맑스가 실제로 우리에게 많은 것을 가르쳐 주었다고 주장하고 싶다. 특히 우리가 [맑스를] 발굴해서 부활시키는 모든 통상적인 의식儀式들을 피한다면 말이다. 초기 [맑스의] 무장 요구2에 공명하면서, 나는 맑스를 글자 그대로 다시 읽을 시간이라고 제안하고 싶다. 그러나 가장 유명한 글로 돌아가기보다, 나는 맑스의 미발견된 위대한 걸작으로 간주될 수 있는 것에 대한 독해를 제시할 것이다. 이것은 그의 작업이 지닌 동시대성에 대해 예기치 못한 사실을 보여 주는 사라진 글이다. 이 글

---

1. [옮긴이] ABC, CBS, NBC 등 미국 3대 방송사가 내보내는 뉴스 채널.
2. [옮긴이] 『공산당 선언』 마지막에 실린 문구 ─ "만국의 노동자여, 단결하라!" ─ 등을 가리키는 것으로 보인다.

은 맑스의 가장 혁신적이고 풍부한 작업 중 하나로 간주되어야 하며, 정말로 서사시적 규모로 구성되어 있다. 그러나 슬프게도 우리는 그것을 완전히 잃어버렸다. 우리는 그것에 대한 짧은 간접적인 흔적만을 가지고 있으며, 그 흔적은 맑스의 막내딸 엘리노어Eleanor의 이야기에 표현되어 있다. 그는 "무어인"이라는 별명을 가진 자신의 아버지가 런던 주변을 오래 산책하는 동안 어떻게 가족을 즐겁게 해 주었는지에 대해 기술한다. 그것은 다음과 같다.

아버지는 걸어가며 [두] 언니들에게 — 나는 아직 어렸다 — 이야기를 들려주었는데 그 이야기들은 장章이 아니라 마일miles로 나뉘어져 있었다. 두 소녀가 "1마일 더 이야기해 주세요"라고 말하면 그 이야기는 이어졌다. 그 기억은 나에게 남아 있다. 나는 무어인이 나에게 들려주었던 무수히 많은 놀라운 이야기들을 모두 무척 사랑했다. 그것은 대부분 한스 로클Hans Röckle에 대한 이야기였다. 그 이야기들은 수개월 동안 계속되었는데, 그것이 하나의 긴, 아주 긴 이야기였고 절대 끝나지 않았기 때문이다. 한스 로클은 호프만3이 좋아했던 유의 마법사였고, 장난감 가게와 많은 빚이 있었다. 그의

---

3. [옮긴이] 에른스트 테오도어 빌헬름 호프만(Ernst Theodor Wilhelm Hoffmann, 1776~1822). 독일의 작가, 작곡가, 화가. 독일 낭만주의의 대표 작가이며 환상문학의 대부로 알려져 있다.

가게에는 아주 놀라운 것들이 있었다. 나무로 만든 남자와 여자 들, 거인과 난쟁이 들, 왕과 여왕 들, 장인과 도제 들, 노아의 방주처럼 많은 네 발 달린 동물과 새 들, 탁자와 의자 들, 마차들과 크고 작은 상자들. 그러나 아! 그는 마법사였지만 그럼에도 늘 돈 문제에 갇혀 있었고, 그래서 그의 뜻과는 다르게, 그가 가진 멋진 것들을 모두 — 하나씩 하나씩 — 악마에게 팔아야 했다. 그러나 많은, 아주 많은 모험과 고난 뒤에 이것들은 항상 한스 로클의 가게로 돌아왔다. 이 모험들 중 어떤 것은 호프만의 이야기처럼 머리털이 곤두서는 끔찍한 것이었고, 또 어떤 것은 익살스러운 것이었지만, 모든 것은 독창성과 상상력과 유머가 무궁무진하게 담긴 채 이야기되었다.[4]

이게 전부지만 충분하다. 우리는 전기적 일화보다 더 많은 무

---

4. Eleanor Marx-Aveling, untitled excerpt in *Gespräche mit Marx und Engels*, ed. Hans Magnus Enzensberger (Frankfurt : Suhrkamp, 1981), pp. 270~1. 엘리노어는 이어서 맑스가 『니벨룽겐의 노래』, 구드룬, 돈키호테, 『천일야화』, 셰익스피어, 월터 스콧, 발자크, 필딩을 좋아했음을 진술한다. 다른 곳에서 엘리노어는 맑스가 아내 제니의 은으로 된 가보를 전당포에 맡기고, 그 물건이 낯선 외국인이 팔기에는 너무 좋은 것으로 보였기 때문에 경찰에게 시달렸던 일에 대해 이야기한다(*Gespräche*, pp. 240~1). 이 일화는 여기서 특히 관련이 있는 것으로 보이는데, 그것은 한스 로클 이야기가 가족의 보물을 저당 잡히는 아버지에 대한 아주 직접적인, 환상적 정당화임을 보여 준다. 그 이야기는 저당을 모험으로 표현하며, 그 모험은 담보를 되찾고 그 물건이 집으로 다시 돌아올 거라는 보장으로 봉해져 있다.

언가를 여기서 찾아내려고 노력할 것이다. 사실 나는 이 모험들을, 1, 2, 3권을 망라하는 『자본론』 — 맑스가 딸들에게 한스 로클의 이야기를 들려주고 있었던 시기에 쓰고 있었던 바로 그 글 — 의 적절한 어린이 버전에 대한 개요로 읽는 것이 가능할 거라고 생각한다.

그 이야기의 세 가지 수준을 구별하는 것으로 시작해 보자. 그것을 중심으로 우리의 독해가 조직될 수 있다. 첫째, 런던 곳곳을 산책하는 맑스(늙은 무어인)와 그의 아이들에 대한 묘사가 있다. 망명 중인 이 독일인 가족은 무척 가난하지만 분명히 즐거운 시간을 보내고 있다. 엘리노어는 추억에 젖어 가족생활에서 이야기하기가 지녔던 즐거움을 회상한다. (그녀는 아버지가 종종 아이들에게 큰 소리로 책을 읽어 준 것에 대해서도 이야기한다. "셰익스피어는 우리 집의 성경이었다.") 우리는 마치 영토를 횡단하거나, 그 사이로 길을 내거나 또는 환상과 서사의 매력을 사용하여 영토를 점유하는 것이 이야기하기의 목적인 것처럼, 그 이야기들이 마일로 구분된다는 세부 사항에 밑줄을 그어야 한다. 그리고 우리는 각 에피소드 또는 이야기의 끝이 가족의 (그리고 장난감의) 귀가와 일치할 거라고 추측할 뿐이지만, 이 이야기들이 그 세계 바깥에 속해 있다는 점, 그리고 맑스 가족이 산보를 하며 목격한 생활환경들이 그들의 이야기에 포함되었을 거라는 점은 분명해 보인다. 실제로 [맑스] 가족은 그 장난감들처럼 또 한 번 외부인들로서 미지의 영토를 떠돌아다니도록 강제된다. 우리는 이 산책이 소호[5]에서부터 햄스테드 히스[6]의 맨 끝에 이를 정도로 길기로 유명했다는 것을, [그] 이야기하기는 매 마일마다 사회적 세계의 거대한 조각을 횡단했을 거라는 점을 알고 있다. 이 모습에 대한 우리의 연구에서, 우리는 또한 왜 엘리노어가, 그 다음 문장에서 자신이 그 이야기들을 들었다고 말하고 있음에도, 그 이야기들이 그녀의 언니들을 대상으로 했고, 언니들에 의해 더 이어졌다고 애써 말하는지 짐작할 수 있을 것이다. 가부장적 권위와 [그 권위에 대한] 충실한 동일시의 강렬한 망이 맑스 가족에게 있다면, 그런 이야기들의 수취인이 미묘하게 분열되어 있음을 발견하는 일은 놀라운 일이 아니다.

다음 수준은 악마와 거래하는, 반복되는 가난 상태의 마법사 한스 로클에 대한 이야기다. 이 핵심 이야기는 아주 단순한 틀 기구framing device로 기능한다. 그것은 최소한의 구성 요소를 가지고 어떤 상황의 윤곽을 그리고 있으며 그것에서부터 더 많은 이야기들이 흘러나오게 된다. 엘리노어는 명시적으로 한

---

5. [옮긴이] Soho. 영국 런던의 웨스트 엔드(West End)에 있는 지역. 17세기 개발 사업을 시작으로 발전하였으며 이때 많은 외국 이주민들이 정착했고, 지금도 다문화 지역으로 남아 있다. 맑스 가족은 1850년부터 1856년까지 이곳에 머물렀다.
6. [옮긴이] Hamstead Heath. 영국 런던의 노스 런던(North London) 중심부에 자리한 광대한 녹색 공원. 소호에서 북쪽으로 3.5마일(약 5.6킬로미터) 가량 떨어져 있다.

스 로클을 ("황금 단지"The Golden Pot와 같은) E. T. A. 호프만의 이야기에 나오는 마술사와 관련짓지만, 괴테Goethe의 파우스트도 분명히 여기에 관련되어 있다. 파우스트는 메피스토펠레스가 유혹하려고 나타나기에 앞서 자신의 보물을 검토한다. 그러나 로클의 상황과 곤경에는 오히려 근대적인 무언가가, 거대한 창조적 힘과 근본적인 무력함의 조합이 있다. 우리는 곧 이 지점으로 돌아올 것이다.

마지막으로 세 번째 수준에는 장난감들 자체에 대한 (잃어버린) 이야기들이 있다. 그것들은 가족이 산책할 때 실제로 이야기되었던 것이다. 장난감들이 기묘한 운명들의 주체이자 객체로서 기능하는, 주요 서사 행위자들처럼 보이는 것이 인상적이다. 많은 종류의 장난감들이 있음에 따라, 틀림없이 풍부한 서사 장르들이 있었을 것이다. 각각의 장난감이 고유의 이야기뿐 아니라, 어쩌면 고유의 이야기 유형 또한 가져야 마땅하기라도 했던 것처럼 말이다. 이 이야기 유형에서 유일한 구조적 요건은 장난감이 궁극적으로는 장난감 가게로 돌아오는 것이었다.

익숙한 맑스주의적 영토와의 가장 직접적인 연관성이 여기에 있다. 인지할 수 있듯이 장난감은 상품과 같은 것이다. 상품은 그것을 만드는 사람에게서 몰수되어 사용 또는 즐거움의 객체라는 평범한 실존을 회복하게 되기까지 긴 (하지만 결코 무한하지 않은) 거래 사슬을 여행하도록 발송된다. 물론 맑스는 『자본론』 1권을 상품과 그것의 물신주의에 대한 분석으로 시작하며, 겉으로 보기에는 사회적 삶의 불활성의 객체들이 어떻게 실제로는 팽창하는 경제적 과정의 역동적 요소들인지 보여 준다. 여기서 물신주의 가설은 동화 속 트라우마로 생생히 재구성된다. 즐거움과 놀이를 위해 만들어진 객체들이 가치의 게임을 하도록 강제되어, 경제적 세계의 위험을 겪고 나서야 가게로 돌아와 휴식을 취한다. 이 시나리오에서 물신주의는 매혹 중에서 불행한 매혹이다. 놀이적인playful 것이 세속적인 캐릭터로 통용되기 위해 써야 하는 하나의 가면이다.

장난감 목록에는, 모든 통상적인 환상적 물품들 중에는, 상자와 테이블을 비롯하여 유달리 일상적인 것들이 한두 가지 있다. 그러나 우리가 『자본론』 1장의 유명한 "춤추는 탁자"를 상기한다면 이것들조차 특별한 울림을 지닌다. 맑스는 그것을, 상품이 어떻게 고유의 물질적인 그리고 신비적인 삶을 지닌 것으로 나타나는지 보여 주기 위해 초현실적인 방식으로 묘사했다. 물론 장난감은 사실 모든 상품처럼 "놀라운" 그리고 "환상적인", 고유의 삶을 갖고 있다. 그러나 장난감이 물신인가? 『자본론』에서 상품의 "비밀"은 그것의 "형식", 상품-형식 그 자체, 좀 더 분명히 말하면 하나의 가치 형식 즉, 교환이 일어날 수 있게 하는 하나의 가시적인, 유형有形적 형식으로 된 사회적 관계들의 물질화이다. 사실 가치-형식은 교환을 가능하게 하는 것만이 아니라, 교환을 필연적으로 그리고 어떤 의무의 감각으로 만든다. 이 감각은 우리가 이후 돌아올 또 다른 지점이다.

만일 장난감이 어떤 비밀을 숨기고 있다면, 그것은 노동의 비밀이 아니라 놀이의 비밀, 즉 세계를 자신의 이미지로 특유하게 개조할 수 있는 활동의 비밀이다. 놀이의 세계를, 고대의, 즉 전前경제적인 과거의 분출물로, 또는 소박한 사용가치의 영역으로 오인해서는 안 된다. 놀이가 하나의 세계를 만든다면, 그것은 다른 어딘가의 세계, 저 멀리에 있는 전설의 세계일 수 없으며, 정확히 그 반대이다. 그것은 우리가 알고 있다고 여기는 세계에서 비롯되는 물질들로 이루어진 하나의 세계일 것이다. 한스 로클의 가게에 있는 장난감 목록을 좀 더 자세히 들여다보자. 인간 및 동물 형상들, 신화적 및 괴물 창조물들, 왕족과 주인 그리고 하인들, 일상 가구, 그리고 탈 것들과 탈 것들로 실어 나르는 것들이 있다. 이 모든 것들은 "근사하고" "예쁘다." 장난감 가게의 장난감으로서의 실존은 끔찍한 교환의 객체로서의 실존과 명백한 대조를 이룬다. 장난감들이 교환의 파고를 거슬러 로클의 가게로 돌아가기 위해 자신의 놀이적 교활함을 발휘하기라도 하는 것처럼 말이다. 장난감들이 그 가게에 머무르는 한, 그것들은 폐쇄된 환상적 세계의 일원으로만 향유될 수 있었다. 그러나 장난감들이 ─ "하나씩 하나씩" ─ 자신들의 길을 개척하도록 강제되자마자 그것들은 위협적이고 통제하는 것처럼 보이는 세계의 이질적인 행위자로서, 또 다른 의미에서 놀이적이고 환상적인 것이 된다. 한편으로 그 장난감 가게는 모든 모험들의 비시간적 기원이자 목적지인 놀이동산Playland이며, 다른 한편으로 서사와 교환의 구조화된 영역인 역사History가 있다. 따라서 그 장난감들은 이중으로 기묘하다. 장난감들은 세계를 외부에서 놀이적 형식으로 복제할 뿐 아니라, 가장 엄숙한 방식으로 그 세계 내부에서 기능하는 것으로 나아가며, 심지어는 그 세계를 궁극적으로 이겨낸다.

벤야민과 아도르노, 블로흐와 같은 맑스주의 이론가들이 놀이와 장난감에 특별한 흥미를 가졌던 것은 놀라운 일이 아니다. 여기서 이 계보를 따르는 조르조 아감벤에 따르면, "장난감의 본질은······ 하나의 탁월한 역사적 사물이라는 것이다. 말하자면, 그것은 순수한 상태의 역사적인 것the Historical이다. 다른 곳에서와는 달리, 우리는 장난감에서 역사의 시간성을 순수히 변별적이고 질적인 가치로 포착할 수 있다."[7] 아감벤에게 있어 장난감은, 그것이 성스러운 영역이나 실용적–경제적 영역에 속하기를 거부하는 방식 ─ 그러므로 장난감 자체에 의해 동시에 보존되고 투사되고 소멸되는 사회적 삶의 차원들 ─ 에 의해 정의된다. 아감벤은 인상적인 의견을 제시한다. 우리가 상품을 죽음의 기호하에서 ─ 죽은 노동으로서 ─ 그리고 상품–형식을 자본주의의 생산물에 출몰하는 일종의 환영 또는 유령

7. Giorgio Agamben, *Infancy and History : On the Destruction of Experience*, trans. Liz Heron (London : Verso, 1993), p. 71 [조르조 아감벤, 『유아기와 역사 ─ 경험의 파괴와 역사의 근원』, 조효원 옮김, 새물결, 2010, 136쪽].

으로서 생각하게 된 것과는 달리, 우리는 오히려 장난감을 탄생의 기호 ─ 그것으로 인해 생산 행위는 자신의 운명을 창조할 수 있는 일종의 재생산으로 인식될 수 있다 ─ 하에서 보아야 한다. 장난감은 이러한 시간성의 동요, 삶과 죽음의 이러한 비결정성을 연기演技함으로써, 살아가기 위한 모든 시도를 함께 제한하는 것처럼 보이는, 형이상학적인 것의 전제적 현존과 필연적인 것의 노골적 현존 모두로부터 우리가 빠져나올 수 있도록 해준다.[8]

그러나 장난감은 빚짐과 창의성inventiveness 모두를 불러내는 마술을 부림으로써 ─ **마지못해 인내되는 것을 기꺼이 상상되**는 것과 결합함으로써 ─ 완전한 역사성의 한 경로를 여행하고, 되살아날 수 있는 것과 이미 사라진 것을 조명하며, 그 길을 따라 장난감은 하나의 불변의 가능성, 즉 맑스가 약속했던 바로 그것을 암시한다. 그 가능성이란 우선하는 것의 반박할 수 없는 주권이나 벌거벗은 생존의 무자비한 긴급사태에 굴복하지 않고, 우리의 삶들이 역사 속에서 자유롭게 형성될 수 있다는 것을 말한다.

여기에서 첫 번째 잠정적 결론에 이를 수 있다. 맑스가 딸들

---

8. 아도르노도 장난감의 유토피아적 요소에 대해 이야기한다. 그가 『미니마 모랄리아』(*Minima Moralia*)에서 쓴 것처럼, "놀이들의〔그리고 장난감들의〕비실재성은 실재가 아직 실재적이지 않음을 보여 준다. 그것들은 무의식적으로 올바른 삶을 연습한다."(London : Verso, 1974), p.228 [테오도르 아도르노, 『미니마 모랄리아』, 김유동 옮김, 길, 2005, 300쪽].

에게 들려 준 그 이야기들은 놀이의 교육학, 사물의 적절한 사용에 대한 교훈을 구성한다. 그것에 의해 우리는 정확히 불가능한 상황을 극복하기 위해 그 이야기들에 담겨 있는 서사적 자원들을 표출하는 법을 배운다.[9] 우리의 짧은 글에서, 놀랍고 섬뜩한 것에서부터 희극적인 것에 이르는 맑스의 이야기가 지닌 엄청난 풍부함은 단순한 패턴에서 비롯된다. 장난감들은 어떤 이해할 수 없는 이유로 그 가게를 떠나, 온갖 종류의 "모험과 고난"을 겪은 뒤 다시 돌아온다. 하지만 그 장난감들은 왜 **떠나야 하고 왜 항상 돌아오는가?** 이 필연성은 모험을 망치고, 질서를 회복하며 놀이의 발생을 재포획하는 데 기여할 뿐인가? 그런 끔찍한 상황에 직면하여 어떻게 항상 행복한 결말이 있을 수 있는가?

맑스에게 있어 논란이 되는 가장 결정적인 정치적 문제를 무심코 건드리는 이 문제들에 답하기 위해, 우리는 장난감 이야기의 수준에 계속 머무를 수 없다. 우리는 이 가공의 경제적·서사적 기계를 움직이는 것을 파악하기 위해서, 두 번째 수준으로, 한스 로클의 형상 그리고 틀 이야기로 돌아가야 한다. 이 각도에서 보면, 장난감들의 경이로운 귀환은 순환적이지 않다. 왜냐하면 장난감들의 경로는 어떤 교환 법칙이나 장르에

---

9. 맑스가 우리에게 서사와 노는 법을 가르쳐 준다는 생각은 알렉산더 클루게가 제안했다. 그는 그것을 맑스의 작업이 지닌 핵심적인 창조적 차원으로 다룬다.

지배받지 않기 때문이다. 다시 말하면 장난감들은 성스럽지도 실용적이지도 않기 때문에, 목적도 목표도 없다. 장난감들의 떠남은 불가해한 폭력을 암시하고 그것들의 귀환은 대신 일종의 소망 성취를 가리키며, 이것은 어떤 다른 방식으로도 표현하거나 해결할 수 없는 하나의 불가능성에 대해 우리가 깊이 생각하도록 만든다. 그리고 이 소망은 한스 로클의 끝없는 곤경에서 생겨난다. 우리는 심지어 그것을 실존적·세계사적 곤경이라고 부를 수도 있다. 그는 단순한 노동자도, 소외된 프롤레타리아도 아니며, 마법사다. 자신이 지닌 모든 힘에도 불구하고, 이 마법사는 자신의 힘보다 더 강한 힘들 앞에서 속수무책이다. 로클의 마법 기술이, 맑스가 자신의 경제학적 저작들에서 자본에 속한다고 여긴 마법과는 결코 같은 종류의 마법이 아니라는 것을 강조하는 것이 중요하다. 자본은 금이나 종이의 가장 작은 파편으로 신적 권능을 차지하는 스펙타클한 방식으로 형이상학적이다. 한스 로클의 작업은 벤야민이 직관했던 농부의 마법과 같은 것에, 즉 그것이 전적으로 속하지는 않는 경제 체계에 직면하여, 사실 바로 그 중심에서 어떻게든 지속되는 "미메시스 능력"에 더 가까워 보인다. 한스라는 형상과 함께, 우리는 "마법"의 생산이 어떻게, 노동labor이라는 단어가 더 이상 전달할 수 없지만 자본주의적 과정들에 있어 여전히 없어서는 안 되는 사회적 에너지를 발생시키는지 이해한다. 가치의 악마적 "매혹들"은 생산의 놀이적 마법을 필요로 하고 그것을 이용한다. 이 마법은 자신의 생산물들 즉, 장난감들이 세속적인 상업 세계에서 위험에 처할 때만 자신의 막강한 힘들을 발휘할 수 있다.

벤야민은 이러한 세계-제작 마법을 "유사성들을 생산하는 재능^{Gabe}"으로 묘사한다. 이것은 한 개인이 행사할지라도 타인들이 행사하는 "〔유사성들을〕 인식하는 재능"에 부응해야 한다. 이 상호적 재능들은 사물들이 아니라, 집합적 **능력들** 및 **성향들**이다. 이것은 역사적으로 가변적일 뿐 아니라, 벤야민에게 있어서는 역사적으로 위협받고 있다.[10] "미메시스"를 장난감들이 보유한 특질이라기보다는 오히려 한스가 수행한 행위로 보는 것이 중요하다. 장난감 제작자가 장난감을 제작함으로써 어떻게든 세계를 점유하는 것은 미메시스 능력이 발생시킨 전염적 유사를 통해서이며, 우리가 놀이로 재연하는 것은 이 점유이다. 로클의 장난감들을 그에게서 떼어 놓는다고 하더라도, 그 장난감들은 일종의 교활한 선물, **파르마콘** ^{pharmakon}이다. 이

---

10. Walter Benjamin, "Über das Mimetische Vermögen," *Angelus Novus* (Frankfurt : Suhrkamp, 1966), pp. 96~9; "On the Mimetic Faculty," *Reflections* (New York : Schocken, 1978), trans. Edmund Jephcott, pp. 333~6 [발터 벤야민, 「미메시스 능력에 대하여」, 『언어 일반과 인간의 언어에 대하여/번역자의 과제 외』, 최성만 옮김, 길, 2008, 212쪽]. 미메시스적인 것을 위협하는 것은 "기호학적인" 것과 언어의 우선성 그리고 글쓰기의 명령하는 권력들이다. 현재의 맥락에서, 우리는 자본주의가 어떻게 글쓰기를 이용하여 빛을 부과하는지, 더 나아가 벤야민에게 있어 글쓰기 자체가 어떻게 역사적이며 지울 수 없는 빚을 미메시스 능력에 지게 되는지 물어야 할 것이다.

것은 그 장난감들을 전유하려 애쓰는 질서에 활기를 줄 수도 있고 독이 될 수도 있는 제물이다. 장난감 제작자의 완고한 태도에서 우리는 두 번째 교훈을 발견한다. 맑스는 자신의 아이들에게 마법사의 노동을 찬양하라고 가르친다. 이것은 언젠가 일종의 복원적 또는 구원적 놀이성playfulness이, 그 모든 겉모습과는 반대로 우리 세계를 가득 메운 모든 것들에 생명을 불어넣을지도 모른다는 소망을 품고 있다.

그렇지만 한스 로클의 상황은 우리가 (또는 맑스 가족이) 되돌아가도 좋은 순수와 자유의 천국이 아니다. 우리는 엘리노어의 주저하는 목소리 ─ 그렇다. 로클은 마법사다. 아아, 하지만 다른 무언가가 있다 ─ 를 듣는다. 그는 두 가지를 "소유한" 사람으로 묘사된다. 장난감 가게와 "많은 빚"이 그것이다. 다른 한 가지에 우선하는 것은 없다. 빚이 없다면 장난감은 없고, 장난감이 없으면 빚도 없다. 그것은 마치 맑스가 자신의 아이들에게 강조하는 것처럼 보인다. 네가 돈 걱정 없이 장난감을 가질 수 있다고 생각한다면, 슬프게도 오해하고 있는 것이란다. 로클의 모든 곤경은 돈 그 자체이다. 단순히 그가 돈이 충분치 않다는 것이 아니라, **돈이 존재한다는** 사실이 그에게는 치명적인 도전이다. 그리고 이러한 위협, 이러한 위기는(엘리노어가 쓴 단어는 'Geldnöten'이다. 이것은 돈의 "결핍"뿐 아니라 돈의 "위험" 또는 "고통"을 의미할 수 있다) 절대 마법으로 사라질 수 없다. 돈의 영속적 현존은(따라서 이것은 영속적 부재이기도 하

다) 빚의 형식을 취하며, 이것은 자신의 강력한 마법을 건다.

로클의 "많은 빚"은 희미한 저주처럼 자연스럽게 생겨나서 절대 없어지지 않는다. 그 빚은, 또 다른 이의 고통을 이용하기 위해 개입하는 중간계급 메피스토펠레스에 지나지 않는 것처럼 보이는 악마와는 직접적인 관련이 없다. 악마는 빚을 창조하는 것이 아니라, 중재를 통해 빚을 강요하고 증대시킨다. 이는 한스를 곤경에서 벗어나게 해 주지 않고 최종 청산을 미루도록 한다. 다시 말하면 악마는 문제의 원인이 아니라 중재자에 불과하다. 그가 없다면 한스는 무일푼이 되겠지만, 그를 통해 어쨌든 모든 것은 상실되고, 위험에 처하며 무력한 순환 속으로 끌려들어 간다. 아이의 진정한 다음 교훈은, 우리는 이런 빚에서 태어나며, 그것은 절대 사라지지 않는다는 것이다. ("빚"과 "죄"를 뜻하는 독일어 단어 ─ die Schuld ─ 가 같다는 사실에 주목하라. 니체뿐 아니라 벤야민도 이 다의성을 여러 차례 검토했다.) 그러므로 장난감들의 모험들이 이러한 실재 상황에 대한 정말 아주 많은 상상적 해결들이라면, 행복의 약속은 빚짐의 경험을 통과하는 것에서만 이루어질 수 있다. 그 귀환과 반환의 가능성이 얼마나 희박하든, 그리고 그것이 얼마나 자주 일어나든, 빚은 계속해서 자신의 파괴적인 영향력을 행사할 것이다. 그것이 빚의 악마적인 점이다. 빚은 외적이고 일시적인 것 ─ 단편적인 "어쩔 수 없는 삶의 현실" ─ 으로 나타날 수도 있지만, 빚은 삶이 빚에 맞서 동원할 수 있는 모든 것을 흡수하고, 그 빛을 잃게 하며, 그보다 더 오래 지속된다.

로클의 장난감들이, 위협받는 동시에 희망에 찬, 상품 세계에서의 마법의 망명객들로 인식될 수 있다면, 우리는 로클의 빛들을 무엇이라 이해할 수 있을까? 만일 틀 기구[11]의 수준에서 이 빚들이 뒤따르는 이야기들에 대한 정황적 전제에 불과한 것처럼 보인다면, 그럼에도 불구하고 빚이 — 아마도 특정한 역사적 순간에만 — 경제와 서사 모두의 필수 요소가 된다고 말할 수 있을까? [맑스의] 이야기는, "돈 문제"가 있으면 자급자족이나 도덕적 비타협은 사실상 불가능하게 된다는 점을 알려주는 것처럼 보인다. 만일 그러하다면, 삶의 다른 방식을 상상하는 일은 가능한가?

이 질문들에 어떤 이론적 중요성을 부과하기 위해, 우리는 무어인과 그의 이야기를 (잠시) 뒤로 하고 칼 맑스에 대해 물어야 한다. 맑스의 경제 이론과 사회 이론에 빚의 개념이 실제 있는가? "빚"이 좀 더 근본적인 작동의 부차적이거나 기술적인 양상에 불과하다면 — 예를 들어, 빚이 (금융의 경우) 유통이나 교환의 역학 내에 또는 생산 영역 자체 내에 포함된다면 — 빚의 개념을 살펴볼 필요는 없을 것이다. 하지만 어쩌면 빚은, 빚 없이는 이

---

11. [옮긴이] 앞서 설명된 것처럼, 악마와 거래하는 가난한 마법사 한스 로클에 대한 이야기를 말한다. 이 틀 — 가난한 마법사가 진 빚, 악마와의 거래, 장난감의 떠남과 귀환 — 이 장난감들에 대한 다양한 이야기, 즉 지금은 우리가 알지 못하는, 맑스가 산책하며 아이들에게 들려준 이야기의 뼈대를 이룬다고 저자는 설명하고 있다.

야기를 할 수 없는 무어인에게나, 그것을 정의하는 데 어려움을 겪는 맑스에게나 하나의 근본적인 문제인지도 모른다.

여기서 나는 지름길을 택해야 할 것이다. 빚에 대한 완전한 정의를 만들기 위해서는 자본주의 정치경제학뿐 아니라, 도덕과 정의에 대한 철학들 그리고 제물과 포틀래치potlatch에 대한 인류학들을 다룰 필요가 있다. 여기서 우리는 17세기부터 현재에 이르는 다양한 금융 "혁명들"을 통해 빚의 진화를 추적할 수 있을 것이다.[12] 이 광범위한 이론적이고 역사적인 혈통과는 별개로, 나는 특별히 빚에 대한 맑스주의적 설명을 약술하고 싶다. 나는 빚짐의 개념이 **삶의 역사성**을, 즉 사회적으로 되고 공통으로 살게 되는 한에 있어서의 삶을 표현한다고 제안하고 싶다.[13] 그러한 개념은 결코 보편적이고 영원한 것을 가리키지

---

12. 바타유(Bataille)와 방브니스트(Benveniste)의 모든 고전 문헌들과 함께, 인류학적 증거에 대한 데이비드 그레이버(David Graeber)의 탁월한 요약에 대해서도 언급해야 한다. "Debt : the First Five Thousand Years," *Mute* magazine, February 10, 2009 [데이비드 그레이버, 『부채, 그 첫 5,000년』, 정명진 옮김, 부글북스, 2011]. 다음 주소에서 볼 수 있다. http://metamute. org. 그리고 빚에 대한 새로운 문헌을 조사하는 어떤 연구도 분명 마거릿 애트우드(Margaret Atwood)의 시사적인 산문집을 포함해야 할 것이다. *Payback : Debt and the Shadow Side of Wealth* (Toronto : Anansi Press, 2008) [마거릿 애트우드, 『돈을 다시 생각한다 ― 인간, 돈, 빚에 대한 다섯 강의』, 공진호 옮김, 민음사, 2010].

13. 즉 빚은 사회적 존재의 경험에 기본적인 것을 역사성의 차원에서, 심지어는 가장 종말론적인 형태로 명명한다. 그것은 이제부터 우리가 종속되는 시간의 경로를 소급하여 승인하는 방식이다. 그래서 가장 절대적인 유형의 빚, 원죄는 우리의 죽음에 **예기적으로** 의미를 부여하는 가장 확실한 방식으로 나타난다.

않는다. 사실 빚짐을 사고하는 것은, 어떻게 빚이 세계의 모든 시간을 구조화하는 것처럼 보이는지, 그리고 우리의 역사적 상황은 우리가 우리의 모든 빚을 고려하려고 노력할 때에만 포착될 수 있는 것인지, 그리고 마지막으로 "역사"나 "세계"에 대한 우리의 모든 관념들은 무엇보다 우리가 모든 사고 행위에서 지고 있는 (혹은 그렇지 않은) 빚은 아닌지 궁금하게 만든다.

맑스의 주요 저작들로 돌아가면 한 가지가 즉시 두드러진다. 빚debt이라는 단어가 그의 이론의 표현에서 중요한 역할을 하지 않는다는 점이다. 빚은 대개 신용credit이라는 단어에 연결되어, 그리고 그것에 가려진 채 나타난다. 이것은, 내가 보여 주기를 바라듯이, 결코 같은 동전의 이면이 아니다.

내가 빚짐이라고 부르는 것을 맑스가 다루는, 세 가지 구별되는 양상들 또는 계기들이 있다고 제안하려 한다. 첫째는 철학적 차원으로, 초기 저작들에서 가장 분명하게 접근되고 있다. 둘째는 본격적인 경제적 차원으로, 『정치경제학 비판 요강』과 『자본론』 1, 2권에서 발견된다. 마지막은 정치적, 어쩌면 유토피아적이기까지 한 차원으로, 『자본론』 3권에서 펼쳐진다.

채권자와 채무자에 대한 맑스의 가장 초기의 광범한 논의는 제임스 밀James Mill에 대한 1844년 비판에서 찾을 수 있다.

따라서 그것은 우리의 빚이, 그 빚을 부여하는 신에 의한 경우를 제외하면 절대 갚을 수 없을 것이라는 점을 보장하는 하나의 방식이 되는 행동이다.

여기서 맑스는 자신의 가장 추론적인 언어를 사용하여 그 문제를 현실적인 것에서 과대한 것으로 고양시킨다. 그는 인간 사회성의 교환의 도구들로의 점진적 소외로서 신용 및 은행 체계의 진화를 추적한다. 그 진화의 결과 결국 인간성 자체가 가장 발달된 통화 체계 부문들로 흡수된다.

> 신용은 인간의 도덕성에 대한 **경제학적 판단이다** …… 인간적 개성, 인간적 도덕성은 상업의 대상이 될 뿐 아니라 화폐가 그 속에 존재하는 물질로 된다. 그 실체, **화폐정신**spirit of money을 입고 있는 신체는 화폐나 종이가 아니라, 나의 개인적 실존, 나의 살과 피, 나의 사회적 가치worth와 지위이다. 신용은 이제 화폐가치money-values를 실제 화폐가 아니라 인간의 살과 인간의 심장 속에 현실화시킨다.[14]

이 해석의 논쟁적인 미덕들이 무엇이든 간에 ─ 그리고 그것은 자본주의적 코드의 시뮬라시옹에 대해 보드리야르가 이야기했었던 어느 것 못지않게 진실로 들린다 ─ 그것은 여전히 헤겔적 좌표들 내에 확고히 남아 있다. 신용은 공동화된 커뮤니티 내

---

14. Karl Marx, "Excerpts from James Mill's *Elements of Political Economy*," in *Early Writings*, ed. Quintin Hoare (New York : Vintage Books, 1975), p. 264 [칼 마르크스, 「화폐체제 및 신용체제에서의 사적 생산과 공동체에서의 인간적 생산」, 조정환 옮김, 『자음과 모음』 19호, 2013].

의 소외된 활동의 가장 높은 소용돌이들에서 스스로 발전하는 일종의 타락한 절대 이념으로 나타난다. 맑스는 신용이 상호 인정의 가장 순수한, (추상적이기 때문에) 가장 투명한 형식을 가능하게 하는 것처럼 보일지 몰라도, 그것이 모든 사회적 및 문화적 질서의 차원들을 띠고 있기 때문에 실제로는 가장 직접적인 예속의 형식이라고 주장한다. 신용을 받아야만 하는 사람(채무자)은 채권자의 판단에 종속된다. 채권자는 **부를 소유한 모든 사람들**의 판단을 대표한다. 신용은 주인과 노예 사이의 투쟁을 중재하는 보다 완전한 방식이 된다. 그로 인해 투쟁에 참여하는 모든 사람들은 그것의 형식적인 구조를 유지하는 데 헌신하게 된다. 다르게 말하면, 맑스는 여기서 신용 체계를 본질적인 사회적 "부"의 소외로 이해하고 있으며, 그러한 이해에 기반하여 "빚"은 시초적 또는 잠재적 충만함의 부정으로 나타난다.

만일 그 반대로, 빚이 부의 부정으로서가 아니라 사회 구조의 유지와 살아 있는 실존 사이의 근절할 수 없는 마찰로부터 생겨난다면, 빚은 엄밀히 말해 **사회적 신체의 구성** 요소임에 틀림없다. 삶은 계속되고 시간은 흐르기 때문에, 모든 우발성들은 물질적 갈등으로 나타날 것이다. 그러므로 빚은 우리가 가진 것과 우리가 필요한 것 그리고 우리가 원하는 것 사이의 간극에 대한 모든 사회적으로 절합 가능한 표현으로 이루어져 있다.

이러한 관념은 두 번째, 즉 맑스의 사고에 있어 보다 엄밀한 경제적 단계에서 좀 더 분명히 나타난다. 여기서는 빚을, 필연의 왕국[15]과 신체적 필요들의 통화적 상관물로 다룬다. 여기서 빚짐이라는 조건은 명백히 역사적 현상으로, 봉건적 의무들과 노예 상태에서 사람들이 해방된 이후 "자유로운 주체들"의 창조의 결과로 나타난다. 빚짐이 상호 의존을 자급자족의 상실로만 기록하는 한, 그것은 모든 시장 관계들과 짝을 이룬다. 맑스는 『정치경제학 비판 요강』에서, 노동자는 "어쨌든 살아 있다는 점에서 자본에 대한 의무를 진다"[16]고 생각하는 자본가의 형상을 조롱하며 제시한다. 빚이 생존에 근거한다는 관념은 『자본론』 1권에서 여러 차례 등장한다. 이는 고대 로마 시대 이래 [빚을] 갚지 못한 것에 대한 처벌로 채무자가 사지 절단을 당했던 방식들을 상술하는 긴 주석에서 가장 두드러진다. 맑스는 빚의 제물적 기원을 믿는 것처럼 보이며, 그는 자본의 통화

15. [옮긴이] 맑스는 『자본론』 3권 48장에서 필연의 왕국과 자유의 왕국에 대해 서술한다. 맑스에 따르면 "자유의 왕국은 궁핍과 외부적인 편의에 의해 결정되는 노동이 끝장나는 곳에서 비로소 진정으로 시작"된다. "인간의 힘을 목적 그 자체로 발전시키는" "진정한 자유의 왕국은" 또한 "이 왕국[필연의 왕국]을 넘어서야만" 시작된다(칼 마르크스, 『자본론 3(하)』, 김수행 옮김, 비봉, 2009, 998~9쪽). 그러므로 필연의 왕국은 궁핍의 해결, 즉 생존을 위해 노동이 결정되고, 인간의 힘이 그러한 노동에 종속된 상태를 말한다고 볼 수 있다.

16. Karl Marx, *Grundrisse*, trans. Martin Nicolaus (New York : Vintage Books, 1973), p. 293. 이후부터는 *Grundrisse*로 표시 [칼 맑스, 『정치경제학 비판 요강 I』, 김호균 옮김, 그린비, 2007, 296쪽].

적 형식을 뒷받침하는 원시적 폭력을 강조하고 싶을 때면 언제라도 『베니스의 상인』을 인용할 준비가 되어 있다. 채무자들은 그들에 대한 법 앞의 처벌이 비유적으로 모든 노동자들의 것으로 여겨지는 전형적인 인물들이다. 고대의 채무자처럼 모든 프롤레타리아는 "가죽이 벗겨지고" "쥐어짜지며" "극심한 고통에 시달린다"고 이야기된다.[17]

때문에 『자본론』 1권 전체에서, 빚짐은 더 이상 형식적인 또는 정신적인 위치에 있지 않다. 오히려 빚진 신체들은 바로 자본이 모든 수준에서 당연하게 여기는 것이다. 여기에 매 순간 갱신되는 시초 축적의 유산이 있다. 빚짐은 살아 있는 신체에 대한 최초의 "인클로저"이자, 첫 번째 생명정치적 사건이다. 빚진 신체들은 임금노동의 노동하는 신체들, 산업예비군의 유휴 신체들, "비생산적"이며 "경쟁력 없는" 기업들의 굶주린 신체들, 그리고 어디서나 빚의 법칙에 복종함으로써만 자신의 욕구를 충족할 수 있는 신체들이 된다. 요컨대 빚은 비참함이 사회화되는 수단이다.

"빚"은 구체적인 신체의 메타포들을 불러일으키는 경향이 있는 반면, 맑스가 『자본론』에서 "신용"에 대해 말하는 것의 상당수는 오히려 자본주의적 축적과 집중의 추상적인, 심지어는

---

17. Karl Marx, *Capital*, Volume 1, trans. Ben Fowkes (New York : Vintage Books, 1977), p. 400 [칼 마르크스, 『자본론 1(상)』, 김수행 옮김, 비봉, 2009, 386쪽].

형이상학적인 경향들과 관련이 있다. 여기서 특유의 메타포들과 접속들의 무리는 아주 상이하다. 신용은 가치 질서로부터의 분배를 필요로 하며, 이는 특정 정치 체제에 뿌리를 두고 있다. 신용은 교환 및 소유 관계들의 일반화를 수반하며, 이 과정들의 영역을 확장하기 위해 이 과정들을 상징적 게임들로 바꾸는 수단들로 기능한다.[18] 맑스는 신용이 국가적 및 지구적 규모에서 가치의 이상적인 동기화synchronization로 향하는 경향이 있다고 강조한다. 여기서 신용은 1844년 수고에서처럼, 화폐가 수행하는 사회적 기능들의 "완성태"로 이해되지만, 이제 이 완성태는 진정한 기술적 성취, 지금까지 혼란스러웠던 과정의 공고화, 그리고 미개발된 광대한 조직화 및 합리화 자원들의 동원으로 다루어진다. 맑스는 자신의 주요 저작에서 신용 체계를, 자신이 좀 더 초기에 주장했던 판단들보다는 보다 역동적인 변증법적 방식으로 다룬다. [즉,] 신용은 여전히 집합적 맹목과 악의적인 사기의 중추로 보이지만, 아주 방대하고 변덕스러운 생산력들을 배치하고 전달한다. 신용 체계가 그것의 가장 순수한 형식에서 부의 화신으로 보이도록 만드는 것은 이 통제 권력이다. 그러나 맑스는 "부"에 대한 바로 그 관념이 개념적 기반이 아니라 경제적 합리성에 대한 이데올로기적 알리바이라는 점을 깨닫게 되었다. 경제학자들은 모든 사회적 생산을 추

---

18. *Grundrisse*, pp. 495, 659 [맑스, 『정치경제학 비판 요강』].

상적 부의 용어들로 정의함으로써, 자본이 문자 그대로 모든 것에 대한 공credit을 차지하는[신용을 얻는] 하나의 체계를 구축한다. 과거의 모든 성취들은 "그것의"[자본의] 업적으로 간주되고 그것의 주화로 측정되며, 미래의 모든 기획들은 그것의 판단 기준에 복종하지 않으면 안 된다. 자본주의의 사회적 기획을 결속하는 것은 소위 동등한 가치들의 교환이 아니라 가치 형식으로 모든 것을 표현할 의무이다.

이 논리는 신용 없이 빚이 있을 수 없고 그 역도 마찬가지라고 주장하지만, 그 용어들은 대칭적일 수 없다. 사실 신용과 빚은 연접과 이접을 통해 역동적이고 불안정한 적대를 구성한다. 자본주의하에서는 이제 그 어느 때보다, (책임을 지지 않고 투자의 권력을 휘두를 수 있는) 소수를 위한 빚 없는 신용과 (선택의 여지없이 위험을 감수하는) 다수를 위한 신용 없는 빚이 존재한다. 그렇지만 빚짐이라는 조건은 부채로부터 가치를 추출하는 신용과 필연보다 언제나 더 오래 살아남을 것이다. 그것이 부채가 지닌 환원될 수 없고 뿌리 뽑을 수 없는 비밀이다. 신용이, 자본이 과거와 미래의 이름으로 현재에 대한 권리를 주장하는 맹렬한 몸짓으로 이해된다면, 빚은 비동기적인 nonsynchronous 것, 즉 경제적 지배에 저항하는 모든 완강한 주장의 표식으로 이해될 수도 있을 것이다. 무에서의 신용 창출이 경제적 질서와 체계의 극단적 투사projection라면, 빚짐은 가치의 유보 또는 철회, 즉 무언가를 살아 있도록 하기 위해 시간을 버는 방식이어야만 한다. 우리는 우리의 삶 — 우리의 필요와 욕망, 자기와 집합성에 대한 우리의 감각 — 을 이렇게 영속적으로 재연되는 빚짐으로의 철수에 빚지고 있다고 말할 수 있는가? 맑스는 우리가 가장 발달된 자본주의적 논리의 첨단에서 급진적인 전망들을 발견해야 한다고 주장한다. 우리는 그 첨단을 빚짐의 배치에서 찾아낼 수 있으며, 이는 필연의 시간을 봉쇄하고 자유의 계기를 선취한다.

그러므로 우리는 맑스 독해를 통해 다소 예기치 못한 질문을 던지게 된다. 한때는 가장 피할 수 없는 자본의 덫으로 보였을 빚짐이 그것을 뒤집는 지렛대를 우리에게 실제로 제공하는가? 해방의 사고에서 빚에게 주어진 특별한 역할이 있는가? 그리고 우리가 출발했던 곳으로 다시 돌아가기 위해, 나는 [이렇게] 물어야 한다. 빚에 대한 이러한 맑스주의적 이해는 놀이적 마법사 한스 로클이 직면한 빚과 무슨 관계가 있는가?

여기서 우리는 『자본론』 3권에서 발견되는 빚에 대한 맑스의 견해의 세 번째 그리고 마지막 차원에 의지해야 한다. 거기, 주목할 만한 27장에서 맑스는 고도 금융 haute finance의 사기를 맹렬히 비난한 뒤, 신용 체계는 자신이 실행하는 나쁜 마법에도 불구하고 그리고 그것 때문에, 우리가 집합적 자유의 왕국을 성취하기 위해 행사해야 할 일종의 마법의 일면을 보여 준다고 주장한다. 이곳이 앞서 상술된 변증법적 긴장들이 폭발하고 그에 따라 희망적으로 되는 지점이다.

신용 체계는……생산력의 물질적 발전과 세계시장의 창조를 가속화한다……동시에 신용은 이 모순의 격렬한 폭발, 위기, 그리고 이 요소들과 더불어 낡은 생산양식의 소멸을 가속화한다.

신용 체계는 이중적 성격을 내재하고 있다. 한편에서 신용 체계는 자본주의적 생산의 동력, 즉 타인 노동의 착취에 의한 치부를 가장 순수하고 가장 거대한 도박과 사기의 체계로까지 발전시키고, 이미 소수인 사회적 부의 착취자들의 숫자를 점점 더 제한한다. 그러나 다른 한편에서 신용 체계는 새로운 생산양식으로 가는 이행 형태를 구성한다.[19]

자본 축적의 상징적 조건으로, 동시에 그에 대한 실질적 장벽으로 기능하는 것은 바로 소위 신용의 허구성, 즉 그것의 근거 없는 생산적 집합성의 구성이다. 그러나 신용 체계는 이 막대한 생산성을 비보장의 상상적 평면에 대한 집합적 주문呪文으로 표현하면서, 사회적 노동의 전체 체계가 무엇을 성취할 수 있고 성취해 왔는지를 끊임없이 드러낸다. 자본이 이 이야기를 마치 자신만이 유일한 실재적인 행위자인 것처럼 말할 수 있는 한, 그 시나리오의 허구성이, 모든 이야기를 발생시키는 모

19. Karl Marx, *Capital*, Volume 3, trans. David Fernbach (New York : Vintage Books, 1981), p. 572 [칼 맑스, 『자본론 3(상)』, 김수행 옮김, 비봉, 2004, 548쪽].

든 사람들의 노동을 가려 버릴 것이다. 그러나 그 이야기는 또 다른 방식으로, 허구 그 이상도 그 이하도 아닌 방식으로 이야기될 수 있다. 여기서 이 무의식적 집합성은 현재에 대한 자신의 투자를 인식하여, 이 체계의 상상적 권력을 자신의 것이라고 주장하고, 그렇게 함으로써 자신의 소망을 알린다. 가장 친밀한 것에서부터 가장 공적인 것에 이르는 어마어마한 빚들의 끔찍한 스펙타클에 직면하여, 우리는 맑스로부터 그것들[무의식적 집합성의 활동들]이 이루어질 수 있도록 만드는 것을 찾는 법을 배울 수 있다. 자신들의 창조적 힘들을 소환하고 회복하는 방법을 머지않아 찾을지도 모르는 집합적 상상력의 살아 있는 행위들[이 그것이다.]

맑스는 어떻게 자본주의에 있어 최악의 것이 자본주의의 가장 엄격한 속박들을 폐지하는 바로 그것이 될 수 있는지를 설명함에 있어 이 이상 나아가지 않는다. 그러나 이 실마리들이 우리에게 혁명이 어떤 모습일지 말해 주기에 충분하지 않다고 할지라도, 그 실마리들은 독해에 하나의 교훈을 제공하며, 이것이 우리가 엘리노어의 이야기에서 배울 수 있는 마지막 교훈일 것이다. 역사의 세계가 아무리 위험하게 나타날지라도, 그곳이 우리의 모험들이 언제나 우리를 데려갈 곳이라는 점이다. 희망의 계기는 그 이야기의 막을 여는 빚에서도, 희망의 계기가 우리 각자에게 읽을 의무를 부과하는 이야기에서도 엿볼 수 없다. 그것은 오히려 귀환의 전망에서 발견되며, 여기서 역사는 우리를 거기로 이끌었던 이야기를 소멸시킴으로써 재개된다. 고통스럽게 보냈던 모든 것이 마침내 돌아오기를 기다리는 자신을 상상하려고 애쓰면서, 우리는 자신의 약속에 책임을 진다는 것, 자신의 선물의 수취인이 된다는 것이 무슨 의미인지를 거듭 배운다. 우리가 되어야 할 사람, 그런 귀환이 가능하다고 믿는 사람은 누구인가? 우리는 어떻게 해서든 아이들이 되어야 할 것이다. 맑스의 충직한 후손이나 충성스러운 후계자가 아니라, 그저 선하고 행복한 삶을 살기를 고대하는, 그리고 맑스를 우리와 같은 부류의 한 사람으로 인식하는 사람들.

빗짐의 변증법

삶은 누구에게도 그냥 주어지지 않는다. 누구나 빌려와야 한다.

— 루크레티우스, 『사물의 본성에 관하여』, 제3권, 968 —

역사를 제외하면, 우리에게 역사를 고려할 의무를 지우는 것은 없다. 만일 역사가, 우리가 그것에 대해 무엇이라고 말하든 개의치 않고, 언제나 강처럼 흐르거나 조수처럼 밀려왔다 밀려간다면 역사에 대해 생각할 필요란 없을 것이다. 그러므로 역사가 가능성을 열거나 한계를 정하고, 지평을 넓히거나 줄이며, 약속을 하거나 위험을 야기하고, 놀라운 일을 전하거나 기대를 저버린다고 말할 때, 우리는 단순히 사물의 특정한 상태를 기술하거나 일련의 사건들을 기록하고 있는 것이 아니라, 우리가 훨씬 더 역동적이고 복잡한 것에 얽혀 있음을 표현하고 있는 것이다. 역사가 다른 어떤 것 ― 이야기, 구조, 기획 또는 운명 ― 의 형태를 취하든 그렇지 않든, 역사는 우리를 자신의 운동에 끌어들임으로써 항상 자신의 존재를 각인시킨다. 우리가 이미 거기에 있었다는 것을 깨닫게 될 때에도 그리고 그럴 때 특히 그렇다. 이것이 "역사를 사고하기"가 일상적 과제인 이유다. 이것이 우리가 우리에게 일어나는 모든 것을 다루는 법을 배우는 방식, 즉 우리가 그것을 조종하고, 그것에 대처하며, 그것과 협상하는 법을 배우는 방식이다. 그리고 매일 우리는 우리가 역사를 사고하는 방식이 엮여서 [어떤] 사태가 일어나는 방식이 된다는 것을 발견하며, 이는 우리로 하여금 역사를 처음부터 다시 깊이 생각하도록 만든다. 이 계속되는 역사성의 경험 ― 그 평범한 순간들과 특별한 순간들에서 동일하게 일상생활이 지닌 모든 마찰과 회전력torque ― 은 절대 우리 자신과 우리의 상황 간의 자유롭고 평등한 교환처럼 느껴지지 않는다. 반대로, 정확히 역사성의 경험은 강압적이고 불균등하게 느껴지기 때문에 우리는 그것을 의무와 빚짐의 언어로 다루는 경향이 있다. 스스로에게, 다른 사람들에게, 이미 존재하는 모든 것과 앞으로 존재하게 될 것에게 우리가 빚지고 있는 것 ─ 그게 무엇이든 ─ 을 파악하려고 애를 쓰는 것처럼 말이다.

물론 역사를 고려하는 것은 언제나 실패하거나 거부될 가능성이 있다. 사람들은 늘 아집이나 저항, 망각, 또는 완전한 무기력을 통해 그렇게 한다. 모든 효과적인 역사의 고려는 우리를 불안정하게 만드는 모든 것에 대한 고려이기도 하다. 이때 사회적·심리적 빚들은 갚지 않은 것으로 그리고 갚을 수 없는 것으로 나타난다. 아감벤은 이 곤란한 처지를 섬세한 방식으로 기술했다. 우리는 항상 빚을 지고 있는데, 그것은 "인간의 가장 고유한 존재 ─ 잠재적 존재 ─ 는 그것이 존재하지 않을 수 있는 한, 어떤 의미에서 결여되어 있기" 때문이라는 것이다.[1] "잠재력"이 있다는 것, 존재할 수도 있다는 견지에서 우

---

1. [옮긴이] 한국어판의 번역은 다음과 같다. "자기 자신의 가능성이나 잠재성으로 존재한다는 것이 인간이 가장 고유하게 존재하는 것이라는 그 이유 때문에 (즉, 인간은 자신의 가장 고유한 존재, 즉 잠재성을 어떤 의미에서는 결여하고 있는 한에서, 또한 존재가 존재하지 않을 수 있는 한에서 존재는 근거가 없으며 인간은 언제나 존재를 이미 소유하고 있는 것은 아니다) 인간은 죄가 있고 있다고 느낀다."(조르조 아감벤, 『도래하는 공동체』, 이경진 옮김, 꾸리에북스, 2014, 66쪽). 저자가 본문에서 인용한 부문은 괄호 안의 일부 문장과 마지막 문장이다. 영역본의 'debt'가 한국어판에서는 '죄'로 옮겨져 있다. 물론

리 자신을 바라보는 것은 아직 하나의 성과가 아니며 실망할 일도 아니다. 바로 그 삶의 행위는 채울 수 없을지도 모르는 결핍에, 이행되지 않을지도 모르는 빚에 열려 있다. 주저할 이유란 없다. [오히려] 정반대다. 우리는 보다 풍요롭게 살아가기 위한 좋은 기회를 제공하는 모든 빚을 존중해야 할 의무가 있다. 동시에 우리는 어쨌든 살아가는 우리의 잠재력을 감소시키는 어떠한 빚도 이행하지 않거나 몰수하면서, 우리가 빚지고 있는 것을 거부할 수 있어야 한다. 이것이 유물론적 역사 이해의 목표이다. 그것은 사물의 현 질서에 대한 우리의 불신이 향할 정확한 목표 지점을 찾아내기 위해서뿐 아니라 우리 자신의 잠재력이 나아가야 할 곳이 어디인지 알기 위해서, 우리가 직면한 것들을 직시하려는 우리의 노력들에 대한 가장 세심한 설명에 착수하는 것이다. 의무를 어기는 방법과 그 이유를 배우는 것은 의무를 지키는 방법과 그 이유를 배우는 것만큼이나 중요하고 어려울 수 있다. 막연히 사사로운 것으로 보였을 빚들이 돌이킬 수 없는 집합적인 것으로 밝혀질지도 모르고, 본질적으로 보편적인 것으로 보였던 빚들이 완전히 특이한 방법들로 구체화함으로써만 직면하게 되는 것으로 밝혀질지도 모른다.

그러므로 우리는 두 가지 빚 사이에 살고 있다. 한편에는

---

debt는 죄라는 뜻도 포함하지만 본문의 맥락을 따라 빚으로 옮긴다.

아감벤이 묘사한 근절할 수 없는 빚이 있다. 이 빚은 우리가 절대로 실제로는 소유하거나, 고갈시키거나, 성취할 수 없는 잠재성을 보유하는 것 또는 그렇게 존재하는 것에서 생겨난다. 이것은 우리가 절대 우리만의 것일 수는 없는 행복과 같은 다른 무언가를 항상 추구하는 것처럼 살게 한다. 다른 한편에는, 아직 고려되지 않은 광범위한 빚들이 있다. 이 빚들은 해결되지 않은 가족 로맨스들과 정체성의 의무들에서부터 정치 및 경제 권력의 지배적 형식들이 부과하는 매우 항구적인 의무들까지, 우리가 살아가는 복잡한 역사적 상황을 구성한다. 중층결정된 역사의 복합성을 향한 실천적 지향은, 우리의 공통적 힘들을 보존하고 증대하려는 계획적인 노력을 항상 이미 거기에 있는 체제에 대한 굴복의 단호한 거부와 결합하면서, 우리가 우리의 빚들을 결속시키는 법과 깨뜨리는 법 모두를 배울 것을 요구한다.

나는 역사를 향한 "실천적 지향"이라는 이 개념을 강조하려 한다. 우리는 흔히 우리의 역사적 상황의 좌표들을 통상적인 몸짓들을 통해 — 손과 눈, 땅과 별을 결합하여 — 명명한다. 여기서 한 방향을 가리키는 가장 단순한 행위는, 이미 자리하면서 자신들의 영향력을 행사하는 다른 사물들의 전체 장 field 을 드러낸다.[2] 그런 몸짓들은 심지어 가장 광범한 추상들 — 사

---

2. 여기서 주요 구절은 다음 책에서 가져온 것이다. Jacques Rancière, *The*

실성, 역사성, 상황성, 세속성 ─ 에도 존재한다. 그 추상들을 이용하여 우리는 "거기에" 무엇이 있는지뿐 아니라, "거기에 있는 것"이 ─ (이생 this life이든 아니면 다른 어떤 삶이든) 삶을 어느 정도 가치 있게 만드는 방식으로 ─ 어떻게 이미 조직되고, 외화되며, 심지어는 자본화되었는지 나타낸다.

우리가 일종의 즉각적이고 무한한 빚짐으로 역사를 살아간다는 바로 그 관념은 근대성을 정의하는 하나의 태도로 이해될 수 있다. 한편으로 니체가 기술했듯이, 인간 사회는 각 개인이 의무의 대본을 자기 안에 내면화하자마자 가차 없이 내적 재조직화를 겪는다. 주체성은 자신을 비틀어서 영구적인 양심의 가책을 만들고 더 높은 질서에 자신의 주권을 양도한다. 그 질서는 또 다른 주권들의 불이행 속에서 도덕적 고귀함으로 격상되어 "가치" 그 자체에 다름 아니게 된다. 따라서 그 양도된 혹은 불이행된 주권의 구조적·수사적 치환들이 수많은 상이한 빚짐 장치들을 구성한다. 다른 한편으로, 폴라니Polanyi가 기술하듯이, 가치 관계들을 사회 질서 도처에 일반화함으로써,

---

Names of History : On the Poetics of Knowledge, trans. Hassan Melehy (Minneapolis : University of Minnesota Press, 1994) [자크 랑시에르, 『역사의 이름들 ─ 지식의 시학에 관한 에세이』, 안준범 옮김, 울력, 2011]. 역사를 일종의 "지향"으로 명명하는 것에 대한 강조는 알렉산더 클루게와 오스카 넥트(Oskar Negt)에게서 실마리를 얻은 것이다. 이들은 다음 책에서 "지향"을 "이론 작업의 원형"으로 기술한다. *Geschichte und Eigensinn*, Band 2, *Der Unterschätzte Mensch* (Frankfurt : Zweitausendeins, 2001), p. 1002.

인간 사회들은 교환에 의해서만 그리고 교환의 강제에 의해서만 유지되는 것으로 완전히 바뀐다. 자본주의는 모든 공적·사적 빚들이 현금 관계cash nexus를 관통하는 그러한 빚짐 장치다. [프레드릭] 제임슨이 기술하듯이, 포스트모더니티는 이 과정이 자연스럽게 전개되어 온 시기일 것이다. 그리하여 전지구적인 역사적 상황에 활기를 불어넣는 유일한 공통 요소는 시장 세계에의 참여라는 사실상 보편적인 의무가 된다. 시장 세계는 한때는 보다 제한적이고 방어적인 사회적 배열들의 틀 내에서 생산되고 보호받았던 모든 것에 대한 권리를 주장해 왔다. 그러므로 현 시기에 주요한 역사적 과제는 그 교착상태를 넘어, 전지구적 규모에서 빚짐과 공통재common good 간의 적절한 역사적 접속을 구성하는 방법을 찾는 것이다. 여기서 나는 그 문제에 대한 적절한 윤곽을 좇아가기 위해서, 빚짐이 어떻게 아주 친숙하고 아주 기본적인 역사적 개념들의 세 쌍에 새겨져 있는지를 보여 주고 싶다. 우리가 역사와 어떻게 밀접한 관련을 맺고 있는지 기술함으로써 ─ 일련의 이론적 지향을 행사함으로써 ─ 우리는 우리가 역사를 얼마나 다르게 다룰 수 있는지를 (그 구절이 지닌 모든 의미에서) 알게 될지도 모른다.

「브뤼메르 18일」의 유명한 구절을 다시 한번 떠올려 보자. 거기서 맑스는 살아 있는 세대들에게 악몽처럼 부과되는 죽은 세대들의 짐을 묘사한다. "인간은 자기 자신의 역사를 만든다. 그러나 자기 마음대로, 즉 자신이 선택한 환경하에서 만드는 것이 아니라 자신이 직접적으로 대면하고 있는 주어진 그리고 물려받은 환경하에서 만든다."[3]

이 기이하게 반복되는 문장 — "주어진 그리고 물려받은 환경" — 은 너무 많이 풀이되고 의역되어 온 탓에 우리는 그 핵심의 정확한 정식화를 간과할 수도 있다. [이 문장은] 맑스가 불필요하게 더듬거리는 것처럼 들릴지도 모르지만, 다시 생각해 보면 특별한 방식으로 잘 표현된 것처럼 보인다. 주어진 그리고 물려받은, 취해진 것 그리고 수령된 것, 남아 있는 것 그리고 전달되는 것. 그 구절은 역사적 환경들이 우리와 대면하고 그리고 대면되는 여러 구별되는 무대들을 연다. 여기서 결정과 행위자의 성향들dispositions은 여전히 두고 보아야 하는 것으로 남아 있다. 사실 사르트르Sartre는 맑스의 구절을 인용하면서 [이렇게] 언급한다. "이 문장에 완벽하게 포함되어 있는 변증법적 합리성은 자유와 필연의 항구적이고 변증법적인 통일로서 제시되

---

3. Karl Marx, "The Eighteenth Brumaire of Louis Bonaparte," in *Surveys from Exile*, ed. David Fernbach (New York : Vintage, 1974), p. 146 [칼 맑스, 「루이 보나빠르뜨의 브뤼메르 18일」, 최인호 옮김, 『칼 맑스/프리드리히 엥겔스 저작 선집 제2권』, 박종철 출판사, 1997, 287쪽]. 역사를 만드는 것으로 상정되는 "인간"의 정체성에 대한 개념적 문제를 강조하는, 맑스와 엥겔스의 유사한 정식화는 다음을 보라. Étienne Balibar, "The Basic Concepts of Historical Materialism," in Louis Althusser and Étienne Balibar, *Reading Capital*, trans. Ben Brewster (London : Verso, 1979), pp. 207~8 and 251~2 [에티엔 발리바르, 「사적 유물론의 기본 개념」, 『자본론을 읽는다』, 김진엽 옮김, 두레, 1991].

어야 한다."[4] 그렇지만 이 통일은 어디에서도 그런 식으로 나타나지 않는다. 자유와 필연은 모두 가정이나 암시를 통해 무심코 드러날(만일 드러난다면) 뿐이다. 그 사이 사람들은 역사를, 실제로, 나름의 방식대로, 집합적으로 그리고 내재적으로 작동되는 긴급성과 의무와 잠재성 들의 복합적 혼합물로 다룬다. 문제가 되는 유일한 실재적 모순들은 사람들과 그들의 환경들 사이에서 일어나는 것이 아니라 참여 그 자체의 양상들 내에서 일어난다.

속도를 늦춰서 단어 하나하나를 따져 보자. "주어진 것"은 지금 거기에 단순히 있는 것이 아니라, 우리가 여기 도착했을 때 이미 거기에 어떻게든 분명히 있어 온 것을 말한다. 그것은 사실들의 목록이나 "일어나는 모든 것"everything that is the case 이상을 포함한다. 그것의 우선성은 자신의 벡터를 지시하지 않고 필연의 힘을 취한다. [즉,] "주어진 것"은 우리가 무엇을 하든, 고려해야만 하는 모든 것을 포함하는 것이다. [이] 주어진 것을 동요시키는 무언가가 있다. 사람들은 주체가 객체와 마주하는 것과 같은 방식이 아니라 주고받는 과정을 통해서 주어진 상황과 "대면한다." 여기서 "주어지는" 것은 분명, 사람들이 그 한

4. Jean-Paul Sartre, *Critique of Dialectical Reason*, trans. Alan Sheridan-Smith (London : Verso, 1976), p. 35 [장 폴 사르트르, 『변증법적 이성 비판 1』, 박정자 외 옮김, 나남, 2009, 232쪽, 인용문의 "이 문장"이란 앞서 인용된 맑스의 구절을 말한다].

가운데에서 자기 자신을 발견하는 바로 그 운동으로 [사람들에게] 받아들여질 뿐 아니라 [다시 자신에게] 되돌려진다. 환경의 "주어짐"은 불활성이나, 규칙적임, 견고함, 또는 확실함과는 거리가 멀다. 그것은 분명 우리와의 마주침을 통해 산출되며, 항상 시간을 필요로 한다. 세계의 물질성이 우리에게 문제로 되는 것은 그러한 마주침이 진행될 때뿐이다. 하이데거Heidegger 그리고 그 이후 데리다Derrida는 이 단어들의 뒤얽힌 가지들을 추적하면서 "선물"〔es gibt, ça donne〕의 어원에서부터 시작했다. 우리는 "주어진" 세계를 이미 거기에 있는 것으로 이야기하면서, 그것을 **선물로** — 그것이 우리의 응답 가능성을 열어 놓고 있기 때문에 우리를 결정적으로 지휘하지는 않는 것으로 — 취급한다. 왜냐하면 우리는 수용하는 행위로, 그 선물을 전유할 뿐아니라 그것이 어떻게 거기에 있었는지 망각하기 때문이다.[5] 그러한 전유와 망각의 이중화된 운동 속에서, 우리는 실존을 부여하는 그 선물을 자신의 이익을 위해 재연한다. 이 끊임없이 되풀이되는 주기giving의 재연은 단순히 정신적 삶의 반영이 아니다. 그것은 보완물 및 보철과 같은, 특히 몸짓 및 말과 같은 물질적 형식을 취하며, 이는 선취 및 발화의 근본적인 기술로 기능한다. 인간 존재들은 좋든 싫든, 주어진 것을 수단으로 하

---

5. Jacques Derrida, *Given Time : I, Counterfeit Money*, trans. Peggy Kamuf (Chicago : University of Chicago Press, 1992), pp. 23~4.

여 "기술적으로" 자신을 자신에게 줌giving으로써만[자신에게 몰두함으로써만], 자신이 무엇을 하든 그것을 할 수 있게 된다. (이것이 현존재Dasein는 "그때마다 자신의 미래에서부터 '일어나고 있다' "는 하이데거의 명제를 좀 더 현대적으로 이해하는 베르나르 스티글러Bernard Stiegler의 방식일 것이다.6)

그렇지만 역사성의 미래 지향을 여는 것은 주기가 아니라 받아들이기이다. 한편으로 "주어진 환경"의 개념이 물질성의 환원 불가능한 실존적이고 현상학적인 차원을 나타낸다면, "물려받은 환경"(überlieferten Umständen)이라는 구절은 상이한 차원, 뚜렷이 사회적이고 집합적인 차원을 가리킨다. 사실, 하이데거가 "주어진" 것을 분석할 필요가 있다고 주장했던 것은 유효하다. 하이데거가 그렇게 주장했던 이유는 바로 신뢰할 수 없고 논쟁적인 전통으로서 "물려받은" 것이 기존에 확립된 자신의 의미들을 받아들이도록 우리를 너무 쉽게 길들이기 때문이었다. 그러나 맑스에게서 각 용어는 다른 용어가 말하지 않는 본질적인 것을 끄집어낸다. 우리가 우리의 환경을 물려받는다는 관념은 그 환경이 타인들에 의해 만들어져서 전달되었음을 필연적으로 상기시킨다. 하지만 그 유산

---

6. Bernard Stiegler, *Technics and Time, I : The Fault of Epimetheus*, trans. Richard Beardsworth and George Collins (Palo Alto : Stanford University Press, 1998), 특히 pp. 204~16을 보라. 인용된 구절은 Martin Heidegger, *Sein und Zeit* (Tübingen : Max Niemeyer Verlag, 1993), p. 20 [마르틴 하이데거, 『존재와 시간』, 이기상 옮김, 까치글방, 2007, 38쪽]에서 가져온 것이다.

은 또한 우리를 필요로 하는데, 우리가 지금까지 이루어진 것의 상속인이 되어야 하기 때문이다. 그 과정은 그것의 법적인 덫과 경건함의 아우라에 관한 한, 불평등과 부정의로 가득 차 있다. 다른 청구인들에게 이기든 지든, 당신은 유산을 놓고 싸워야 한다. 같은 이유로 우리가 늘 유산을 수용하는지는 확신할 수 없으며, 수용할 때조차도 우리의 "수용"이 진실한 선택 혹은 충실한 연속성과 같은 것일지는 확신할 수 없다. (데리다가 『마르크스의 유령들』에서 쓴 것처럼, "유산은 결코 주어진 것이 아니며, 언제나 하나의 과제다."[7]) 우리는 또한 죽은 세대들이 물려준 것이 모두 도착할 거라고 확신할 수 없다. 정반대로 유물론자들은 그 이동에 의해 훼손되거나 전송 중에 상실된 모든 것에 대해 항상 의심할 것이다. 어떤 특정한 유산의 경로보다 훨씬 더 중요한 것은 부르디외Bourdieu가 '물려받는 항구적 성향'이라고 부르는 것, 즉 이제 하려는 것을 지금까지 이루어진 것에 다시 봉합할 영속적인 필요이다. 물려받는 성향은 모든 종류의 집단 혈통의 영속을 보장하지만, 그것은 "적응뿐 아니라 부적응의 원천일 수 있고, 체념뿐 아니라 봉기의 원천"일 수 있다. 혈통을 멈추는 것과는 거리가 먼 그 어떤 결과들도, 마찬가지로 그 유산에 추가되는 것과 같은 방식으로 말

---

7. Jacques Derrida, *Spectres of Marx*, trans. Peggy Kamuf (New York: Routledge, 1994), p. 54 [자크 데리다, 『마르크스의 유령들』, 진태원 옮김, 그린비, 2014, 122쪽].

이다.[8] 물론「브뤼메르 18일」은 역사적 유산의 결정적 행동들을 동반하는, 불안과 죄에 싸여 있는 오인의 속임수를 강조한다. 맑스가 역사 제작에 대한 자신의 근본 명제들을, "세계사적 주문"呪文에 대해 그가 논박하는 서술의 서두로 제시하고 있음을 상기하라. 이 주문에서 혁명적 부르주아지는 과거의 영예로 자신을 감싼다. 왜냐하면 그들은 자신들이 "자기 자신과 물질적 환경의 혁명적 전환에 몰두하고" 있다는 점을 직시할 수 없었기 때문이다. 그러므로 사람들은 주어진 것을 의도적으로 초월하거나 모든 유산을 거부함으로써가 아니라, 자신에게 가해지는 그러한 압력들을, 아무리 무겁거나 모호하더라도 받아들이려고 노력함으로써 자신의 역사를 만든다.

그러나 어쩌면 사람들이 그런 용어들로 자기 자신을 자신의 역사의 주체로 손쉽게 상상할 수 있는 시간은 먼 옛날의 일인지도 모른다. 무엇보다 우리가 직접 대면하는 환경들이 좀처럼 가장 결정적인 것들로 보이지 않기 때문이다. 필요의 살아 있는 차원이 고도의 상품화 작용들에 의해 흡수되고, 재발명되며, 재측정됨에 따라, 필연의 개념 자체가 언제나 대체 가능하고 동시에 더욱 더 절대적으로 보이게 되었다. 같은 이유로 이전 세대들의 죽은 노동을 "물려받는다"는 바로 그 관념은 축

---

8. Pierre Bourdieu, *The Logic of Practice*, trans. Richard Nice (Palo Alto : Stanford University Press, 1990), p. 62.

복인 만큼이나 저주로 보일 가능성이 있다. 그것은 바로 그 누적된 무게가 아주 많은 피할 수 없는 의무들을 부과하기 때문이다. 오인된 성취들, 완수되지 못한 일들, 지급되지 않은 청구서들이 너무 많다. 어쩌면 맑스 이전에, "주어진 그리고 물려받은" 것은, 상대적으로 별다른 문제없이, 자연과 문화의 구별 같은 것에, 즉 한편에는 즉각적인 물질성이 있고 다른 한편에는 명백한 구체제의 유물이 있는 그런 구별과 관련이 있었을지도 모른다. 맑스는 이런 방식으로 이 선행하는 것들을 명명함으로써, 그것들에 대한 논의를 종결한다. 이후 그것들은 열린 정치적 논쟁의 지분이 된다. 이러한 관점에서 역사 제작의 과제는 항상 추구되어야 할 것이다. 마치 우리가 근대성을 여는 행동을 재연하고, 그저 존재하는 것을 미몽에서 깨어나게 하며, 새로운 것을 낳기 위해 기정旣定의 법칙들을 뒤엎고 있는 것처럼 말이다. 그러나 사람들은 그러한 자유의 행사를 따라가는 법을 배우면서, 자신들이 자리한 환경과 얼마나 연관되어 있는지도 배운다. 모든 역사적 행동의 시작과 끝은 빚과 얽매여 있다는 것을 말이다.

빚짐은 치명적일 필요가 없다. 한 사회가 자신의 성취들의 상속을, 그것들을 창출한 사람들을 대신해서 그리고 그것들을 가장 필요로 하는 사람들을 위해서 보장할 수 있다면, 그러한 연속성은 진정 진보라고 불릴 만한 것인지도 모른다. 모든 사회가 실제로 그렇게 하는 데 실패하는 것, 그리고 자신의 실패를 불필요한 특권의 철저히 요새화된 형식들과 무관심한 방치로 감추는 것은 영구적인 재앙이다. 적어도 그것이 벤야민의 『아케이드 프로젝트』에 있는 이 직설적인 노트가 지닌 의미를 이해할 수 있는 방식이다.

> 진보의 개념은 파국의 관념에 근거해야 한다. "그저 계속 나아가는" 사태가 파국이다. 파국은 언제나 준비되어 있는 것이 아니라, 언제나 주어진 것이다.[9]

20세기가 자신의 묘비를 갖게 된다면, 이 메모가 그 묘비명이 될 수 있을 것이다. 사실 그 논조 — 클레[Klee]의 〈새로운 천사〉에 대한 단편에서 좀 더 유명하게 표현된 — 는 근대성에 대한 많은 비판들 전체에서 되풀이된다. 그 주요 논지는 아렌트[Arendt]와 아도르노의 재진술을 통해 이어졌지만, 벤야민이 언급한 요지는 바타유와 블랑쇼[Blanchot]에서부터 드보르[Debord]와 북친[Bookchin]에 이르는 다양한 이들에 의해 다행히 계속될 수 있었

---

9. Walter Benjamin, *Das Passagen-Werk* (Frankfurt: Suhrkamp Verlag, 1982), p. 592. 단편 번호 [N9a, 1] [발터 벤야민, 『아케이드 프로젝트 4 — 방법으로서의 유토피아』, 조형준 옮김, 새물결, 2008, 99쪽. 한국어판의 번역은 다음과 같다. "진보 개념은 파국이라는 이념 속에서 근거를 마련해야 한다. '지금까지 했던 대로다'라는 식의 생각은 **파국을 부른다.** 파국이란 앞으로 닥쳐오는 것이 아니라 그때 이미 존재하는 것이다." — 옮긴이]

다. (1988년 〈퍼블릭 에너미〉[10]는 이렇게 말했다. "아마겟돈은 유효하다 ― 가서 늦은 입장권을 구하라.") 일상적 경험의 표현을 취한 벤야민의 핵심 구절(" '그저 계속 나아가는' 사태가 파국이다")은 계속 진행 중인 고역과 되풀이되는 실망의 강한 혼합을 서술하고 있다. 여기서 과거의 성취들이나 미래의 가능성들에 대한 모든 경건한 언급은 거의 다 죽어 가는 것 같다. "진보"와 "발전" ― 수십 년 동안 사회적 관계들의 재생산을 유지했고 심지어 지금도 새로운 일련의 재구조화들을 위해 다듬어지고 있는 이데올로기적 반송파들 ― 의 가면을 간략히 벗기는 것으로 간주되는 그 문장은 여전히 신랄함이 있다. 동시에 그것은 아무런 위안도 제공하지 않는 솔직함이 있다. 그것은 우리에게 우리가 쓴웃음을 지을 뿐 인정하지 않으려고 애쓰는 것을 상기시킨다. 세계의 모든 거대한 전환은 고통의 체계적 팽창을 야기시켜 왔다. 우리는 차라리 그 말을 뒤집는 편이 나을 것이다. 진보의 교의가 아주 파국적으로 된 나머지 파국의 관념조차 진보해 왔다고 말이다. 진보가 자신의 긍정적 내용과 공적 유용함을 대부분 상실했음에도, 파국의 개념은 이어질 수 있었으며, 이성의 완전한 계략 속에서 우리의 눈앞에서 당근을 대신하여 흔들거리는 막대가 되었다. 아주 오래전, 진보는 어떤

---

10. [옮긴이] Public Enemy. 1980년대 후반과 1990년대 초 급진적인 정치 메시지로 큰 인기를 누림과 동시에 논란을 일으킨 미국의 힙합 그룹.

파국도 정당화할 수 있었다. 이제 모든 것을 정당화하는 것은 파국이다. 우리가 그것을 진보라고 부르든 그렇지 않든 간에.

그러므로 우리가 파국이 진보의 "진실", 또는 그것의 종착지라고 여긴다면 우리는 벤야민의 요지를 놓치게 될 것이다. 그 두 개념들 간의 대차대조표를 작성하려는 모든 시도가 즉시 터무니없게 될지라도, 그것들은 함께 사고되어야 한다. 우리가 공식 통계나 개발 보고서 들에 의지할 때, 역사에 대한 모든 진정한 개념들은 침묵에 빠져, 각 도표의 위아래로 내몰리고, 모든 양적 비교 및 구별이 지닌 끔찍한 가독성을 특정한 방식으로 외부에서 드러낸다. 우리가 이미 본 것처럼, "～란 무엇인가"에 대한 공식 담론의 대부분은 부자는 실제로 계속해서 더 부유해지고, 빈자는 더 빨리 죽는다는 단순한 사실의 반복이나 마찬가지다. 만일 아도르노가 말했듯이 진보의 가능성이 "인류"라는 전지구적 주체로 이동했다면, 분명 파국은 동일한 경로를 쫓아왔다. 하지만 그러한 전지구적 주체들은 무력함의 형식으로 자신들의 전지구성globality과 주체성을 겪는다.[11] 재앙 없는 진보를 희망하는 것이 무의미한 이유는 바로 파국이 언제나 진보라고 주장되는 모든 것에 있어 내면화된 조건 — 그리고 외부화된 비용 — 이었기 때문이다. 파국의 타개는 [진보] 프로

---

11. Theodor Adorno, *Critical Models*, trans. Henry W. Pickford (New York : Columbia University Press, 1998), p. 144.

그램에 속했던 적이 한 번도 없음에도, 자신을 이미 근대적이라고 여겼던 얼마나 많은 세대들이 마침내 파국을 타개할 진보를 기다리면서 이미 살다가 죽었는가?

일상생활의 수준에서, 진보와 파국의 성취된 통일은 **시간 죽이기**killing time의 논리로 이해될 수 있다. 그것은 인간 정신의 레퍼토리에 대한 후기 자본주의의 가장 고도의 기여인지도 모른다. 그것은 새로운 문화적 형식들로 (예를 들어, 교통 체증과 휴대전화의 혼합으로) 끊임없이 재발명되며 이제 최근의 경제 계획들에서 새로운 삶을 발견한다. 이 논리는 그것이 거주민 없는 비대한 확산sprawl, 인프라 없는 난잡한 성장을 발생시킴에 따라, "선제 개발"로 묘사될 수 있을 것이다. "시간 죽이기"는 가만히 있기 또는 아무것도 하지 않기를 뜻하는 것이 아니다. 그것은 바로 **공간 점유**에 의한 **시간 점유**를 의미한다. 이 돌연변이가 결정적이다. 예를 들어, 〈하버드 디자인 스쿨 도시 프로젝트〉는 자신들의 책 『대약진』에서 주강 삼각주의 광대한 확산에서 관측되는 21세기 중국의 변종을 기술했다. 그들은 완전히 새로운 메트로폴리스를 터무니없이 추켜세우는 묘사를 인용한다. "아름다운 경치와 좋은 환경을 가진 주하이珠海 시는 유명한 관광지이자 투자처가 되어오고 있다HAS BECOMING. 이는 주하이 사람들의 지혜와 용기의 결과이다." 그 하버드 그룹은 뻔뻔한 곡해로 이 어색한 동사구("has becoming")가 중국 남부의 갑작스럽고 광범위한 개발을 추동하는 역설적인 시간성을 가장 훌륭하게 묘사한다고 선언했다. 중국 남부의 산업화와 도시화는 이미 완료되었지만 "성취의 즉시성과 영원한 유예"를 결합하면서 여전히 진행 중이다. 이것은 제약 없는 발전이 아니라 막다른 길로 가는 가장 **빠른** 경로, 다시 말해서 **"치명적 분투"**다.[12] 매우 **빠르게** 전진하거나 또는 전혀 전진하지 않으면서, 되메우는backfill 근대화의 관성력들은 현장의 사실들을 미완이지만 대규모로 생산한다. 그 붕괴가 팽창보다 더 심각할 고삐 풀린 도시들, 치킨 파이트chicken-fight [13] 산업 전략들, 그리고 바닥으로 질주하는 복지 제도들, 모든 것은 전면적 몰락의 위험을 무릅쓰지 않으면 떼어 낼 수 없는 의존성 및 취약성의 망에 묶여 있다. 진정으로 지속되는 모든 역사적 과정은 현재의 열쇳말이 말하듯이, 결국 지속 불가능한 것으로 판명될지도 모르며, 자본주의는 바로 그 사이를 점유하는 것이다.

그렇지만 그러한 암울한 예후는 벤야민에게도 최종적인 발언일 수 없다. 벤야민은 역사 철학에 대한 노트들에서 진보와 파국의 스펙타클을, 억압받는 자들의 역사는 불연속성의 특징을 지닌다는 아포리아적 사유에 거듭 대비시킨다. 압제자들의

---

12. Harvard Design School Project on the City, *Great Leap Forward*, ed. Chuihua Judy Chung, Jeffrey Inaba, Rem Koolhaas, Sze Tsung Leong (Köln : Taschen, 2001), p. 706.

13. [옮긴이] 목말을 태워 상대방을 물속에 떨어뜨리는 놀이. 어느 한 팀이 쓰러져야 게임이 끝난다는 점에서 파국으로 치닫는 기업들 간의 출혈 경쟁을 가리키는 것으로 보인다.

역사는 물질적 사물과 역사적 개념 들로 구현된 의무들의 연속성을 나르는 반면, 억압받는 자들의 전통은 중단과 단절의 전략, 섬광처럼 스치며 분해되는 순간을 알려 준다. 그러한 순간에 모든 것은 원점으로 돌아가고 모든 빚은 소멸된다. 파리 코뮌의 첫 순간들이 보여 주었듯이, 구원은 혁명적 메시아가 출현할 때가 아니라 전당포가 문을 닫고 밀린 지대가 소멸될 때 도래할지도 모른다. 그러나 같은 이유로, 아무리 많은 격변이 촉발될지라도 그러한 사건들은 결코 단순히 영점에서 다시 시작할 수 없다. **지금시간**^{Jetztzeit}에는 정신분열증적인 것이 긍정적으로 존재한다. 그것은 언제라도 일어날 수 있지만, 일어날 때까지 일어나지 않으며, 그때도 그냥 일어나지 않는다. 벤야민은 이 복합성을 완전히 이해하고 있다. 그의 글들은 희망적 기대와 두려움 사이의 그러한 복합적 간극에 대한 단속적 탐구들을 제공하며, 이는 우리에게 선취와 유예, 오랜 인내와 단호한 거부의 상이한 양상들을 실천하는 법을 알려 준다. 이 상충되는 의향들에 대한 하나의 실마리는 브레히트^{Brecht}의 시에 대해 고찰하는 그의 후기 노트들 중 하나에서 찾을 수 있다.

　〔줄이 그어져 있음:〕 진정한 역사적 표상의 예:「후세대들에게」[14]. 우리는 후손들에게 우리의 승리에 대한 감사가 아니

---

14. [옮긴이] 브레히트의 시.

라 우리의 패배에 대한 기억을 요구한다.〔줄이 그어져 있지
않음:〕그것은 위안이다. 즉 위안에 대한 희망을 더는 갖지
않는 자들에게 주어질 수 있는 유일한 위안이다.[15]

사실 "그 적이 승리하기를 멈추지 않았다"면, 그렇게 말하는 것
이 항복 선언일 필요는 없다.

우리가 할 수 없었던 것에 대한 기억을 요구하는 것은 미래
세대들을 괴롭히는 최소한의 부탁처럼 보일지도 모르지만, 그
럼에도 그것은 지나친 요구인지 모른다. 그들이 우리가 할 수
없었던 것을 완수했다면, 우리의 위안은 그들에게 중요하지 않
을 것이다. 그리고 만일 그들도 패배했다면, 우리의 패배 인정
또한 그들에게 어떤 위안도 될 수 없을 것이다.

사실 브레히트의 유명한 시는 역사의 불연속성이 늘 이로
운 것은 아니라고 설명한다. 시대와 어울리지 못하고 소외감을
느끼는 것, 단순했던 것을 하지 못하는 것, 삶의 거의 모든 것
을, 그중 거의 대부분이 그렇지 않음에도 개인적 성취나 사사
로운 위협으로 취급하는 것. 이 모든 것들은 우리가 다른 어떤
방식들로도 살아갈 수 없게 한다.

---

15. Walter Benjamin, *Gesammelte Schriften*, Band I/iii (Frankfurt :
Suhrkamp Verlag), p. 1,240 [발터 벤야민, 『역사의 개념에 대하여 / 폭력비판
을 위하여 / 초현실주의 외』, 최성만 옮김, 길, 2008, 369쪽, "줄이 그어져 있
음"(인용문의 앞부분)은 벤야민이 지운 부분을 말한다].

벤야민은 "우리의 패배"에 대해 말하고, 브레히트는 "우리의 약함"에 대해 말한다. 그들은 완전히 동일하지는 않더라도, 같은 역사에 대해 이야기하고 있다. 물론 맑스주의 문헌은 실패와 패배에 대한 고찰들로 가득 차 있다. 이 두 용어의 구별은, 승리가 뒤집히고 무효로 되는 방식으로 늘 복잡하게 얽힌 정치적 판단에 대한 기본적인 나침반으로 기능한다. 그 모든 전통에서 사르트르의 『비판』은 역사적 과정의 모든 규모에서 ― 공장 노동에서부터 혁명적 운동의 강화에 이르기까지 ― 사건들이 자신의 주체들에 확고히 등을 돌리는 방식의 사례들에 대한 가장 완전한 개론을 제공한다. 문제가 이런 식으로 제기되자마자, 가장 오랫동안 지속되는 맑스주의 담론의 가닥들은 잇따른 뒤집힘의 경험에 달려 있는 패배에 뿌리를 둔 것들이라는 점이 놀랄만큼 분명하게 드러난다. 이 구별이 극단적으로 상이한 서사와 전략을 구조화하는 방식을 이해하기 위해 모든 사례를 검토할 필요는 없다. (우리는 파리 코뮌이 하나의 패배였다는 것을 안다. 하지만 니카라과[16]는 어떤가? 우리는 반전 운동이 이라크 전쟁을 멈추지 못했다고 말할 수 있다. 하지만 그것은 실패인가?) 패배라는 판단은 기껏해야 승리자의 ― 적

---

16. [옮긴이] 1979년 7월 니카라과의 산디니스타 민족해방전선은 미국 정부의 암묵적인 지원을 받던 독재정권을 무너뜨렸다. 혁명 성공 후 미국의 개입으로 약 10년간 혁명 정부와 반군 간의 내전이 계속됐고, 이는 1990년에 치러진 선거로 종결됐다. 산디니스타는 이 선거에서 패배하여 물러났다. 산디니스타의 지도자였던 오르테가는 2006년에야 재집권에 성공했다.

의 — 강점에 대한 좀 더 철저한 분석으로 돌아갈 뿐이다. 반면 실패라는 판단은 우리 자신의 약점을 교정하고 치료하는 진단으로 향한다. 그렇지만 그러한 판단들의 진실을 확립할 수 있는 하나의 집합성을 창조하지 않는다면 그러한 판단들을 내릴 이유란 없다. 지배와 헤게모니라는 보다 냉담한 개념적 어휘들과는 반대로, 패배와 실패라는 어휘들은 [사람들을] 동요시키는 날카로움을 결코 잃어버리지 않는다. 이것이, 그 어휘들[패배와 실패]이 궁극적인 성공에 대한 어떤 관념보다 혁명적 담론에 실재the Real의 자리를 새기는 이유다.

한편으로 그것은 2000년 1월, 페리 앤더슨Perry Anderson이 『뉴레프트 리뷰』를 재출간하며 했던 진술에 우리가 접근할 수 있는 방법이다.

오늘날 현실주의적 좌파를 위한 유일한 출발점은 역사적 패배의 명료한 기재다…… 자본의 권력에 필적할 수 있는 집합적 행위자는 아직 보이지 않는다…… 하지만 체계의 변화를 위한 인간 에너지들이 언젠가 다시 분출된다면, 그것은 자본 자체의 신진대사 내부에서부터 일어날 것이다. 우리는 그것을 외면할 수 없다. 다른 것의 비밀이 존재할 수 있는 곳은 이 질서의 진화 내에서뿐이다.[17]

---

17. Perry Anderson, "Renewals," *New Left Review* 1 (Second Series) January/

그것과 함께, 프레드릭 제임슨은 이렇게 언급한다.

> 유토피아의 소명은 실패에 있다……그것의 인식론적 가치는
> 그것으로 인해 우리가 우리의 정신들 주위에서 느낄 수 있는
> 벽들에, 그것으로 인해 우리가 순전히 귀납적으로 감지하는
> 비가시적인 한계들에 있다. 이것들은 우리의 상상력들을 생
> 산양식 자체에 가두는 것, 생산양식 자체를 중력 그 자체라
> 고 상상하면서 유토피아의 날개 달린 신발이 빠져 버린 현
> 시대의 진창이다.[18]

이 두 진술은 모두 놀랄 만한 이야기를 한다. 그것들은 받아들
이기 어렵다. 나는 각각의 입장이 흔히 낙관주의나 비관주의라
고 불리는 것과 어떤 관련이 있다고 생각하지 않는다. 정반대
로 각각의 입장은 가장 가혹한 역사적 판단들이 그럼에도 불
구하고 어떻게 [무언가를] **가능하게** 할 수 있는지 상상하는 것에
도전한다. 나는 맑스주의적 사유가 제시하는, 현재의 국면에
맞서는 유일하게 실질적인 영향력은 모든 유형의 성취와 열망
을 의문시하는 방식으로 **패배를** 선언하고 **실패를** 인정하는 그
것의 능력과 관련이 있다고 말함으로써 그 점을 강조할 수 있

February 2000, pp. 16~7.

18. Fredric Jameson, *Seeds of Time* (New York : Columbia University Press, 1994), p. 75.

을 것이다 ─ 그리고 그런 강조를 하는 사람이 내가 처음은 아니다. 그러나 현재의 시기를 패배이자 **동시에** 실패로 바라보는 것은 거부와 엄수의 역설적 결합을 요구한다. 우리는 **어떤 것도 구하지 않고** 패배를 통과할 수 있어야 하고, **모든 것을 잃지 않고** 실패를 통과할 수 있어야 한다. 그러나 포기할 것과 지켜야 할 것을 미리 알 수 있는 방법은 없다. 신기원의 패배를 선언하고 동시에 이어서 실패를 언명하는 것은 우리의 비판적 능력들뿐 아니라 유토피아적 소망들까지 위험에 빠뜨리는 몹시 위험한 정치적 전략으로 보인다. 그러나 [다른] 대안은 충분히 예상할 수 있을 만큼 뻔하다. 그러한 단어들을 우리의 사전에서 제외하는 것은 이미 진행 중인 그러한 개선 행진에서 더 좋은 자리를 차지하려는 다툼만 남길 뿐이다.

사실 역사의 모든 이름들은, (가장 강력한 국가들과 더불어) 자신을 인류의 업적의 유일한 전달자로 선언하는 승리의 자본주의가 지닌 비전에 맞서 불려야 한다. 내가 제시하려고 노력해 온 것처럼, 각각의 이름은 자기 고유의 역사성, 즉 진행 중인 발화의 순간들이 나타내는 고유의 굴곡과 한계를 전달한다. 그런 의미에서 우리가 추적해 온 어휘 목록 ─ 각 단어는 또 다른 단어와 매듭으로 묶여 있고, 각 매듭은 역사적 빚짐의 우발적 형상으로 기능하며, 줄 전체는 매번 더 팽팽해진다 ─ 은 거친 혁명적 계획의 윤곽을 보여 준다. 첫째, 실존적·존재론적 함의의 측면에서 사회적으로 구속력 있는 의무들과 뒤얽힌 역사적 존재에 대한 근본적인 사고가 있다. 둘째, 근대성에서 기대의 집합적 지평의 외관은 실망 및 파멸과 뒤섞여 있다. 셋째, 필연이 보편적으로 자본의 관계로 표현되는 시대에, 역사적 환경들과의 마주침은 자신의 가장 결정적 표현을 거부되고 실현되지 않은 것에서 발견한다.

이 모든 이름들은 미래의 **이쪽**에 남아 있다. 그 이름들은 역사에 대한 우리의 공통 경험을 구성하는 빚짐의 상이한 차원들을 구별한다. 우리가 돌아서는 모든 곳에서 우리는 주어진 것과 상속된 것, 진보와 파국, 패배와 실패의 힘을 발견한다. 현대 자본주의의 스펙타클은 이 모든 것을 무한한 빚짐으로 전환시켰다. 그러한 빚에 직면하여 우리는 계속해서 동일한 필수적인 교훈을 배운다. 역사의 죽은 무게를 견디는 유일한 방법은 맞서 미는 것이다.

누가 희년을 두려워하는가?

2008년 아이슬란드의 은행 체계가 수년간의 공격적인 팽창 이후 붕괴했을 때, 대중의 저항은 국가 여당을 몰아냈다. 라트비아의 주택 거품이 붕괴되고 과열된 신용 흐름들이 말라 버리자, 라트비아 경제는 유럽에서 가장 빠르게 성장하는 경제에서 가장 빠르게 수축하는 경제로 변했고, 새로 선출된 정부는 예산을 대폭 삭감하고 통화를 "유로화"하도록 권고받았다. 상황이 악화됨에 따라 아이슬란드와 라트비아는 모두 2001년의 아르헨티나를 닮아 가기 시작했다. 당시 아르헨티나의 경제는 붕괴되었고 대중의 압력은 연달아 여러 정권을 몰아냈다. 그러나 거기에는 커다란 차이가 있음이 드러났다. 아르헨티나가 IMF의 처방을 물리치고 스스로 구제하려고 노력한 반면, 아이슬란드와 라트비아의 중도 좌파 정부들은 신속한 화폐 투입이 경제를 되살리고 재정 억제가 세계 신용 시장에 대한 접근을 회복시켜 주리라 기대하면서 IMF의 관리를 수용했다. 보다 최근에는 그리스의 구제 금융을 둘러싸고 수개월 간 지속된 유럽 정부들의 극심한 널뛰기가 유사한 문제에 달려 있었다. 그리스 경제에 남아 있는 것의 인도를 위한 조건을 누가 정할 것인가? 유럽중앙은행인가, IMF, 독일 총리, 채권평가기관인가, 아니면 모두 함께하는가? 어떤 경우에도, 폭동 진압 경찰은 새로운 금융 체제에 대한 항의는 있을 수 없다는 것을 주민들이 깨달을 수 있게 할 것으로 기대되었고 (여전히 그러하다).

은행가와 채권 중개인을 달래는 것과 반항적인 인구를 달래는 것은 별개의 문제이다. 2009년, 당시 오바마 정부 국가정보국 국장이었던 데니스 블레어Dennis C. Blair가 인정했듯이 말이다. 그는 전지구적 경제 혼란이 이제 미국과 전 세계의 다른 정부들에 커다란 위협이 되었다고 선언했다. 그의 논평은 재무장관 헨리 폴슨Henry Paulson과 IMF 총재 도미니크 스트로스-칸Dominique Strauss-Kahn의 이전 경고를 되풀이한 것이었다. 이 둘은 자신들의 구제 계획이 뒤따르지 않는다면 국내 소요가 발생할 것이라고 예측했다.[1] 물론 그들은 바로 구제 계획 때문에 폭동이 발생하리라는 점 또한 예측했을 것이다. 그것이 급등하는 재정적자의 문제이든 아니면 긴축 정책의 문제이든, 사라지는 연금, 일자리와 집의 상실, 아니면 쪼그라든 삶의 가능성으로 이어지는 수많은 다른 변수들의 문제이든 간에, 사람들이 얼마나 많은 빚을 부담해야 할지 알 수 없다. 새로운 빚짐의 정치가 모든 곳에서 출현하고 있다. 정부 부처와 의회에서, 일터와 가정에서, 거리와 숲에서. 그 대안은 유예, 협상, 항복에서부터 대립, 회피, 단호한 거부에 이르기까지 모든 범위에 걸쳐 있다. 이어지는 내용은 이 새로운 정치의 가능성과 외적 한계에 대한 잠정적인 개요이다.

1. Mark Mazzetti, "Global Economic Crisis Poses Top Threat to U.S., Spy Chief Warns," *New York Times*, February 13, 2009, p. A14. 폴슨과 스트로스-칸의 발언, 그리고 아이슬란드의 상황에 대한 탁월한 서술은 다음을 보라. Rebecca Solnit, "The Icelandic Volcano Erupts," 다음 주소에서 볼 수 있다. http://tomdispatch.com

국제 은행들과 주권 정부들 간의 거의 언제나 골치 아픈 관계에서, 주체할 수 없는 빚을 다루기 위한 확실한 청사진은 없다. 오일머니가 두둑한 나이지리아는 대부분의 대외 빚[채무]을 갚았지만, 에콰도르는 지불할 돈이 있었음에도 대출금을 이행하지 않기로 선택했다. 에콰도르 정부가 그 의무가 부담스러울 뿐 아니라 불법적으로 부과되었다고 간주했기 때문이다. 아프리카 전역에서 서구에 진 오래된 빚이 폐기되거나 탕감되고 있으며, 동시에 중국이 새로운 흐름의 대출과 원조를 퍼뜨리고 있다. 아시아에서는 1997년 금융 위기에 데였던 정부들이 서구식 구제를 피하기 위해 규제와 통화 준비금이라는 방화벽을 구축해 왔다. "제3세계 빚[채무]"이 전지구적 남부 전역을 사실상 움켜쥐었던 [지난] 수십 년과는 달리, 오늘날의 상황은 훨씬 더 다양하고, "빚[채무]의 덫"과 "빚[채무] 폭탄"이라는 낡은 이미지와 비교해 보면 좀 더 이해하기 어렵다. 1980년대 초 빚[채무] 위기에 대해 "1929년 이래 자본주의적 세계 경제에서 아마도 가장 위험한 시기"[2]라고 평가한 에릭 홉스봄Eric Hobsbawm의 의견은 상기할 가치가 있다. 아마도 우리는 2008년의 사건들에도 불구하고 그러한 역사적 판단이 여전히 유효한 것인지 생각해 보아야 할 것이다. 결국 멕시코와 아르헨티나 그리고 브라질의

2. Eric Hobsbawm, *The Age of Extremes : A History of the World, 1914~1991* (New York : Vintage Books, 1994), p. 423 [에릭 홉스봄, 『극단의 시대 : 20세기 역사(하)』, 이용우 옮김, 까치글방, 2009, 582쪽].

파산에 가까웠던 상태와 비교해 볼 때, 리만 브라더스의 파산이나 헤지펀드를 위한 임시적 빚[채무] 탕감 haircut 또는 "그림자 금융"의 적출은 무엇이었을까?

보다 장기적인 관점에서 우리는 현재의 국가 부채 위기들을 지난 채무불이행default 시기들과 비교할 필요가 있다. 19세기는 빚[채무] 지급거절과 통화가치의 폭락 그리고 완전한 파산의 물결을 경험했다. 이는 근대화를 시작하기 위해 떠안은 빚[채무]이 너무 많은 것을 요구해서 지탱하기 어렵다는 것이 입증되었기 때문이었다. 혁명과 침공 들은 지급거절과 면제 들을 위한 (여타의 것들보다는 조금 더 행복한) 다른 요인들을 제공했다. 채권자의 관점에서 보면 그런 사례들은 금융 의무들의 극단적으로 덧없는 측면을 보여 준다. 채무자의 시각에서 보면, 대규모 사적 및 공공 부채들이 정치적·군사적 힘이 뒷받침하는 복잡한 전지구적 구조 내에 점점 새겨지게 됨에 따라, 그 역사적 연쇄는 무자비한 긴축을 드러낸다.[3]

그러나 그 모든 것은 여전히 국가 관할권과 국제 금융 체계

---

3. 다음을 보라. Elmar Altvater, "Historical Debt Cycles," in *The Future of the Market* (London : Verso Books, 1993), pp. 125~78. 빚[채무] 순환에 대한—매우 다양한 역사적 환경을 가로지르는 빚[채무] 위기들을 비교하는 것을 목적으로 하는—더 많은 주류 논의에 대해서는 다음을 보라. Carmen M. Reinhart and Kenneth S. Rogoff, "This Time Is Different : A Panoramic View of Eight Centuries of Financial Crises," April, 2008. 다음 주소에서 볼 수 있다. http://economics.harvard.edu.

의 틀 내에 있다. 개인 및 지역 단체에게 있어, 압도적인 빚짐에 직면한 선택지들은 가장 좋을 때에도 상당히 걱정스러운 일로 나타난다. 개인의 신용 평점이 정체성에 대한 가장 소중하고 가장 취약한 증거가 되고 있는 국가들에서, 빈털터리가 되기는 점점 쉬워지지만 파산을 선언하기는 더 어려워진다. 미국에서는 그야말로 집 열쇠를 우편함에 두고 걸어 나온, 빚을 갚지 못한 주택 소유주들의 이야기를 종종 들을 수 있다. 여기에는 희망적 사고도 일면 있을 것이다. 신용 없는 삶이라는 징벌은 악성 빚[채무]과 함께하는 삶이라는 지옥에 비하면 목가적으로 보이는 것이다. 가장 극단적인 경우는 인도의 농부들이다. 오래된 마을 [고리]대금업자 체계와 새로운 자유화 압력에 한꺼번에 맞닥뜨린 이들은 엄청나게 많은 숫자가 자살을 선택했다. 그러나 사람들은 자신이 자신의 고난을 다른 사람들과 공유한다는 것을 인식하자마자, 좀 더 과감한 조치를 취한다. 수십 년 동안 전 세계 각지에서, 사람들이 정통파의 교리에서 나온 사회적 공급의 가혹한 삭감과 사유화 계획 그리고 통화 평가 절하에 분노하는 곳 어디에서나 "IMF 봉기들"이 일어났다. 멕시코에서 농부들과 소小기업 관계자들은, 견디기 어려운 빚[채무] 조건을 정부가 바꾸도록 압박하는 채무자 조합인 〈엘 바르쏜〉El Barzón을 구성했다. 스페인과 터키에서 [발생한] 최근 사건들은 "전前 IMF 봉기"라는 새로운 발화점을 보여 준다. 사람들이 심지어 IMF 고문들의 방문 가능성에 대해서조차 반대하여 집결하는 것이다.

"지나친 빚이란 얼마큼인가?"라는 질문에 사람들은 보통 기술적 측면에서 답변한다. 빚[채무] 상환 비용이 빚[채무]이 생산한 가치보다 더 크면, 어떤 조치가 있어야 하는 것이다. 그러나 실제로는 무수히 많은 예외가 있는 것처럼 보인다. 즉 효력이 상실되었어야 하는 빚들이 오랫동안 지속되는 것이다. 빚이 견딜 수 없는 짐으로 바뀌는 일관된 티핑 포인트tipping point 4를 지정하는 것이 가능한가? 왜 그러한 티핑 포인트가 있어야 하는가? 그렇기보다는 빚짐의 한계가 더 이상 엄격한 경제적 계산에 종속되지 않을 수는 없을까? 아니 그랬던 적이 결코 없었던 것은 아닐까? 가장 발달된 사회들이 계속되는 위기로 광범한 고통에 직면함에 따라, 공중公衆의 장래에 대한 전망은 바닥을 드러내고 있고 — 공적 공급에 대한 요구의 형식이든 아니면 지속적인 민간 소비에 대한 요구[수요]의 형식이든 — 그것은 무슨 일이 있어도 빚의 계속되는 팽창을 요청할 것이다. 경솔하고 이기적인 용어들로 종종 표현됨에도 불구하고, 이러한 유형의 고집스런 빚짐은 진정한 급진적 입장으로 입증될지도 모른다. 그러한 요구들이 재정적으로 무책임하다고 헐뜯으려는 모든 시도는 긴축으로 실제 혜택을 입는 사람이 누구인지 해명해야 할

---

4. [옮긴이] 어떤 상황이 처음에는 미미하게 진행되다가 어느 순간 갑자기 모든 것이 급격하게 변하기 시작하는 극적인 순간을 가리킨다.

것이다. 그리고 제공되는 어떤 긴축계획도 지배적인 성장 체제가 지닌 기본적인 불균형들을 강화하는 것에 불과하다는 점이 밝혀지면, 유권자들은 정부에게 새로운 정치적 과제를 부여할지도 모른다. 채권자들의 저항을 깨부수는 것, 자본도피를 억제하는 것, [채무] 조건을 바꾸는 것. 그로 인해 축적된 부는 그것을 생산한 일반 경제에 의해 전유될 수 있고, 그렇게 함으로써 마침내 지대 생활자 계급이 오랫동안 지연된 안락사로 향할 수 있도록 돕는다.

다시 말해서, 어쩌면 빚짐은 그 자체가, 지배적 질서가 파열점에 이를 때까지 그 질서를 실현되지 않은 요구들로 채울 수 있는 일종의 봉기일지도 모른다. 소비자 부채와 서브프라임 모기지를 비롯한 가계 부채의 팽창은, 방대한 띠의 사람들이 금융 지상낙원에 대한 권리를 주장하는 시도가 아니라면 무엇이었을까? 주택 소유와 소비재의 비축이 더 나은 삶을 추구하는 데 있어 유일하게 가능한 수단들인 한, 전 세계의 점점 더 많은 사람들이 분명 그것들을 목표로 삼을 것이다. 천박한 소비주의의 덫과 그것을 움직이는 정치적 무의식을 구별하는 것이 중요하다. 신용카드와 주택 단기매매house-flipping 그리고 무계약금 모기지의 폭발적 증가를 오로지 채권자의 사기라는 측면에서 고찰하는 것은 전적으로 너무 편향된 것이다. 그러한 사기는 한이 없지만, 최근의 빚짐[부채] 팽창에서 드러난 것은 훨씬 더 양면적이다. 토머스 프리드먼Thomas Friedman

이 종종 언급하는 사례를 생각해 보라. 72만 달러 가치의 주택에 대해 모기지를 취득한 연소득 1만 4천 달러의 캘리포니아 농장 노동자[가 있다]. 그런 사람들은 그런 주택에 살아서는 안 된다고 프리드먼처럼 콧방귀를 뀌는 대신, 우리는 [이렇게] 물어야 한다. "왜 안 돼?" 어떤 포괄적인 주택 정책도 없고, 신용 회로들이 가로지르는 명백한 불평등을 감안할 때, 왜 농장 노동자의 레버리지가 월스트리트에서 매일 일어나는 거래들보다 더 터무니없다는 것인가? 부적절한 사람들을 다시 한 번 대출에서 배제하는 어떤 신중한 균형감각을 회복하려고 애쓸 것이 아니라, 우리는 들뢰즈가 말하듯이, 누구도 "빚을 감당하기에는 너무 가난"하지 않은 미래를 목표로 삼아야 하지 않을까?

그것은 빚이 지배하는 사회적 삶의 영역들을 확장하는 문제가 아니다 ─ 그러한 확장은 이미 일어났고 돌이킬 수 없다. 대신 그것은 종합적으로 볼 때 어떻게 그러한 빚들이 정치적 요구들로 재구성될 수 있는 충족되지 않은 사회적 필요들을 표현하는지를 인식하는 문제이다. 분명히 주거와 보건과 교육 ─ 이 모든 것은 개인이 혼자서 지불할 수 있는 것 이상의 지출을 요구한다 ─ 은 모든 사람이 누군가에게 빚지고 있는 의무들로 이해되어야 한다. 이 모든 것은 공통재에 무관심한 금융 체계의 계산에 위임되기에는 너무 중요한 것들이다. 그리고 공적 및 사적 연금 제도들은 노동 없는 삶을 대비하려는 집합적 시도들이 아니라면 무엇이란 말인가? 연금 체계들이 자신들의 임무를 이행하기 이전에 "돈이 고갈"될 것이라는 모든 경고들은 대개 돈이 필요할 때 있도록 보장하기 위해 필요한 단계들에 대한 어떠한 논의도 회피한다. 사적 및 공적 예산을 괴롭히는 "미적립 채무"unfunded liabilities가 엄청나다는 것은 누구나 알고 있다. 그러므로 필요한 기금을 얻으려는 사람들과 [미적립] 채무를 줄이려는 사람들 사이에 정치적 의지의 전투가 벌어질 것이다. 지금까지는 후자 진영이 이기고 있다. 우리는 더 나은 삶을 약속했던, 사회적으로 제공되는 모든 복지 제도들을 하나씩 포기할 것을, 대신 집합적으로 가능한 것에 대한 모든 의사 결정을 회계사에게 넘겨줄 것을 요구받을 것이다. 그럼에도 금융 재규제의 지형 위에서 진정한 급진적 역습을 생각하는 일은 여전히 가능하다. 신용 체계가 불평등과 소비주의의 잘못된 선택을 가속하는 대신, 일종의 공적 사업으로 또는 더 낫게는 집합적 자립의 제도로 기능할 수 있을까?[5] 우리는 그라민 은행Grameen Bank 설립자인 무하마드 유누스

---

5. 이것은 피터 고완(Peter Gowan)이 자신의 에세이, "Crisis in the Heartland : Consequences of the New Wall Street System," *New Left Review* 55 (January/February 2009)에서, 그리고 로빈 블랙번(Robin Blackburn)이 *Banking on Death or, Investing in Life : The History and Future of Pensions* (London : Verso, 2002)(특히 pp. 465~528)를 포함한 일련의 저작과 에세이에서, 그리고 보다 최근에는 "Value Theory and the Chinese Worker : A reply to Geoff Mann," *New Left Review* 56 (March/April 2009)에서 제기한 질문이다.

Mohammed Yunus가 말한 "신용은 기본적인 인간의 권리다"를 뒤집어서 "빚짐은 기본적인 인간의 조건이다"라고 말해야 할 것이다.

사실 소액신용microcredit은 이러한 사고방식이 지닌 매력과 한계에 대한 유용한 사례를 제공한다. 소액신용 기관들은 지역 순회를 통해 특히 여성들 사이에서 대출을 확장함으로써, 개인 주도성을 활성화하고 빈곤 가구를 최악의 빈곤에서 벗어나게 하기를 희망한다. 여러 모델들이, 이윤을 추구하는 기존 은행 지점들로부터 NGO 비영리 및 자기조직된 마을 신용 순환들로 진화해 왔다. 그 기본 아이디어는 빠르게 확산되었고, 특히 남아시아에는 수백만 명의 대출자들이 있다. 아프리카와 남아메리카 전역에도 기관들이 있지만, 그 대륙들에서의 성장은 보다 느리며 보다 불균등하다. 개인의 수준에서 보면, 그런 프로그램들이 일상생활에서, 특히 하루에 1달러 또는 2달러를 버는 사람들에게 눈에 보이는 개선을 가져올 수 있는 것은 분명하다. 또한 소액신용이 대출자들을 한층 더 경직된 협정에 묶어둘 수 있는 것도 분명하며, 이는 대출을 상환하는 동료 대출자들로부터의 압박에 의해 강화된다. 소액신용 제도들을 위해 제기되는 많은 주장들 — 그 제도들이 국가 개발을 촉발하고 여성들을 활력화하며, 보다 지속 가능한 경제를 촉진한다는 것 — 을 고려해 볼 때, 코니 브럭Connie Bruck이 보도하는 것처럼, "가난한 사람들에 대한 대출이 전체 빈곤 수준에 아직 분명한 영향을 미치지 못했다"[6]는 것은 놀라운 이야기다. 이와 유사하게 제레미 시브룩Jeremy Seabrook은 "자영업을 위한 대출이 구조적 빈곤을 극복하기를 기대하는 것은 지나친 요구이며, 커져 가는 전지구적 불평등에 어떤 영향을 끼칠 수 있으리라 기대하는 것은 비현실적"이라고 주장한다. 그 개량적인 조치들이 전환의 가능성들을 차단하지 않는 한, 그 조치들을 경멸할 이유는 없다. 시브룩의 말에서 "빚짐이 언제나 해방의 동인動因이었"[7]는지는 문제로 남는다. 만일 우리가 "빚짐"이라는 말로 오로지 금융 체계를 향한 주체적 지향만을 의미한다면, 그 답은 분명 아니오이다.

그러나 소액신용의 현 모델이 겨우 접근하기 시작한 소액신용의 개념에는 분명히 과다한 요구, 심지어는 유토피아적 충동이 내재되어 있다. 몇몇 소액신용 사업들은, 성공을 소득 성장 증대보다는 여성들의 사회적 활력화로 정의함으로써, 담보 요건을 폐기함으로써, 이자 납입금을 공동 기금으로 재투자함으로써, 주류 은행 모델로부터 뚜렷이 벗어난다. 대출 서비

---

6. Connie Bruck, "Millions for Millions," *The New Yorker*, October 30, 2006, pp. 6~73. 브럭은 방글라데시아의 그라민 은행과 〈프로 무헤르〉(Pro Mujer) 단체의 작업을 강조한다. 볼리비아의 소액신용에 대한 비판적 해석에 대해서는 다음을 보라. "Disobedience Is Happiness : The Art of Mujeres Creando," in *We Are Everywhere*, ed. Notes from Nowhere (London : Verso Books, 2003) pp 256~61.

7. Jeremy Seabrook, *The No-Nonsense Guide to World Poverty*, second edition (Oxford : New Internationalist, 2007), p. 129.

스가 다른 사회적 공급 ─ 교육과 보건뿐 아니라 기술 공유와 지역 계획까지 ─ 과 결합하는 곳에서, 소액신용은 자본의 첨병보다는 자기조직화의 도구가 된다. 그 극단에서 질문은 이제 [이렇게] 된다. 소액신용 제도들이, 공동으로 사용 가능한 생산성을 위해 화폐의 결정하는 권력을 무효로 만드는 자기-탈구축하는 대항경제적 과정들로 고안될 수 있을까? 소액신용은 아직 손상되지 않은 사회적 삶의 층위들로 확산되는 금융화라는 전염병으로 기능하기보다, 그 모든 것에 대한 해독제로, 즉 시장 논리가 식민화해 온 사회적 삶의 바로 그 차원들을 재정치화할 수 있는 빚짐의 내재적 재조직화로 구상될 수도 있다.

그럼에도 소액신용은 모든 종류의 제도적 발판 ─ 민주적인 투자위원회, 차별화된 통화 형식, 유동적인 공적 소유 형식 등과 같이 바로 사회주의자들이 수십 년 동안 설계하려고 애써 온 바로 그러한 기구들 ─ 없이는 아주 크게 확대될 수 없는 것으로 보인다. 그런 계획들을 향해 움직이면서, 사회적 공유 빚짐이라는 사고는 소액신용이 언제나 약속했던 것, 자본주의에서 빠져나온, 보다 근거 있고, 보다 책임 있는 유형의 경제를 회복할 기회를 상실한다. 새로운 소액신용 프로그램들이 [소액신용이 당초 약속했던] 그런 방향으로 발전하지 않았다는 사실은 이 특정한 유형의 빚짐이 브로델이 기술한 (그리고 1장에서 논의한) 전前자본주의적 시장이라는 보다 낡은 수준에서만, 그렇지 않다면 일상생활 자체의 수준에서만 번성할 수 있음을 암시한다.

여기서 그 빚짐은 사람들을 계속해서 가난하게 만드는 지배적인 조건들을 바꾸지 않는 한에서만 그들을 결핍에서 구할 수 있다.

그러므로 이 특정한 유토피아 비전을 우리 자신에게 설득시키는 일은 너무 어려울지도 모른다. 그것은 그것이 치유하려 하는 병처럼 지나친 것으로, 독이 된 동종 요법으로 보일지도 모른다. 희망의 원리를 어떤 구속 체계에 묶기보다, 빚[채무]을 떠받치는 정신이 만든 족쇄들을 비롯하여 빚[채무]의 완전한 폐지를 바라는 것이 더 용기 있는 것처럼 보일지도 모른다. 빚[채무]의 완전한 면제 ─ 특히 그것이 화폐의 지배의 종말을 가리킬 때 ─ 는 틀림없이 상상할 수 있는 가장 기이한 유토피아적 이상처럼 보일 것이다. 사실 이러한 비전은 유대-기독교 세계에서 희년Jubilee이라는 이름으로 알려진 오랜 역사를 가지고 있다. 『레위기』 25장에서 명확히 설명되듯이, 희년은 50년마다 선포되어야 하며, 모든 빚의 탕감, 원 소유주에 대한 주택의 "상환"과 토지의 반환, 노예와 종의 방면, 해당 연도 동안 노동의 중지를 요구한다. 신약성서에서 희년은 이사야Isaiah의 예언의 실현이라는 복음을 예고한다. 이것은 예수가 자신이 "가난한 자들에게 복음을 전하"고, "상심한 자들을 치유하며, 잡혀간 이들에게 해방을 선포하고, 눈먼 이들을 다시 보게 하고, 억압받는 이들을 해방시킬"(『누가복음』 4장 18절) 것임을 알리는 순간에 드러난다. 여기는 이 종교적 전통이 왜 역사적 시간

의 취소와 복원이라는 이러한 비전을 그 자체 내에 담고 있는
지 설명하는 자리가 아니다. 희년의 사고가 종교적 수사에 의
지하고 있음에도, 그것이 지닌 해방의 비전은 즉각적으로 실천
적이고 세속적인 것으로 남아 있다.

　여기서는 우리의 목적을 위해, 희년이 계속해서 되돌아오면
서 혁명적 정치 운동들을 고취한다는 점을 상기하는 것으로
충분하다. 피터 라인보우Peter Linebaugh와 마커스 레디커Marcus
Rediker가 뛰어나게 보여 준 것처럼, 희년이라는 사고는 17세기
영국 급진파와 18세기 대서양 노동계급에게 근본적인 시금석
으로 기능했다. 그것은 가장 신비스런 비유적인 것에서부터 가
장 문자 그대로의 그리고 세속적인 것에 이르기까지 다양한 반
도덕률적 입장들이 손쉽게 이용할 수 있는 언어를 제공했다.
(자유의 종 8에는 『레위기』의 한 구절이 새겨져 있다.) 여성 노
예와 노예 주인의 아들인 자메이카의 로벗 웨더번Robert Wedder-
burn이 구체화하고 유포함에 따라, 희년의 개념은 "한편으로는
1830년대의 총파업과 차티스트 토지 정책을, 다른 한편으로는
아메리카의 노예제 폐지를"9 낳았다. 라인보우와 레디커에게

---

8. [옮긴이] Liberty Bell. 미국 독립기념관에 있는 종. "이 땅 방방곡곡에 사는
　모든 사람들에게 자유를 선언하노라"(『레위기』 25 : 10)라는 문구가 새겨져
　있다.
9. Peter Linebaugh and Marcus Rediker, *The Many-Headed Hydra : Sailors,
　Slaves, Commoners, and the Hidden History of the Revolutionary Atlantic*
　(Boston : Beacon Press, 2000), p. 291 [피터 라인보우·마커스 레디커, 『히

있어, 희년은 자본주의적 근대화에 대한 예기치 않은 일련의 저항들을 결집할 수 있는 긴요한 급진적 요구를 제기한다. 라인보우의 보다 최근 저작, 『마그나카르타 선언』[10]은 빚의 경감과 부의 공유를 공유지의 회복과 나란히 두면서 동일한 교훈을 아주 상이한 계통에서 끌어내어 제공한다.

그렇지만 이러한 유토피아적 가능성조차 타협될 수 있다. 종교 활동가들과 신자유주의 정책 매파들이 〈희년 2000〉 캠페인에 뒤이어 (보다 전투적인 요구들은 제쳐두고) 거래한 것처럼 말이다. 보노와 글렌이글스 회담에 대한 논의에서 살펴본 바와 같이, 빚[채무]은 실제로 면제되었지만, 그것은 경제적·정치적 재구조화 프로그램들의 고초를 이미 겪은 국가들로만 한정되었다. 그 캠페인의 가장 직접적인 결과는 국가들을 재촉하여 다자간 전문가들의 처방을 따르도록 한 것, 그리고 따르지 않은 국가들의 정치적 지위를 약화시킨 것이었다. 그것은 실제로 자격이 있는 국가들이 아주 소수인 이유를 알려 준다. 어떤 국가들은 돌이킬 수 없다고, 또 어떤 국가들은 "이미 회복 중"

드라 ― 제국과 다중의 역사적 기원』, 정남영 외 옮김, 갈무리, 2008, 451쪽]. 〔라인보우와 실비아 페데리치(Silvia Federici), 조지 카펜치스(George Caffentzis)를 포함하는〕 미드나잇 노트 컬렉티브(Midnight Notes Collective)도 현 빚짐 경제에 대한 반도덕률적 비판을 주장해 왔다. 이들의 출판물(특히 Issue 10, "The New Enclosures") 참조. 다음 주소에서 볼 수 있다. http://midnightnotes.org

10. [한국어판] 피터 라인보우, 『마그나카르타 선언』, 정남영 옮김, 갈무리, 2012.

이라고 간주되는 것이다. 그 사이 개인 파산법은, 경기침체를 이겨내기 위해 대출에 대한 필요가 증가하고 있는데도 모든 곳에서 엄격해지고 있다. 빚[채무] 면제가 실제로 채권자의 지배를 강화할 수 있다는 점은 처음부터 분명했다. 10억 달러 구제 금융 및 안전장치backstops 11의 시대에, 빚[채무] 탕감은 고비를 넘기고 다시 시작하는 것에 대한 많은 회환의 이야기 속에서 활동가보다는 은행가에게 더욱 시급한 이슈가 되었다.

그렇지만 모든 의무들을 벗어던지려는 욕망은 계속해서 현 빚짐 체제에 대한 강력한 저항을 발생시킬 것이다. 이 욕망의 한 형태를 검토하기 위해 잘 알려진 급진적 팸플릿, 『도래하는 반란』*The Coming Insurrection*의 예를, 그 뒤에 있는 프랑스 그룹 〈티쿤〉Tiqqun의 몇몇 글들과 함께 살펴보자.12 그 팸플릿의 대부분은 (그들이 제국이라고 부르는) 지배적인 사물의 질서

---

11. [옮긴이] 증자를 계획하고 있는 기업과 동 업무를 전담하는 주관사(증권사) 또는 대주주 간에 맺는 일종의 "잔액인수 계약"을 말한다. 즉 기업이 자본시장에서 주식 발행 등을 통해 증자를 할 때 시장에서 발행 물량을 다 소화하지 못해 발생할 수 있는 리스크를 사전에 배제하기 위해 주관사나 대주주가 미인수 물량을 인수하도록 하는 계약서상의 조항을 말한다. 보다 넓게 사용되는 경우 유동성 위기를 방지하기 위한 안전장치를 포괄적으로 지칭한다.

12. The Invisible Committee, *The Coming Insurrection* [trans. unknown] (Los Angeles : Semiotext[e], 2009), 이후부터 본문에 TCI로 표기. *Tiqqun : Exercices de Métaphysique Critique*, [Volume 1] (Paris, 1999) and *Tiqqun : Zone d'Opacité Offensive* [Volume 2] (Paris, 2001), 이후부터 T1과 T2로 표기. 티쿤 자료의 대부분은 La fabrique éditions(lafabrique.fr)에서 재출간되고 있다.

를 위축시키는 공격에 대해 다루고 있고, 반란을 일으키기 위한 네 가지 제안이 이어서 제시된다. 첫째, 꿈틀거리는 거부의 움직임을 포착하라. 둘째, 사회적 속박들 bonds을 철회하고 다른 저항자들과 "코뮌들"을 구성하라. 셋째, 모든 측면에서 자기 조직화를 발달시켜라. 마지막으로, 이전의 모든 단계들을 증식시키고 심화시켜 반란을 실행하라. 이 각각의 요소들은 첫 번째 제안부터 고유의 위험에 직면한다. 어떻게 불만이 봉기로 전환될 수 있는가? 많은 사람들이 현재의 세계에 답답함과 환멸을 느끼지만, 망설임과 산만함을 뛰어넘는 사람들만이 그것으로부터 완전히 벗어나려고 노력할 것이다. 파열의 순간은 "우리는 편을 선택해야 한다"(TCI, p. 96)는 깨달음을 가져온다. 편을 선택하기 위해서는 선택할 편이 있다는 사실을 깨달아야 한다. 티쿤은 [이렇게] 주장한다. "이 사회에는 오직 두 개의 당이 있다. 하나의 당만 있다고 주장하는 사람들의 당, 그리고 사실은 두 개의 당이 있음을 알고 있는 사람들의 당이 그것이다. 벌써 이러한 관측으로부터, 우리는 우리의 당을 알아보는 법을 알게 될 것이다"(T1, p. 51). 우리는 『도래하는 반란』에서, 좀 더 직설적으로 "질서를 원하는 사람들과 원하지 않는 사람들"(p. 12)에 대해 듣는다. 이렇게 전선을 긋는 방식은 어떤 종류의 질서, 즉 반란의 코뮌에 내재된 지속력의 영도零度 13가 있어야 한다는 것

---

13. [옮긴이] 영도(zero degree)란 어떤 것이 생성되는 순간의 현장을 말한다. 여

이 인정되는 경우에만 전략적으로 타당하다. 그러나 그 글은 그렇게 말하는 데 어려움을 겪고 있다. 대신 (두 번째 요소에서) 코뮌의 함께하기는 가장 모호한 용어들로 표현된다. 코뮌이 "마주침의 전망"을 통해 펼쳐진다는 것이다. 다른 이들과 유대bond를 형성하는 결정은, 새로운 신체를 형성하기 위해 함께하는 루크레티우스의 이탈하는 원자들처럼 순간적인 변화로부터 우연히 생겨난다. 그러나 그것이 지속될 수 있는가? 어쩌면 이렇게 묻는 것은 올바른 질문이 아닐지도 모른다. 그 글은 정치적 신체가 형성되는 그 조건들을 바꾸려고 고심한다. 그에 따라 코뮌 그룹을 묶어 주는 전망은 개인들이나 특이성들singularities에 의해서가 아니라, 오직 마주침 그 자체에 의해서만 주어진다. 그 상황으로부터 모든 것을 바꿀 수 있는 특이성들의 짜임이 도래한다. 이 전망이 지닌 문제는 사실 지속성과 일관성의 문제이다. 어떤 유대가, 마주침의 잠재성들이 실현될 뿐아니라 근본적인 사회 변화들이 초래될 만큼 오랫동안 지속될 것인가?

전반적으로 그 책에 만연하는 조직, 복종, 정체성, 그리고 소속에 대한 불신은 딜레마를 제기한다. 저자들이 실제로 존재하는 것을 비난하고 있는 한, 비난하기 좋은 목표물들이, 특

기서 지속력의 영도란 반란의 코뮌이 지속되기 위해 필요한 힘의 출발점을 가리킨다.

히 조합, 정치 정당, 정부 심지어는 급진적 씬들scenes과 환경들milieus까지 부족하지 않다. 그러나 매우 역설적으로, 그 책이 "자기 방어"에 대해 말하기 시작하는 바로 그때 지속성과 일관성의 문제가 시급하게 된다. 누가 혹은 무엇이 방어되고 있는가? 그 통상적 의미 어디에서도 사회적 유대와 같은 것은 없다. 우리는 『티쿤』에서 [다음을] 읽을 수 있다. "사회적인 모든 것은 우리에게 낯설게 되었다. 우리는 우리 자신이 모든 **사회적** 의무, 특권, 소속으로부터 완전히 자유롭다고 여긴다"(T2, p. 280). 『도래하는 반란』은 치명적인 분리의 매트릭스처럼 기존의 "조직" 형식들에 대해 조롱하며 이야기하는 반면, "어떤 때는 덧없는 것이지만, 어떤 때는 저버릴 수 없는" 새로운 "공모들"의 출현을 요청한다(TCI, p. 15). 그러한 분열은 시종일관 계속된다. 한편에는 주체성을 무력하게 하는 "의존의 총체"에 대한 가차 없는 공격이 있고, 다른 한편에는 "새로운 배열, 새로운 신의에 대한 대규모 실험"이 있다(TCI, p. 42). 그 문제를 해결하는 유일한 길은 일종의 정동적 전위주의다. "우리는 관계들에서의 무조건적인 것을, 집시 캠프처럼 국가의 간섭에 완강한 정치적 주체성의 갑옷으로 만들기를 기대한다." 여기에, 단 하나의 인상적인 정식화 속에, 유일하게 허용되는 조직화의 규칙이 있다. 진리와 믿음과 사랑에 기초하지 않은 어떤 의무도 받아들이지 말라.

그것으로 충분한가? 만일 그렇다면, 우리는 네 번째 요소로 이동해서 물을 수 있을 것이다. 누가 당근을 기를 것인가? 이것은 유토피아 계획에 반대하며 회의론자들이 늘 제기하는 그런 경박한 질문들 중 하나가 아니다. 회의론자들은 혁명 이후에는 누구도 화장실을 청소하려 하지 않는다고 지적한다. 그 글[『도래하는 반란』] 자체는 당근을 기르는 것에 대해, 즉 일관된 정치적 결정에서 현실적인 물질적 자급자족으로의 이행에 대해 염려한다. 서문에서는 "이 악몽을 떨쳐 버리기 위해서는 당근을 재배하는 것으로 충분하다"(TCI, p. 15)는 생각을 끔찍이 경멸하면서 묵살하지만, 심지어 결론에서는 "시간이 흐르면, 우리 자신의 기본적인 생존에 대비하는 기술을 〔습득하는 것〕은 필수적인 생산수단들을 전유하는 것을 뜻한다"(TCI, p. 125)고 주장한다. 식량을 재배하는 것은 시간이 소요되며, "뼈를 접합하고 병을 치료하는 법"을 배우는 일, "플랑크톤의 활동과 토양 조성을 이해하는 일", 그리고 그 글에 따르면 내전을 가정한 코뮌 생활을 준비하기 위해 배워야 하는 다른 모든 과제들도 그러하다(TCI, p. 107). 하지만 각각의 코뮌이 고유한 기지가 되기 위해서, 고유한 세계를 구성하기 위해서, 고유한 언어를 이야기하기 위해서는 유대가 지속되어야 한다. 그것은 어떻게 이루어지는가? 그것은 말하기 어렵다. 그 글은 그러한 어떤 것도 사전에 결정하려는 충동을 불신한다. 어쨌든 반란이 당근을 기르는 것으로 시작할 수 없다고 해도, 만일 반란이 성공한다면, 어쩌면 반란은 거기서 끝이 날 것이다.

우리가 추적해 온 큰 주장을 요약해 보자. 급진적 빚짐 정치의 가능성은 처음에는 대립되는 것으로 또는 모순적인 것으로 보일지도 모르지만 실제로는 동일한 상황에 대한 근본적으로 상이한 차원들과 관련 있는 두 가지 태도 혹은 전략에 달려 있다. 첫 번째 태도는 소액금융과 연관되어 있다. 이것은 인간 생산성 자체가 빚짐을 일종의 축소할 수 없는 기술적 보철로서 요구하며, 자본주의는 이 요구를 해소하기는커녕 그것을 이윤 메커니즘에 종속시키기 위해 매 순간 그것을 장악한다는 주장에 기초하고 있다. 이러한 관점에서, "빚짐"의 조건은 더욱 심화되어 합리성의 다양한 실천적 형식들을 포함하며, "사회적 필요노동"을 수행하는 "연합된 노동자들"에 대해 말할 수 있게 해 주는 모든 사회적 환경 및 행위들을 아우르게 될 것이다. 자본주의적 환경에서 화폐는 모든 관계성의 형식들을 지배하게 되며, 그에 따라 사람들은 투자나 대출 또는 어떤 다른 복잡한 배열의 메커니즘을 통해서만 서로를 생산적이게 할 수 있다. 화폐가 상호 지원과 협력이 일어나는 조건을 정하는 한, 그것에 의존하는 어떤 유토피아 비전도 일련의 익숙한 한계들에 부딪히게 될 것이다. 이 모든 것은 화폐가 빚짐의 상호적 역학을 타성적이고 엄밀하게 물질적인 교환으로 전환시킨다는 사실로 설명된다.

두 번째 태도는 희년과 연관되어 있다. 이것은 두 번째 태도는 보다 상징적인 명부에 있는 인간의 능력들과 힘들powers을 부패한 체계에 정의를 가져다 줄 수 있는 ― 또는 체계에 의한 압제를 완전히 폐지할 수 있는 ― 힘들forces로 이해한다. 그것은 사람들이 자신들의 환경에 내재된 의무들을 언제나 거부할 수 있어야 한다고 주장한다. 그리고 이 의무들이 의지 행위로 파열될 수 있는 한(즉, 그 의무들이 순전히 상징적인 것으로 이해될 수 있는 한), 빚[채무] 면제 또는 파산은 어떻게든 늘 해방적이라고 주장한다. 그저 한 번이 아니라, 거듭해서. [그러면] 해방의 과정 자체가 우리가 느낄지도 모르는 모든 지난 의무[감]를, 심지어는 우리가 직접 만들었던 지난 모든 의무를 뿌리 뽑는 것으로 이루어진다고 믿는 것이 가능하게 된다. 하나의 전망에 얽매어 있는 어떤 선천적인 인간 능력에 대해 논하는 것은 의미가 없을 것이다. 사람의 살아가는 능력을 보존하거나 회복할 필요를, 자립과 자율에 대한 그런 귀중한 감각을 이길 수 있는 의무란 없다.

어쩌면 우리는 이 두 가지 태도 사이에서 선택할 수 없을지도 모른다. 소액신용의 유토피아가 어떻게 경제가 초월론적 권리들이나 신성한 의무들이 없는 보편적인 상호 간 의무로 세워질 수 있을지 상상한다면, 희년의 유토피아는 어떻게 우리가 알고 있는 경제가 집합적 의지의 행동으로 폐기될 수 있는지 상상한다. 따라서 빚짐의 정치는 기본적인 변증법적 문제를 제기한다. 빚짐의 구축적이고 구성적인 힘이 어떻게 전유하고 파괴하는 장치를 설립하지 않고 단언될 수 있는가? 한때는 미래를 여는 중추로 나타났을 모든 빛은 언제나 과거의 압박으로 되는 것인가? 만일 빛이 어떻게든 우리 자신의 희망들을 표출함으로써, 또는 살아가고자 하는 우리 자신의 의지를 그저 표출함으로써 시작된다면, 빛은 왜 그렇게 자주 우리를 가로막는 바로 그것으로 끝나는가? 변증법은 돌아갈 곳이 없다는 것을 알려주지만, 그 사실이, 늘 나아갈 길이 있다는 것을 의미하는 것은 아니다. 우리가 말할 수 있는 최대한은 언제나 출구는 있다는 것이다.

사르트르가 무심코 던진 듯 보이는 말에 의지하여 이 변증법이 지닌 어려움을 밝히고자 한다. 1970년 중반에 사르트르는 행복에 대한 대화에서 직설적으로 말한다. "혁명의 목적은 모든 사람을 행복하게 하는 것이 아니다. 모든 사람을 자유롭고 소외되지 않게 하면서 상호 의존하도록 하는 것이다."[14] 핵심적인 정식화가 어색하게 보인다. 그것은 단도직입적으로 시작한다. 모든 사람은 자유롭고 소외되지 않도록 노력해야 한다. 그것은 너무나 분명하다. 우리가 그것을 착수하는 법을 실제로 모른다고 하더라도 말이다. 그 문장의 두 번째 부문, 상호

---

14. John Gerassi, ed. and trans., *Talking with Sartre : Conversations and Debates* (New Haven : Yale University Press, 2009), p. 28 [두 번째 문장 'It is to make everyone free and unalienated while dependent on each other'은 본문에 나온 것처럼 해석할 수도 있고, "그것[혁명의 목적]은 모든 사람을 자유롭고 소외되지 않게 하는 것이다. 사람들이 상호 의존적임에도 말이다."로 해석할 수도 있다. ─ 옮긴이].

의존에 대한 부분은 어떤가? 그 개념이 자유라는 목적과 어떻게 나란히 놓일 수 있을까? 사르트르는 그러한 의존이 단순히 일종의 배경 조건이라고 말하는 것인가 아니면 심지어 우리의 자유의 추구에 대한 장애물이라고 말하는 것인가? 아니면 그는 상호 의존적인 존재 또한 자유롭고 소외되지 않기만큼이나 중요한 하나의 목적이라고 말하는 것인가? 그 문장이 이 통사론(첫째 자유의 요구, 그 다음은 의존의 인식)을 따를 수밖에 없다는 것은 의심의 여지가 없다. 그것을 거꾸로, 즉 혁명의 목적은 우리의 상호 의존을 건설하는 것이면서, 자유롭게 되기 위해 노력하는 것이다와 같이 말하는 것은 오히려 낯설게 들릴 것이기 때문이다. 하지만 그것도 사실일 것이다.

자유롭게 함께 살기를 가능하게 하는 유대들을 구성하는 법을 우리가 알아야만 하는 것처럼, 우리의 삶을 완전히 가로막는 속박들bonds을 깨뜨리는 법 또한 우리는 알아야만 한다. 그리고 우리는 여전히 우리가 누구인지, 우리가 되어야 할 의무가 있는 이 "우리"가 누구인지 배우는 중이다.

:: 감사의 말

이 책을 쓸 수 있도록 도와주었던 친구들, 빈스 레이치, 브루스 로빈스, 존 맥클러, 리차드 E. 밀러, 수잔 윌리스, 헨리 슈워츠, 사리 마크디시, 체사레 카사리노, 패트리샤 클라프, 로스 도슨, 램지 에릭 램지, 다이앤 그루버, 스티븐 플루핵, 하이디 보스틱, 그리고 제레미 글릭에게 감사드린다. 그리고 색인을 만들어 준 알렉세이 캐서빈에게 감사한다. 레이놀즈 스미스와 두 명의 이름 없는 독자에게도 감사의 말을 전하고 싶다. 이들은 원고 전체를 읽고 탁월한 의견을 제시해 주었다. 나는 운 좋게도 이 원고에 대해 (러트거스 대학과 뉴욕 시립 대학 대학원 센터에서 여러 차례 진행한 토론을 포함하여) 많은 곳에서 청중들과 토론할 수 있었기에, 그 기획자와 청중 모두에게 참여에 대한 감사의 말을 전한다. 세바스티앙 뷔젱, 마크 마틴, 제인 할시, 그리고 버소에 있는 모든 이들에게도 깊이 감사드린다.

글을 쓸 때나 그렇지 않을 때나 그리고 다른 모든 것에 있어서 도움을 준 케어린에게 깊이 감사한다.

특히 나의 스승들, [이 작업을] 시작하게 한 고故 마사오 미요시와 나를 계속해서 이끌어 준 프레드릭 제임슨의 아낌없는 배려에 감사의 말을 전한다. 이 책을 그들에게 바친다.

앞에서도 이야기했듯이, 이 책의 제목에 사용된 'bond'라는 단어는 기본적으로 어떤 것들을 서로 연결시키는 것 혹은 그 양상을 가리킨다. 그러니까 이 책은 여러 매개물들에 대한 책이라고 해도 좋겠다. 빚을 비롯하여, 이 책에서 논의되는 시장, 미디어, 통계, 건축 그리고 보노까지, 이 모든 것들은 사람들 간의 관계를 매개하고 그것을 특정한 방식으로 구현한다. 저자 디인스트는 이러한 것들이 어떻게 빚[채무] 기계로서 특정한 '현재'를 만들어 내고, 특정한 빚을 부과하는지 보여 준다.

우선 빚에 대한 저자의 생각을 살펴보자. 디인스트는 나에게 보낸 이메일에서 빚[채무]과 빚짐을 구별하며 이렇게 말했다.

나는 빚[채무]debt이라는 좁은 경제적 개념과 빚짐indebtedness이라는 보다 넓은 존재론적 개념을 구별하려고 했습니다. 빚[채무]은 셀 수 있습니다. 그것이 불가항력의 의무의 느낌이나 불가능한 상환 부담으로 귀결된다고 할지라도 말입니다. 다른 한편으로 나는 빚짐이라는 단어가 우리가 갚게 되는 현실의 빚[채무]들로 환원될 수 없는 책임과 사회적 귀속 그리고 상호 의존의 차원들을 나타낸다는 점을 언급하고 싶습니다.

문제는 이 두 양상들이 결코 확연히 구별되지 않는다는 점입니다. 이 책은 현재의 빚[채무] 체제가 빚짐이라는 사회적으로 필요한 차원을 "포획하여" 그것을 이윤의 동력으로 전환시킨다고 주장합니다. 그것이 "빚짐"과 같은 단어에 어떠한 긍정적인 (또는 잠재적으로 긍정적인) 의미도 부여하기 어려운 이유입니다. 사람들은 늘 자신의 빚[채무]을 [자신을] 약화시키는 조건으로만 경험합니다. [하지만] 나의 사전에 "빚짐"이란 실재적으로 공통적인 것the common에 속합니다.

한편, 가타리는 어느 인터뷰에서 아래와 같이 말했다.

요컨대 프로이트는 성적 충동으로서의 욕망, 즉 생산하는 욕망을 발견하였지만, 그것을 가족적 표상(오이디푸스) 속에 가두어 놓았다는 것입니다. 정신분석학은 맑스가 보는 정치경제학의 역사와 일맥상통합니다. 그에 따르면, 애덤 스미스와 리카르도가 생산하는 노동으로서의 부의 본질을 발견하고서는 그것을 소유의 표상 속에 국한시켜 마지않았다는 것입니다.[1]

우리는 이 두 글을 참조하여 이렇게 말할 수 있을 것이다.

---

1. 질 들뢰즈, 『대담 : 1972~1990』, 김종호 옮김, 솔, 1994, 43쪽.

빚[채무] 체계는 맑스가 보는 정치경제학의 역사, 그리고 가타리가 보는 정신분석학의 역사와 일맥상통한다. 디인스트에 따르면, 금융 자본주의는 공통적인 것으로 실재하는 빚짐을 발견하고서는 그것을 빚[채무] 체계 속에 국한시켜 마지않았다는 것이다.

　좀 더 자세히 저자의 설명을 따라가 보자. 디인스트는 빚[채무]이 셀 수 있는 것이라고 말한다. 우리가 은행에서 혹은 친구에게서 돈을 빌릴 때 그것은 하나의 숫자로 표상되어 서로의 장부 속에 혹은 기억 속에 기입된다. 그렇지만 이 숫자는 장부 속의 잉크로만 남아 있지 않고, 의무감, 죄의식, 책임감 등을 불러일으킨다. 우리는 돈을 갚아야만 한다는 의무감에 시달리고, (갚지 못하는 경우) 죄의식을 느낀다. 자본주의 사회에서 가장 책임감 있는 사람은 돈을 정해진 시기에, 혹은 적시에 꼬박꼬박 가져다주는 사람이다. 때문에 이 빚은 억압적인 것으로 다가온다. 카드 대금 납입 일이 다가올수록, 이자 상환 날짜가 다가올수록, 그것은 우리에게 일종의 폭력으로 작용한다. 그러나 그러한 폭력적인 양상 속에서도 빚은 어떤 피할 수 없는 의존성을 드러낸다. 다시 말해 그것은 비록 뒤집어지고 비뚤어진 방식이지만, 우리가 필연적으로 서로 의지하는 상호 의존 관계 속에서만 살아갈 수 있음을 보여 준다. 우리가 혼자서는 살아갈 수 없다는 그 단순한 사실 말이다. 그러한 상호 의존 관계는 셀 수 있는 숫자로 표현되는 것들을 훌쩍 넘어선다.

그것이, 저자가 빚짐은 빚[채무]으로 환원될 수 없는 책임, 사회적 귀속, 상호 의존을 나타낸다고 말하는 이유다. 빚짐은 우리가 '사회적으로' 태어나고 살아가는 이상, 거부할 수 없는 아니 발명하고, 확장해야만 하는 사회적 유대를 뜻한다. 그것은 기본적인 인간의 조건으로서, 하나의 연대로서 실재하며, 빚[채무]에 선행한다. 실로 우리의 상호 관계들은 청산할 수 없고, 측정할 수 없는 무수한 빚짐들로 가득 차 있다.

하지만 빚[채무]은 그러한 관계를 숫자로 표현되는 의무들로 환원시키고자 하며, 그 숫자-의무들만이 실재하는 것처럼 가장한다. 그러한 세계가 시장-미디어 기계가 만들어 내는 인공적 현재다. 숫자로 표현된 것들이 사고와 행동의 기반이 되는 그러한 현재 속에서 우리가 살아가는 한, 그 숫자와 숫자-의무들은 실제 특정한 효과를 낳는다는 점에서 그야말로 '실재'한다. 빚[채무]이 셀 수 있다는 것은 바로 빚[채무]이 그러한 숫자를 통해, 숫자-의무들이 만들어 낸 세계 속에서, 측정 불가능한 상호 관계들을 셀 수 있는 것으로 치환하여 포획하는 장치라는 것을 의미한다.

그렇게 빚[채무] 체제는 "빚짐이라는 사회적으로 필요한 차원을 "포획하여" 그것을 이윤의 동력으로 전환시킨다." 여기서 "사회적으로 필요한 차원"은 맑스가 이야기한 "사회적으로 필요한 노동시간"을 연상시킨다. 사회적으로 필요한 노동이 가치의 실체이듯, 사회적으로 필요한 차원 또한 부를 낳는가? 그렇다면 그것은 어떻게 이윤의 동력으로 전환되는가?

자본은 결코 자신의 권력에만 의지하지 않는다. 자본은 사회적 연대라는 자원에 의지할 수 있을 때만 자신의 지배를 확보하며, 이 자원은 지금까지 고갈되어 본 적이 없다. 실제로 "국가 부채"로 불리는 것은 필연적으로 개방적인 정치적 커뮤니티의 집합화된 잠재적 부를 포획하는 장치다. 이 잠재적 [부]의 상징적 전유는 위로부터 발행되는 "신용"credit의 형태를 취한다. 이것은 맑스가 기술하듯이 "하늘에서 떨어진" 자본과 같다. 반대로 우리는 사람들 사이에서, 그들의 노동과 삶 모두에서 ― 자본주의적 생산관계들에 앞서, 그것을 넘어서 그리고 그것을 통해서 ― 발생되는 생산성의 상호 유대를 묘사하기 위해 **빚짐**이라는 단어가 지닌 특별한 의미를 보존해야 한다.[2]

빚짐이 인간의 기본적인 조건이라면, 생산의 문제 또한 그것을 비껴갈 수 없다. 사회적 협력에 의거하지 않은 생산이란 없으며, 오늘날 우리는 그러한 협력의 노동으로의 전환이 점점 더 일반화되는 조건 속에서 살아간다. 예를 들어, 많은 인터넷

---

2. 우리는 여기서 빚(debt)의 어원이 'de + habere', 즉 "소유하지 않음"이라는 것을 상기해 볼 필요가 있을 것이다. 즉 빚은 소유하지 않으면서 의존하는 상태를 가리키는 것으로 볼 수 있다.

기업들은 사람들의 일상적인 사회적 유대를 포획하여 그것을 이윤의 동력으로 전환시킨다. 오늘날의 이윤 창출은 그 자체로 하나의 부를 이루는 사람들의 집합적 활동을 어떻게 조형할 수 있느냐에 달려 있다.

저자가 "나의 사전에서 '빚짐'이란 실재적으로 공통적인 것에 속"한다고 말할 때, 이 공통적인 것이란 공유 토지와 같은 물질적인 것보다는 이러한 비물질적인 사회적 연대, 상호 유대를 가리킨다. 다시 말하면 공통적인 것은 객관적인 것이라기보다는 주체적인 것이다. 이 주체성은 공통적인 생산성의 기반이 될 수도 있지만, 이윤의 동력으로 전유되어 억압의 도구로 될 수도 있다. 그런 이유로 저자가 사용하는 빚짐이라는 단어는 긍정적인 의미와 함께 부정적인 의미 또한 지니고 있다.[3]

저자는 "집합적 빚짐이 억압의 메커니즘으로 기능할 수 있는 것은 오로지 그것이 다양한 협력적 관계들을 생산적, 구성적 힘으로 집결시키기 때문이라는 점을" 우리가 놓치지 않기를 바란다. 그러한 과정에서도 빚[채무]은 단지 자신이 기생하고

---

3. 하트와 네그리도 공통적인 것이 모두 이로운 것은 아니라고 강조한다. "그러나 우리는 공통적인 것이 다 이로운 것은 아니라는 점을 기억해야 한다. 경제 학자들에게 긍정적인 외부성이 있고 부정적인 외부성이 있듯이, 공통적인 것에도 (스피노자의 말을 빌면) 함께 사유하고 행동하는 우리의 힘을 증가시키는 형태와 감소시키는 형태가 모두 존재한다. …… 자본은 분명 …… 통제와 수탈의 메커니즘을 통해 공통적인 것을 구획하고 사유화하는, 부패한 형태의 공통적인 것에 해당한다."(하트·네그리, 『공통체』, 정남영·윤영광 옮김, 사월의책, 2014, 235쪽).

있을 뿐인 그 기반을 완전히 포획할 수 없다. "빛[채무] 기계는 시간의 완전한 역능을 최종적으로 움켜쥘 수 없"는 것이다. 그렇게 "자본의 권력은 축적의 구조들과 빚짐의 잠재력들 사이에서 작동하는 힘의 가변적 관계들에 매 순간 달려 있다."

이 책의 제목, 'The Bonds of Debt'는 저자의 말처럼 'bond'라는 단어가 지닌 다양한 의미로 인해 여러 가지로 해석될 수 있다.4 우리는 여기에 'debt'가 지닌 다양한 의미 또한 추가할 수 있을 것이다. 편의상, 'bond'를 유대, 속박, 채권으로, 그리고 'debt'를 빚, 죄, 은혜의 세 의미로 각각 나누어 보자. 우리는 여기서 다양한 조합을 발견할 수 있다. 가장 현실적으로 보이는

---

4. 앞에서도 잠깐 언급한 것처럼 이러한 이유 때문에 한국어본의 제목은 '빛의 마법'으로 바꾸었다. '빛의 유대'라는 제목도 '빛의 속박'이라는 제목도 빛의 이중적인 성격을 드러낼 수 없기 때문이다. '빛의 마법'이라는 표현은 이 책 6장의 제목에서 가져온 것이다. 그 장에서 저자가 맑스를 인용하면서 주장하는 것은 신용 체계의 이중적 성격이다. 신용 체계는 한편으로는 "가장 거대한 도박과 사기의 체계"이지만, 다른 한편으로는 "생산력의 물질적 발전과 세계시장의 창조를 가속화"하면서 "사회적 노동의 전체 체계가 무엇을 성취할 수 있고 성취해 왔는지를 끊임없이 드러"낸다. 그럼으로써 신용 체계는 "새로운 생산양식으로 가는 이행 형태를 구성"하는 것이다. "신용 체계는 자신이 실행하는 나쁜 마법에도 불구하고 그리고 그것 때문에, 우리가 집합적 자유의 왕국을 성취하기 위해 행사해야 할 일종의 마법의 일면을 보여 준다." 여기서 "나쁜 마법"은 물론 도박과 사기이며, 집합적 자유의 왕국을 위해 필요한 마법은 사회적 에너지를 창조하는 "집합적 능력들"로서의 마법이다. 그러므로 빛의 마법은 빛이 지닌 이중적 성격을 드러냄과 동시에 그것이 지닌 이행의 계기를 드러내는 의미를 담고 있다.

조합은 빚의 속박, 즉 빚이 지닌 억압적인 양상이다. 이것은 "신용 없는 빚"이 불러일으키는 감각 — 죄의식과 같은 — 으로 인해, 그리고 실제의 법률적 장치를 통해 손쉽게 죄의 속박으로 이행할 수 있다. 그러나 이러한 빚의 속박은 반대편에 서 있는 이에게는 은혜의 채권이다. 이 "빚 없는 신용"은 커뮤니티의 집합적인 잠재적 부를 포획하는 상징적 장치로서, 채권자에게는 정말로 "하늘에서 떨어진" 은총과도 같다.

우리에게 문제가 되는 것은, 빚의 속박을 빚의 유대로, 은혜의 유대로 만드는 것이 어떻게 가능한가 하는 점이다. 물론 이때 은혜란 하늘에서 떨어진 은총이 아니라 상호 간에 주고받는 협력으로 이해되어야 할 것이다. 그러나 아직 우리는 은혜의 유대에 대해 잘 알지 못한다. 저자의 말처럼 "사람들은 늘 자신의 빚[채무]을 자신을 약화시키는 조건으로만 경험"하기 때문이다. 현재의 빚[채무] 체제가 우리에게 억압적으로만 다가오는 것은, 우리가 빚짐의 빚[채무]으로의 구속이 극단적으로 이루어지는 시대를 살아가고 있음을 의미한다. 그러므로 우리가 거부할 것은 이 억압적인 빚[채무] 체제이고, 우리가 발명하고 확장해야 할 것은 우리를 서로 의존하게 하면서도 자유롭게 하는 사회적 유대들이다.

그것은 어려운 기획이다. 그러나 저자의 말처럼, 우리는 폭격이 이루어지는 지하실에 갇혔던 그 교사와 같은 처지의 자신을 상상하고 싶지 않다. 그 교사가 지하실의 고립을 벗어날 수 있는 유일한 길은 그 상황을 다르게 만들 수도 있었던 그때로 돌아가서 다른 이들과 함께 필요한 것들을 꾸려 나가는 일이었다. 우리에게 돌아갈 과거란 없다. 그러나 이제부터라도 과거를 다른 식으로 쌓아 나가는 일은 가능할 것이다. 그러니 우리는 어떻게든 빚을 청산하는 자가 아니라 빚을 지는 자가 되어야 할 것이다. 그러니까 손을 내밀고, 잡아 주는 자 말이다.

끝으로 역자의 질문과 요청에 친절히 응해 준 저자에게 그리고 흥미로운 책을 옮길 수 있는 기회를 제공한 갈무리 식구들에게 감사드린다.

2015년 6월 17일

본문에 참고한 이미지 출처

5쪽 : https://www.flickr.com/photos/x1brett/3056626422/

13쪽 : https://www.flickr.com/photos/epsos/8463683689/

23쪽 : https://www.flickr.com/photos/49580580@N02/7011728709/

64쪽 : https://www.flickr.com/photos/electricnerve/3559591336/

112쪽 : https://www.flickr.com/photos/dvids/6979769163/

156쪽 : https://www.flickr.com/photos/imuttoo/3933383530/

198쪽 : https://www.flickr.com/photos/amber-rae/

228쪽 : https://www.flickr.com/photos/garryknight/5217946644/

257쪽 : Paul Klee, 〈Angelus Novus〉, 1920.

283쪽 : https://www.flickr.com/photos/mamchenkov/

:: 용어 찾아보기